创新学概论

CHUANGXINXUE GAILUN

陈盛荣 ◎ 编著

中山大学出版社
SUN YAT-SEN UNIVERSITY PRESS

·广州·

版权所有　翻印必究

图书在版编目（CIP）数据

创新学概论/陈盛荣编著. —广州：中山大学出版社，2021.11
ISBN 978-7-306-07163-7

Ⅰ. ①创… Ⅱ. ①陈… Ⅲ. ①创新管理 Ⅳ. ①F273.1

中国版本图书馆 CIP 数据核字（2021）第 047995 号

出 版 人：王天琪
策划编辑：杨文泉
责任编辑：王　璞
封面设计：林绵华
责任校对：王延红
责任技编：靳晓虹
出版发行：中山大学出版社
电　　话：编辑部 020-84111996，84113349，84111997，84110779
　　　　　发行部 020-84111998，84111981，84111160
地　　址：广州市新港西路 135 号
邮　　编：510275　　　　传　真：020-84036565
网　　址：http://www.zsup.com.cn　E-mail:zdcbs@mail.sysu.edu.cn
印 刷 者：广州市友盛彩印有限公司
规　　格：787mm×1092mm　1/16　18.75 印张　385 千字
版次印次：2021 年 11 月第 1 版　2021 年 11 月第 1 次印刷
定　　价：45.00 元

如发现本书因印装质量影响阅读，请与出版社发行部联系调换

内 容 提 要

创新是高质量发展的第一动力，是我国早日建成社会主义现代化强国的关键。创新必须要有正确的理论指导。本书共有十二章，包括创新的基本知识、创新学的基本框架和内容、创新性思维、创新的主要方法、创新的主要规律、影响创新成功的主要条件、加快创新成果转化、创新型人才、主要领域的创新、学科创新与产业创新、创新型国家和中国的创新步伐。本书内容丰富，材料翔实，观点新颖，不仅具有学术性、创新性，而且具有系统性、实用性等。本书对于有效促进各行各业创新发展，特别是对于各级领导提高对创新本质的认识，对于各类科研人员提高创新效率，对于各类在校学生以及每个家庭培养更多更好的创新型人才以及对于创新学的研究者等均有参考作用。

广州市科学技术协会、广州市南山自然科学学术交流基金会、广州市合力科普基金会资助出版。

序　言

　　自人类文明诞生以来，创新就伴随着人类与自然的不断抗争而演化，三百年前在英国发生的工业革命，更是让创新成为现代文明的突出标志，同时也成为国家强盛的重要特征。今天，我们迎来了一个更加伟大的创新时代，建设创新驱动型国家已经成为实现中华民族伟大复兴中国梦的重要内容。回顾人类创新的历史，什么是真正意义上的创新？创新是否有规律可循？如何才能实现能够影响人类生活方式的颠覆性创新？这些问题，使创新学成了当今世界管理丛林中一门最前沿的学科。特别是当下的中国迈入了新时代，许多重大的经济、技术、社会等问题都迫切需要我们对创新进行系统的重新思考和研究。我高兴地看到，中山大学陈盛荣同志已经进行了多年有益的探索，凝聚了多年汗水的研究成果《创新学概论》即将问世，我尤感高兴，相信该书的出版会对人们学习和了解基础的创新原理有新的认知。

　　从结构来看，该书体系较为完整，内容十分丰富，不仅阐述了创新的基本知识、创新学的主要内容、创新性思维以及创新的主要方法，也探索了创新的主要规律、影响创新成功的关键要素、如何加快创新成果转化、如何培养创新型人才、如何实现主要领域的创新、相关学科创新以及产业创新等诸多前沿问题。作者基于中国正在建设创新型国家的战略大背景，对中国创新史和当代创新特点进行了梳理，让人耳目一新。同时，该书内容颇有特色，在系统性、科学性和实用性等方面实现了新突破，如对创新进行了重新定义，提出了多种创新链概念，同时运用马克思主义基本理论、熊彼特创新理论、创造学理论、技术创新理论、科学研究理论等，对创新规律、创新型人才，以及学科创新和产业创新之间的密切关系等进行了系统的论述。读者如能全方位理解创新为何是"第一动力"、如何实现"第一动力"等，无疑应归因于该书在发展创新学方面的贡献。

　　创新学作为社会经济发展"第一动力"学，对其研究应该是持续和与时俱进的。结合飞速发展的科技创新与创新实践，本着助力中国创新学发展的目标，学术界应发扬只争朝夕的精神，在创新学方面进行更加深入细致的追踪研究，力争与世界创新学研究同步并行。

创新学概论

　　2020 年注定是不平凡的一年，习近平总书记于 9 月 11 日在科学家座谈会上提出了"坚持面向世界科技前沿、面向经济主战场、面向国家重大需求、面向人民生命健康"四点要求，为我国"十四五"时期以及更长一个时期推动创新驱动发展、加快科技创新步伐指明了方向。当今世界正经历百年未有之大变局，国内外环境都已经发生了深刻复杂的变化，创新，成为新时代最重要的任务和使命。就当前来讲，我们要不断完善创新体系，加强基础研究，深化科技体制改革，进一步释放创新的潜能，更要加强创新型人才的培养，始终把创新创业教育摆在重要的位置，要培养一大批具有创新意识和创新能力的新时代创新创业者。我相信，只要我们不忘初心，牢记使命，砥砺前行，我国迈入创新驱动型先进国家行列的目标就一定能够早日实现，创新将真正成为引领我国社会经济全面发展的"第一动力"。

　　是为序。

中山大学创业学院
于中山大学康乐园震寰堂
2020 年 10 月 1 日

前　言

创新是当今时代最重要的词汇之一，创新是发展的关键词，创新驱动发展是国家命运所系、世界大势所趋、发展形势所需。

放眼世界，人均国民生产总值较高的国家主要是创新型国家，如2018年的人均国民生产总值，瑞士为8.28万美元，英国为4.25万美元，就连在第二次世界大战中遭到沉重打击的德国和日本，也分别达到4.82万美元和3.93万美元。他们靠的是什么？靠的是知识，是技术，是创新。

大学起源于欧洲，创新型国家也集中在欧美，这不是偶然的现象。知识、成果、产业之间的联系已经越来越紧密了。如果当年没有大学教授的帮助，瓦特不可能发明新一代蒸汽机，也就不可能有第一次工业革命；没有斯坦福大学，也就不会有作为世界创新中心之一的硅谷的诞生。产学研紧密配合，知识与财富相互促进，这是创新发展的必由之路。

创新如此重要，创新更应该有理论指导。创新与客观世界其他事物一样，有自己的特点和发展规律，也应该有自己的学科。

从1912年奥地利经济学家约瑟夫·熊彼特首次从经济学的角度提出创新理念以来，许多学者均从不同的角度对创新进行了研究，创新业已成为各行各业更好更快发展的关键。

本书认为，创新有两层含义：一是与创造同义，包括发现、发明、创作等从0到1的创新，如原始创新、知识创新等；二是通过新创意、新变化、新组合、新技术等，产生更高价值、更高效益的过程和结果，即从1到N的创新。本书也提出，创新链分三种：一是小创新链，即提出问题、分析问题和解决问题；二是从基础研究、应用研究、技术开发（创意）、样品实物、产业孵化到商业化、市场化的整个过程；三是持续创新链，即从小到大、由弱到强的持续创新过程。故任何有助于创新链实现的活动都是创新活动，任何创新活动都是创新学研究的对象，其理论成果都是创新学知识体系的组成部分，如科学研究的方法也是创新学的方法等。

无论是创新型国家的实践，还是我国创新驱动发展的步伐，丰富的创新实践和理论提炼为创新学的形成奠定了良好的基础，也呼唤着创新学学科的早日问世。

在这个基础上，本书对创新学即系统的、科学的创新理论进行了一些探索，力求有助于新学科的发展，有利于理论和实践的相互促进，并使我们的创新驱动更自觉、更理性、更有效，从而促进人类的更快发展。

目　　录

第一章　创新的基本知识 ……………………………………………………（1）
　第一节　创新的定义 ……………………………………………………（1）
　第二节　创新的意义 ……………………………………………………（2）
　第三节　创新的特点和层次 ……………………………………………（7）
　第四节　创新链 …………………………………………………………（10）
　第五节　创新体系 ………………………………………………………（13）
　第六节　创新与创造、创业的异同 ……………………………………（14）
　第七节　创新的核心、目的和判断标准 ………………………………（15）
　第九节　创新动力 ………………………………………………………（17）

第二章　创新学的基本框架和内容 …………………………………（26）
　第一节　创新学的定义和主要内容 ……………………………………（26）
　第二节　创新学的体系特点 ……………………………………………（26）
　第三节　创新学的知识体系 ……………………………………………（27）
　第四节　主要研究方法 …………………………………………………（28）
　第五节　主要理论来源 …………………………………………………（29）
　第六节　创新学的主要发展历程 ………………………………………（35）

第三章　创新性思维 …………………………………………………（43）
　第一节　创新性思维的定义和特点 ……………………………………（43）
　第二节　创新性思维的意义和种类 ……………………………………（45）
　第三节　常用创新性思维（一） ………………………………………（45）
　第四节　常用创新性思维（二） ………………………………………（47）
　第五节　常用创新性思维（三） ………………………………………（50）
　第六节　常用创新性思维（四） ………………………………………（52）
　第七节　常用创新性思维（五） ………………………………………（53）
　第八节　创意 ……………………………………………………………（55）

第四章 创新的主要方法 (64)
- 第一节 科学研究方法 (64)
- 第二节 创造技法 (72)
- 第三节 技术创新方法 (84)
- 第四节 唯物辩证法 (91)
- 第五节 理论与实践相结合的方法 (92)
- 第六节 个人与团队相结合的方法 (93)
- 第七节 充分利用内外因条件的方法 (93)
- 第八节 学习与创新的方法 (94)
- 第九节 部分杰出科学家常用的科学方法 (95)

第五章 创新的主要规律 (99)
- 第一节 创新的主要规律之一 (99)
- 第二节 创新的主要规律之二 (100)
- 第三节 创新的主要规律之三 (102)
- 第四节 创新的主要规律之四 (103)
- 第五节 创新的主要规律之五 (105)
- 第六节 有效开展研发 (106)

第六章 影响创新成功的主要条件 (115)
- 第一节 人才、项目与资金 (115)
- 第二节 技术创新与工艺创新 (117)
- 第三节 关键核心技术 (119)
- 第四节 产品创新和孵化器 (122)
- 第五节 工作条件与生活条件 (124)
- 第六节 体制和机制 (125)
- 第七节 依法创新 (126)
- 第八节 创新文化氛围 (127)
- 第九节 主观条件 (128)

第七章 加快创新成果转化 (134)
- 第一节 创新创业 (134)
- 第二节 积极培育更多的孵化器 (136)

第三节　促进更多创新成果产业化 …………………………………（137）
　　第四节　积极培育智力成果市场 …………………………………（138）
　　第五节　"产、学、研、用、政、融"紧密结合 …………………（139）
　　第六节　企业是技术创新的主体 …………………………………（142）
　　第七节　努力提高创新的成功率 …………………………………（143）

第八章　创新型人才 ……………………………………………………（149）
　　第一节　定义、层次和种类 ………………………………………（149）
　　第二节　创新型人才与创造型人才、创业型人才的异同 ………（150）
　　第三节　创新型人才的主要特征 …………………………………（151）
　　第四节　创新型人才成长的主要条件 ……………………………（154）
　　第五节　人才成长的部分规律和特点 ……………………………（155）
　　第六节　创新型人才的培养 ………………………………………（160）
　　第七节　影响创新型人才成长的主要障碍 ………………………（171）
　　第八节　时代呼唤更多的创新型人才 ……………………………（173）
　　第九节　不断解放和发展人才生产力 ……………………………（176）

第九章　主要领域的创新 ………………………………………………（183）
　　第一节　科技创新 …………………………………………………（183）
　　第二节　管理创新 …………………………………………………（184）
　　第三节　教育创新 …………………………………………………（189）
　　第四节　制度创新 …………………………………………………（194）
　　第五节　企业创新 …………………………………………………（200）
　　第六节　文化创新 …………………………………………………（206）
　　第七节　品牌与高质量发展 ………………………………………（212）

第十章　学科创新与产业创新 …………………………………………（223）
　　第一节　学科创新与产业创新的重要关系 ………………………（223）
　　第二节　学科创新 …………………………………………………（224）
　　第三节　产业创新 …………………………………………………（229）
　　第四节　产业链 ……………………………………………………（230）

第十一章　创新型国家 …………………………………………………………（240）
  第一节　创新型国家的定义和特点 ……………………………………（240）
  第二节　美国的主要创新特点 …………………………………………（240）
  第三节　日本的主要创新特点 …………………………………………（241）
  第四节　德国的主要创新特点 …………………………………………（244）
  第五节　以色列的主要创新特点 ………………………………………（245）
  第六节　湾区的建设与创新 ……………………………………………（245）

第十二章　中国的创新步伐 ……………………………………………………（252）
  第一节　古代中国的主要创新成就 ……………………………………（252）
  第二节　近代中国的部分创新探索 ……………………………………（256）
  第三节　中华人民共和国的主要创新步伐 ……………………………（258）
  第四节　马克思主义中国化的主要创新成果 …………………………（263）
  第五节　党的十八大以来的部分创新亮点 ……………………………（266）
  第六节　创新水平决定中华民族的未来 ………………………………（269）

参考文献 …………………………………………………………………………（280）
后　　记 …………………………………………………………………………（283）

第一章 创新的基本知识

第一节 创新的定义

创新（innovation）是一个广泛的概念，最早在 1912 年由奥地利经济学家约瑟夫·熊彼特从经济学和企业发展的角度提出，但今天，其含义已包括各领域而成为时代发展的主旋律。不少机构和学者均从不同角度对创新进行了定义。

（1）约瑟夫·熊彼特认为，创新是企业家对生产要素进行新的组合；是生产函数的变动；是寻求实现新生产方式的可能性；是打破旧的循环和均衡，创造新的效益；是处理不确定性的能力；是经济变动的根本因素。

（2）美国著名管理学家德鲁克认为，创新是赋予资源以新的创造财富能力的行为，主要包括技术创新和社会创新。创新是企业、经济和社会的生存之本。

（3）美国经济学家道格拉斯·诺斯认为，经济发展是制度创新与技术创新不断相互促进的过程。

（4）经济合作与发展组织（Organization for Economic Co-operation and Development，OECD）将创新定义为"一种新的或显著改进的产品（货物和服务）、工艺过程、商业模式、组织方式等的实现"。

（5）《美国创新战略》将创新定义为"一个人或机构提出一个新的主意并将其付诸实践的过程"。

（6）北京师范大学林崇德教授认为，创新和创造性或创造力应视为同义语，即根据一定的目的，运用一切已知信息，产生出某种新颖、独特、有社会意义或个人价值的产品的智力品质。

（7）一些学者从跨学科的角度提出，创新是实用性的活动，是创造性的过程，是知识性的生产和应用；创新是使现存世界实际地改变与变革的过程，是使现实世界的改变更有利于人的生存与发展的过程，是塑造人类世界的创造性过程，是认识与实践双向运动的过程。

笔者认为，创新是认识世界、改造世界广度和深度的进步行为，主要有两层意思。

一是与创造同义，即一切发现、发明、创作等活动都是创新。如原始创新、知识创新、颠覆性创新等。这方面的创新不一定能直接产生经济价值，甚至是纯粹的"为科学而科学"，"科学研究的核心和灵魂在于创新"的论断所指的创新以及知识创新、学科创新等均属于这一类的创新。故这层意思主要是从认识世界深度和广度的进步来说的。其中，发现指自然界本身存在的、人类不断深化对其现象和本质认识的成果，如万有引力定律、新元素和生物基因等的发现以及在万米深海发现新物种等；发明指自然界原来不存在、靠人类的智慧创造出来的，如计算机、人工智能等。

二是通过多种途径，将创造性想法转化为具有更高价值、更高效益等的过程和结果。即指在一定条件下，以新组合、新发现、新思路、新变化、新发明、新技术等形式，通过一定的技术和管理等途径，实现新理论、新技术、新产品、新产业、新局面等具有物质或精神新价值的现实成果的活动过程。这层意思主要是从改造世界的能力和效果提高的角度去看的，与创业近义。熊彼特对创新的定义更多的是指经济效益提高这方面，本质上也可以看作人类改造世界能力的提高。新价值的含义很广，如在本职工作岗位上不断取得新成绩、体育健儿不断刷新各项纪录、"大国工匠"在某领域不断攀登高峰等。

简言之，创新就是人类不断地向认识世界和改造世界的广度和深度进军的不懈努力和最新成果。其中，一定条件指一定的主、客观条件，主观条件是指自由、自主、知识、智力和创造性思维等，客观条件是指资源条件和开放宽松的创新环境等。

创新就是推动基础研究、应用研究、开发研究和先进生产力的相互促进；就是实现新知识、新技术和财富增长的良性循环；就是推动人类事业从无到有、从小到大、由弱到强、由不完善到比较完善的过程；就是推动各领域更快进步，赢得竞争优势，力争走在时代前列的关键。它不仅体现在物质上，也体现在精神上。

创新也可以仅从字面上去理解，"创"包括创造、开创；"新"包括一切新颖的，能带来新价值、新进步、新发展的活动。

第二节 创新的意义

人类的发展进步史就是不断创新的历史。人类与动物相比，论体力，不及大象；论奔跑速度，不及梅花鹿；论嗅觉，不及犬类……人类最有优势的就是相对发达的大脑，特别具有创造力。通过劳动，人类的创造力不断得到提高，他们懂得造石器、用火、吃熟食、发展语言等,从而逐步脱离动物界并一步一步成为地球的"统治者"和"改造者"。

人类要生存和发展,生产活动是最基本的实践活动。生产力发展速度和水平也是衡量社会制度和生产关系优劣的主要标准。人类发展历史已经充分证明,虽然体力劳动在任何时代都很重要,但生产力的更有效发展主要是靠人的智力,特别是创造力的提高。英国、美国等国家通过多次工业革命一跃成为世界强国就充分说明了这一点。

现代化发展是当今世界的发展潮流。许多国家在现代化发展的过程中,先后出现过要素驱动、投资驱动和创新驱动三种模式,德国、日本、瑞士、以色列等所采用的持久创新驱动发展战略是这些国家长期位于世界前列的主要原因。

一、创新的发展

(一)创新与大学发展

大学的诞生和发展与创新的关系十分密切。虽然中国的私塾、贡院历史悠久,也曾涌现出许多像孔子这样伟大的教育家,但当中国处在文化繁荣的宋代而西方主要国家还处在文艺复兴前的黑暗时代时,大学就在西方诞生了,这是人类发展史上的重大事件,西方国家也由此逐步捷足先登、由弱到强。

在大学的发展历史上,不乏办学历史很悠久的大学,甚至有的大学办学历史长达千年(如意大利的博洛尼亚大学等),但历史悠久的大学不一定就是世界一流大学,而美国建国仅240多年,却拥有许多世界一流大学,如哈佛大学等。美国的大学崇尚"学术自由、教授治校",办学理念是在汲取欧洲大学,特别是德国洪堡大学等的先进办学理念的基础上的再创新。其中,斯坦福大学所提出的"知识与财富的统一"理念被誉为大学发展的第三个里程碑,其是在大学教学中心和科研中心基础上的再创新。

加州理工学院原来只是一所以手工训练为主的艺术和工艺学校,在首任院长乔治·埃勒里·海耳的领导下,该校进行了大胆的改造和提升,在保留优秀的基础学科、工程学科和部分人文学科的同时,不重复其他技术学校的专业,努力办出自己的特色,大力提倡科学研究,并且把研究目标锁定在最前沿的科学技术上,在全美乃至全世界千方百计聘请了一批学术大师,在全校营造浓郁的创新研究氛围,从而使该校迅速崛起并成为世界名校。

今天,美国的大学仍在不断创新——不仅有非营利性的大学,也有营利性的大学(如凤凰城网络大学等,服务对象主要是成人);不仅有本国的大学,也有国际化大学,以适应本国和国际社会的巨大需求及终身学习的时代发展趋势,积极推动高等教育市场化。美国的主流大学经历了"教学型大学—研究型大学—创业型大学"的演变之路。以麻省理工学院、斯坦福大学为代表的创业型大学已发展成为促进产业进步和社会发展的主要动力之一。其中，麻省理工学院相关的公司早在1997年就已在美国50个州设有8500多个企业和办事处；该校的毕业生和教师已在全球创建了4000多家企业，创造了110万个就业机会，年销售额高达2320亿美元。与斯坦福大学密切相关的硅谷地区，高科技公司几千家，高科技人员30多万人，其区域内的总产值相当于发展中国家3亿多人创造的生产总值。

尽管美国是世界一流大学最多的国家，但美国政府对其教育仍有很强的忧患意识，甚至认为美国正处在危机之中：教育改革势在必行。他们经常关注世界主要国家有关教育改革的新动向，及时汲取他国的先进经验，美国希望构建世界顶尖的教育系统。

北京大学是我国近代第一所国立大学。蔡元培担任校长后，倡导"思想自由，兼容并包"，并积极推进管理体制改革，从而吸引了众多具有新思想、新知识的教授前来任职，促进了马克思主义在中国的传播，为中国革命做出了突出贡献，并最终成为我国最著名的大学之一。

国内不少大学都是在不同年代因有先进的办学理念并不断创新而迅速成为名校的。如20世纪80年代，武汉大学在全国率先推行了一系列教育改革：学分制、主辅修制、插班生制、导师制、贷学金制等，在国内外曾产生了重大影响。中山大学通过不断创新得到长足发展，目前正在努力创办世界一流大学。面向未来的深圳大学创办近40年，坚持创新发展，从而办出了自己的特色和水平，为深圳的快速发展培养出以马化腾为代表的一大批杰出人才。由社会力量举办、国家重点支持的新型大学——西湖大学，更是秉承"高起点、小而精、研究型"的特色而快速发展，并把培养世界顶尖人才作为其主要目标。合并组建仅21年的广州大学，扎根南粤，砥砺前行，努力探索高水平人才培养体系，奋力创建一流创新型大学，成绩斐然。滇西应用技术大学是由教育部和云南省共建的我国西部一所新型大学，主要培养创新型、复合型、应用型人才，总部设在大理市，多个特色学院分布在滇西的多个州市，并举全国多所教育部直属院校之力给予多方面帮扶，发展势头良好。

追求真理、培养人才、发展学术、传承文化、适应和促进社会发展、引领社会发展，是大学发展创新的永恒理念。

（二）创新与科学发展

科学发展与创新密切相关，甚至是孪生兄弟。科学研究是探索自然与社会的未知世界和客观规律，没有创造、没有知识突破就不可能促进科学发展。同样，没有科学研究或研发，也不可能有科技创新和技术创新，科学是技术之源。但创造不完全等于创新，我们要注意处理好基础研究、应用研究和技术开发的关系，处理好产学研之间的关系，让更多的科研成果尽快转化为先进生产力。同时，要始终瞄准现代科学技术发展最前沿和国家重大发展战略。如亚当·斯密《国富论》的问世，不仅标志着经济学的正式诞生，使人们对市场经济这只"看不见的手"的认识更深刻，也有力地促进了资本主义生产力的更快发展。

二、创新与经济发展

创新与经济的发展十分密切。1978 年，我国居民人均可支配收入只有 171 元，贫困人口达到 7.7 亿人。在拨乱反正中，邓小平率先抵制和批评了"两个凡是"的错误方针，指导全党恢复毛泽东倡导的实事求是的思想路线，坚定不移地把党和政府的工作重点转移到经济建设上，实行改革开放。经过 40 年的不懈奋斗，至 2018 年全国居民人均可支配收入达到 2.6 万元，增长了 151 倍，其中广州、深圳等城市增长了 200 多倍；中等收入群体持续扩大，贫困人口累计减少了 7.4 亿人，并促进了社会的全面进步，实现了由追赶时代到多领域引领时代的历史性飞跃。新加坡和以色列的国土面积虽然小，谈不上有什么资源，但能成为人均国民生产总值位居世界前列的国家，其主要靠的是创新。日本国土面积仅相当于我国云南省，在第二次世界大战后迅速崛起，并先后成为世界第二、第三大经济体。美国的微软、苹果公司，韩国的三星集团，我国的华为技术有限公司、格力集团、海尔集团、联想集团、阿里巴巴以及台湾地区的宏碁集团等企业，都是因为不断创新才有今天的成就。而美国的摩托罗拉、芬兰的诺基亚、日本的索尼等知名企业，则因为不能持续创新从而逐渐失去了昔日的辉煌。

目前，我国虽然已经成为世界第二大经济体，但生产力水平发展的不平衡、不充分成为我国经济发展的突出问题。特别是由于我国自主创新能力不强，不少产业仍处于全球产业链下游，即"微笑曲线"的底端。同时，一些发达国家在关键核心技术方面"卡脖子"的尴尬，折射出我国创新能力不足的切肤之痛。究其根本，就在于我国高端创新人才匮乏，导致核心技术受制于人。

当今社会，制造业通过转型升级取得的优势和高新技术产业的优势十分明显，如格力集团通过拥有自己的核心技术，人均产值由 2011 年的 90 万元提升至 2014 年的 180 万元，2018 年更是超过 200 万元，人均利润 30 多万元。鞍钢冷轧厂攻克了汽车板的技术难题，一举进入国内汽车板生产的第一阵营。故中国经济的发展一定要通过创新不断追求高附加值，努力实现"三个转变"，即"中国制造"向"中国创造"转变，"中国产品"向"中国品牌"转变，"中国速度"向"中国质量"转变，以促进中国的经济发展向"高质量发展""新常态"转变。特别是近年来在"百年未有之大变局"和世界经济低迷、国际贸易和投资大幅萎缩的国际背景下，我国正在形成以国内大循环为主体、国内国际双循环相互促进的新发展格局，坚持聚焦高质量发展，聚焦改革开放创新，特别是聚焦打好关键核心技术等创新攻坚战，是中国经济不断跃上新台阶的明智选择。

三、创新与国家发展

在人类发展的历史上，先后出现了中国、印度、巴比伦和埃及这四个文明古国，意大利、葡萄牙、西班牙、荷兰、德国、英国、法国、日本、俄罗斯、美国等国家也曾经引领过世界发展进步潮流，其发展的根本原因是创新。

美国是在哥伦布发现北美洲大陆，而其登陆点附近多个区域成为英国的殖民地，随后通过独立战争才于1776年建国，至今也就240多年的历史，但美国在经济发展、高等教育、科学技术等领域一直处于世界先进行列甚至领跑世界许多年。美国的成功经验很丰富，主要就是在欧洲等多个国家长处的基础上不断创新，美国的政体和国体也是在英国等国家的政体和国体的基础上的再创新。美国很重视教育特别是高等教育，重视科学技术，重视市场和贸易，重视人才，尊重人的个性和自由发展，重视人才的利益等。这些都是美国能迅速成长为发达国家的重要原因。

世界上许多国家的现代化发展模式主要有三种：要素驱动、投资（效率）驱动和创新驱动，而只有创新驱动才能真正实现建设现代化强国的目标。大多数创新型国家都是发达国家。而建设创新型国家与我国党和政府提出的中国梦息息相关。党和政府明确指出，创新是推动一个国家和民族向前发展的重要力量，也是推动整个人类社会向前发展的重要力量。面对全球新一轮科技革命与产业变革的重大机遇和挑战，面对经济发展新常态下的趋势变化和特点，面对实现"两个一百年"奋斗目标的历史任务和要求，要赢得主动权，必须深化体制机制改革，加快实施创新驱动发展战略。

当今世界正在经历百年未有之大变局，新冠肺炎疫情全球大流行使这个大变局加速演进，经济全球化遭遇逆流，世界进入动荡变革期。一些西方国家拼命打压中国的高科技型企业，这从反面警醒了中国人民一定要抓住机遇，加快创新步伐，千方百计发展自己。

四、创新与人才发展

在人才发展中，虽然学历、知识和能力很重要，但创新在人才发展中具有决定性意义。只有从事创造性劳动并取得创新性成果，从而为社会做出贡献，才能成为真正的人才，这也是人生的意义所在。

许多产业也是其领军人物通过创新才发展起来的，如美国的微软公司、中国的华为技术有限公司等。

习近平总书记指出："创新驱动实质上是人才驱动。"人才是创新的根基，也是创新的核心要素。创新驱动发展，人才引领创新。实践证明，由人才引领的科技创新，可以催生一个产业带动一方发展，影响并改变世界。如王选开发的汉字激光照排系统，开启了中国印刷术的第二次革命,告别铅和火,迎来光与电。印刷术的发展反过来又促进了人才的培养。这就是人才与创新的辩证关系。但人才必须与生产资料、与合适的条件紧密结合才能产生创新成果,如当今时代的科技创新必须要有先进的实验室等。

"人才是第一资源。"随着我国现代化事业的不断发展,对人才如具有国际水平的战略科技人才、科技领军人才、青年科技人才、高水平创新团队和复合型人才等的要求也越来越高,但其核心仍然是创新。

五、创新与人生意义

什么才是有意义、有价值的人生?司马迁说,人固有一死,或重于泰山,或轻于鸿毛。毛泽东认为,为人民利益而死,就比泰山还重。邓小平认为,为社会主义中国的前途而奋斗,这是当代中国青年最崇高的历史使命;并认为,社会主义的根本任务是解放和发展生产力。习近平认为,实现中华民族伟大复兴,是近代以来中国人民最伟大的梦想。显然,为社会进步做出自己最大的贡献,实现自己人生的最大价值,才是最有意义的人生。而创新就是实现这个目标最根本、最有效的途径。

第三节 创新的特点和层次

一、创新的特点

创新具有以下鲜明的特点。

(一) 新颖性

新颖性是创新的最显著特点。新颖就是在一定的范围内首次出现、首次产生。如从 0 到 1 是创造,从 1 到 N 是改进,都属于创新。新发现、新发明是创新,创造新业绩也是创新。

(二) 进步性

进步性也称先进性。创新一定是促进生产力发展和人类文明进步的,但新颖性不一定具有进步性。

（三）新价值性

创新有利于增加人类的物质财富和精神财富，具有明显、具体的价值，对经济社会具有一定的效益。

（四）持续性

只有创新才能更好地发展。但创新不是一蹴而就的，而是"逆水行舟，不进则退"的连续性、长期性的过程，要持续走在时代的前列，就一定要持续创新。

（五）风险性

风险性与探索性相伴而生。创新的风险性指在创新活动中往往要投入大量的人力、物力、财力，消耗大量的时间，而创新的结果，不一定能实现其价值。

（六）形式灵活性

创新的形式是多种多样的，如马克思主义的诞生是创新，马克思主义中国化也是创新；现有条件的不同组合也是创新。"人工智能+"是创新，"区块链+产业"也是创新。

（七）范围广

各领域都有创新问题，如理论创新、科技创新、管理创新、体制创新、教育创新、方法创新、品牌创新、观念创新、金融创新、组织创新、商业模式创新、合作创新、组合创新、开放创新、协同创新、军事创新、军民融合创新等。仅仅是企业创新就可分为技术创新和非技术创新，技术创新可分为产品创新和工艺创新，非技术创新可分为战略创新、组织创新、市场创新、制度创新和文化创新等。国家推动全面创新，但核心是理论创新、科技创新和制度创新，特别是原始创新。

二、创新的层次

（一）按创新成果的价值大小、世界影响力划分

1. 世界顶级

例如，马克思、恩格斯所创立的马克思主义，爱因斯坦的狭义相对论和广义相对论，牛顿的万有引力定律，毛泽东开创的马克思主义中国化成功道路等都是具有世界重大影响的创新成果。

2．世界级

例如，诺贝尔科学奖获得者的创新成果等都是对世界具有较大影响的创新成果。

3．国家级

例如，我国最高科学技术奖获得者、"改革先锋"荣誉称号获得者、国家勋章和国家荣誉称号获得者等的创新成果是国家级的。

4．省市级或行业级

各行各业大量的创新成果是属于省市级或行业级，如"××市创新成果"。

（二）根据创新成果的性质与复杂性来确定创新层次

1．即兴式创新

这种创新老少咸宜，创新者往往是即兴而发，因境而生，参与者率性而为，尽情而欢，或高谈阔论，或即席挥毫，或高歌一曲，或手舞足蹈，不计高低与上下，不计作用与效果，是一种快乐自怡的表露式创新活动。

2．技术性创新

这种创新是发展各种技术以产生完美的产品。这一层次是以技术性、实用性、客观性、精密性、优美性为特点的。创新者可以模仿、应用已有原理原则以解决具体的实际问题，并注重产品的创新程度。从事技术性创新时，创新者往往牺牲即兴式的表露而使其思路适应客观要求。

3．发明类创新

这种创新不产生新的原理原则，但产品有较强的创新性，有较重要的社会应用。如爱迪生发明电灯，贝尔发明电话，瓦特发明蒸汽机，等等。这些发明没有原理性的理论实践，但比技术性创造有更高层次的创新，产品产生了广泛的社会影响。

4．革新型创新

革新的人物必须有高度抽象化、概念化的技巧，敏锐的观察力与领悟力，以洞察隐藏在原理原则以及各种概念背后的真理。除此以外，他们还必须具备各种必要的知识，尤其对所需要改造的领域先有充分了解，方能发掘问题，产生革新的成果。

5．深奥的创新

这一层次的创新最为复杂，创造者必须有处理千头万绪工作和复杂资料的能力，并能以简驭繁、一以贯之，将资料之抽象的概念整理成崭新的原理或有系统的新学说，其深度为少数在该领域的专家方可了解。例如量子论、相对论都属于深奥的创新，没有专门、扎实的物理基础，就无法掌握这些理论。

以上五个层次的创新，除了第一层次，其他各种创新都是解决问题的过程。即使是第一层次，除了孩童式的游戏，高层次即兴式创新也与解决问题的过程有密切联系。

（三）TRIZ 理论将人类的发明分为五个层级

TRIZ 理论（发明问题的解决理论）是苏联创新学家根里奇·阿奇舒勒于 1946 年创立的。该理论将人类的发明分为以下五个层级。

第一级：合理化建议。

第二级：适度革新。

第三级：专利。

第四级：综合性重要专利。

第五级：新发现和基础性专利。

TRIZ 理论认为，低水平的发明往往只是重复、简单的改进，缺乏创造性。发明等级越高，对社会乃至人类的贡献就越大。当前最需要的是三级、四级甚至五级的发明。而 TRIZ 理论的应用，将明显提高人类专利的等级。

第四节　创新链

创新链即一个完整的创新过程。

国内一些学者对"创新链"提出了自己的见解，如：①"基础研究＋技术攻关＋成果产业化＋科技金融＋人才支撑"创新生态链；②中国科学院深圳先进技术研究院樊建平院长提出"科研、教育、产业、资本'四位一体'的'微创新体系'"；③"创新→企业→市场→政府→法治→改革→创新"的闭环创新链（见《南方日报》2020 年 10 月 15 日 A07 版以及中央电视台综合频道 2020 年 10 月 14 日"深圳经济特区建立 40 周年庆祝大会特别报道节目"特约评论员杨禹的介绍）。

本书认为，创新链分为小创新链、中创新链、大创新链和持续创新链。

小创新链、中创新链和大创新链必须是良性循环、螺旋上升的，教育、科学研究和技术研发必须与产业发展实现良性互动，社会才能健康而快速发展。产业不发展，政府不能提高税收水平，就难以拿出更多的资金投放到教育和科学研究上。对教育和科学研究如果不能不断提高资金投入水平，也难以促进教育和科学研究更快发展。"科教兴国"和"国兴科教"是相辅相成的。"国兴"主要靠"税兴"，"税兴"就必须"产业兴"。华为、格力等著名企业能成为世界一流企业，主要是因为重视创新，并将销售收入的 2% 以上投到研发中去。

一、小创新链

小创新链的基本模式为：提出问题（难题）—分析问题—更好地解决问题，即发现问题（遇到问题）—思考问题—产生解决问题的创意—更有效地解决问题—产生新价值。创新者在这过程中产生新理论、开辟新领域、探寻新路径，从而实现独创独有。

创新的关键就是解决问题的可行创意，创新的本质就是有效解决问题特别是疑难问题。

在本职工作中不断精益求精走向极致，如"大国工匠"所创造的成绩，也是小创新链。

一切从实际出发，根据客观条件的变化而变化的创新，也属于小创新链。

设小创新链为 Z_1，提出问题为 T，分析问题为 W，解决问题为 J，成本为 C，时间为 S，

则：

$$Z_1 = T + W + J/(C + S)$$

二、中创新链

根据创新定义中的第一层含义，创新与创造同义。即所有的科学研究特别是基础研究，人类认识客观世界和改造世界的所有新发现、新发明、新突破、新创作等，在实现市场化、产业化之前的过程和成果，都是中创新链的过程和成果。如项目确立—聚焦目标—观察思考—资金投入—团队建设—实验条件—反复研究—取得突破—验证完善。

三、大创新链

大创新链是指从研究到产生经济新价值的全过程，即基础研究—应用研究—研究开发（或创意等）—成果—产品—项目—企业—市场。其中，从创意到企业这个过程，也称"孵化阶段"。这个阶段需要解决很多问题，除了产品，还有包装、运输、仓储、销售、售后服务等。

作为大创新链，实现新价值的过程，就是个人价值转变为社会价值、创新成果被市场所接受的过程，也是市场占有率不断提高的过程。在这个过程中，既要防止技术落后的倾向，也要防止技术太先进的倾向，而是一切以客户需求和价格合适为导向，实现功能和成本的统一。

有的学者提出"需求—科技—经济—需求"有效循环模式，与该创新链的含义近似。

设大创新链为 Z_2，基础研究为 Y_1，应用研究为 Y_2，研发或创意为 Y_3，孵化和资金投入等为 F，产品的商业化运作成功、企业建立为 G，成本为 C，时间为 S，则：

$$Z_2 = Y_1 + Y_2 \cdots (Y_3 + F + G) / (C + S) \rightarrow 产业链 \rightarrow 持续创新链$$

其中，"…"表示两者之间有直接关系或间接关系。

四、持续创新链

这种创新链的基本模式为：基础研究、应用研究……成果转化成功、企业创立并不断发展—持续研发—持续改进产品—品牌企业—国际品牌企业—处于世界500强前列的企业—长寿企业。

其中"企业创立并不断发展"是产业链的重要内容。企业的创立及其从小到大、由弱到强也是一个不断创新的过程，第一次商业化成功和企业初步建立起来后，大创新链即结束，但如果不及时转到"产业链"和"持续创新链"，这个创新成果仍不能实现更大价值甚至会"前功尽弃"。故产业链可看作另一种形式的"创新链"。

广义的"持续创新链"包括各行各业从小到大、由弱到强、不断争创品牌、追求卓越的过程。

设持续创新链为 Z_3，基础研究为 Y_1，应用研究为 Y_2，研发或创意为 Y_3，不断改进产品为 G，销售为 X，创立品牌、追求卓越为 P，成本为 C，时间为 S，则：

$$Z_3 = Y_1 + Y_2 \cdots (Y_3 + G + X) / (C + S) \rightarrow P$$

五、相互关系

（1）每条大、中创新链中均包含无数个小创新链。如关键核心技术本身是不能单独形成产品的，其可以形成若干个小创新链。

（2）中创新链要尽量发展到大创新链，实现科技与经济高度融合。

（3）创新是一个持续不断、永无止境的过程。如果实现了大创新链，但没有及时进入持续创新链，"逆水行舟，不进则退"，达到一个高度后很可能又很快落后了。

实践证明，只有创新链与产业链、资金链、服务链等相互配合、协调发展，才能产生最大效益。

要实现创新链，不仅要靠个人，也要靠团队、靠公司，更要靠政府和社会。如爱迪生一生有2000多项发明，但有不少发明并市场化主要是他的团队的贡献。任何一个人的能力都是有限的，我们不能要求每一个科学家、发明家同时又是企业家。"尺有所短，寸有所长"，无论是原始创新、技术创新、商业模式创新还是产品创新等，我们都要用人之长，容人之短，其短处要让更合适的人去弥补，而不能"求全责备"。故创新链的实现只能靠结构先进合理的团队。大创新链的所有环节不一定都在同一个单位完成，有的环节可以"外包"。如有的高校将后勤服务的相当部分、科研成果孵化等环节"外包"给社会上合适的单位去完成，自己将精力聚焦在主要目标上，收到了很好的效果。

第五节 创新体系

一、创新体系的定义

创新体系是指由有关因素所组成的能提供更有效地促进创新功能的有机整体，如关键核心技术攻关体系等。体系内各因素应是相互协调或良性循环的。

二、创新体系的种类

创新体系有多种，如"政产学研用"融合创新的体系，自主、协同、开放、包容的创新体系，产业链与创新链深度融合的创新体系，国际创新要素流动体系，面向新产品、新工艺、新技术的联合研发攻关体系，融合创新的关键核心技术攻关体系，创新型人才培养体系。

三、创新体系的特点

创新体系就是通过充分利用现有各种资源更好地解决某类问题的体系。与创新链相比，创新体系相互联系的有关因素与体制、制度、生产关系等有更多的联系，如改革、金融、法治、政府等因素在创新过程中扮演着重要的促进或阻碍作用。

四、创新体系的意义

先进的创新体系对于促进创新发展具有十分重要的意义。中国的现代化建设和创新驱动属于追赶型的，面对百年未有之大变局和国际竞争的日益加剧，应该采取"灵活机动"的创新体系才能后来居上并早日实现我们的奋斗目标。当前我国的创新体系仍存在许多弊端，有专家指出，创新链与产业链结构功能不匹配是产学研合作效率不高的基础原因；科技创新"三个面向"耦合机制薄弱是科技经济"两张皮"现象出现的内在原因；国内、国际市场规则和标准的差异是畅通国内国际双循环的关键瓶颈。

第六节 创新与创造、创业的异同

一、创新与创造的异同

创新与创造既有共性也有区别，在共性方面是新颖性和进步性，但创造更突出"首创"，而创新虽强调"首创"（突破性创新、原始创新、元创新、知识创新等），但更多的是渐进式地改进、改革和发展，渐进式创新是创新活动中最普遍的形式。同时，创新与创造最显著的区别在于是否追求经济性和新价值性，即许多创新不仅讲究新颖性，也讲究市场性、新价值性，特别是在拥有自主知识产权和核心技术方面。而创造不一定要考虑市场和经济效益。

另外，创新不仅包括创造而且范围更广。"从无到有"不仅是创造，也是创新，而且一切有利于人类进步事业"从小到大"、不断发展的新理念、新手段、新方式、新体制、新服务、新变化、新产品等都可以看作创新。即人类认识世界和改造世界在广度和深度的任何进步都可以看作创新。创造学也成了创新学的主要部分。创造是基础，但仅有创造是不够的，还必须有创新。科技进步不一定能促进经济发展，关键看成果能否转化为现实生产力。而科技如果不能和经济实现良性循环，也很难持久快速发展。故创造和创新是相互依赖、相互促进的密切关系。

二、创新与创业的异同

狭义的创业指创立和发展企业，以利润为导向、提供满足市场某方面需要的优质产品和利润指标不断提高的过程。广义的创业指各行各业从无到有、从小到大、由弱到强、从低级到高级的发展过程。创业的过程主要是发现价值、创造价值和获取价值的过程。而创新不一定有现实价值，如原始创新、科技创新和知识创新等。创业是创新的重要组成部分，但不是创新的全部。本书中所讲的创业指知识技术转化为财富的创业。具体有：①我们倡导的创业是具有更高附加值、更高效益的创业，在创新基础上的创业，是将创意变成新价值、将先进科技成果尽快转化为生产力的实际步骤。②创业中处处有创新，不仅是产品创新，还有销售创新、商业模式创新、技术创新、管理创新等。完整创新链也包含创业。③创业是完整创新（实现新价值）的接力棒，是创新成果的继承和发展。④创新和创业是相辅相成、相互促进的。⑤创业是成功开创某种事业，使之从无到有并不断发展壮大。如马云创建阿里巴巴、张瑞敏及其团队创立海尔集团等。这些创业具备了新颖性、发展性、进步性等，并且已经取得了可观的经济效益和社会效益。但现代创新的完整链条是，有发明成果并且产业化，追求知识、技术与财富的统一，如美国硅谷是美国斯坦福大学等学术界与产业化相结合的典范。而创业往往着重在创新链条的后半部分即企业化、产业化方面。用别人的科技成果实现产业化虽然也是创新但不是完整的创新链。从某种意义上来说，创新链的前半部分即知识创新、原始创新更重要。

第七节　创新的核心、目的和判断标准

一、创新的核心

创新不仅要积极推进，而且，想要早日出成效，就必须首先抓住核心问题。

（一）创新型人才和创新生态

创新是否有成效，关键看是否有大批创新型人才。创新型人才主要靠教育培育，也要靠社会的锤炼。创新型人才首先是全面发展的人才，即德才兼备、贡献较大的人力资源。创新型人才最本质的特征是创造性。敢于创新、善于创新就是创新型人才。全面发展对于创新型人才虽然很重要，但更重要的是大脑得到全面而深度的开发，是聚焦创造力的培养，是不断向正确认识世界和有效改造世界广度及深度进军能力的提高。

创新生态即有利于创新的自然环境、社会环境、文化环境的总和。创新生态很重要，创新型人才是培育的结果，创新生态好了，创新型人才就会如雨后春笋般大批涌现。创新生态需要通过我们不断改革和弘扬创新文化来营造。如果我们的创新生态能像犹太民族那样热爱知识、推崇创新，创新成果就会源源不断。企业本来是技术创新的主体，但这个主体创新的潜力仍很大，需要不断激发内生创新动力。

快乐创新是营造良好创新生态的重要方面，它包括以下三个方面。

1. **内在的创新生态**

创新主要以智力成果为主，也是人类内心高度自觉的产物。如果一个人将创新看作自己人生最重要的使命之一，认为创新最能体现自己的人生价值，他就会以创新为荣，以创新为责，虽苦犹乐，无论遇到什么艰难险阻都能勇往直前。

2. **外在的创新生态**

政府和社会要善于不断营造让人们乐于创新的生态环境，包括小环境、中环境和大

环境，尽量让人才拼搏的成就感和生活幸福感实现统一。我们要注意发现、理解和支持往往就在身边的创新型人才特别是潜在的创新型人才。

3. 寓创新于快乐

将快乐和创新紧密结合有利于促进创新。科学家早已研究证明，人类的左脑和右脑的充分开发更有利于人类创造力的提升。创新固然需要长期的艰苦付出，需要物质和精神的长期支持，更需要"快乐创新"的氛围，从而有助于更快更多培养出创新型人才。通过尽量减少创新型人才的后顾之忧，通过科学与艺术的更紧密结合，通过深入浅出的普及等，激发创新的乐趣，让更多人理解创新，并由此走上乐于创新之路。

（二）突破性和领先性

创新的类型很多，成果也有大有小，但最好首先抓住主要矛盾，重点攻克具有突破性、领先性、颠覆性和原始性的从0到1的创新项目，抢占竞争的制高点，并争取实现更高水平、更高价值的突破和领先。华为技术有限公司就是因为坚持"主航道"创新，从一个小企业经过了30年的奋斗而走在世界前列的；港珠澳大桥的建设者正是在不断解决世界难题的过程中得以实现的。我国无线电电子学家陈芳允提出的"双星定位"理论并得到论证，为我国在全球卫星导航系统走在世界前列奠定了重要基础。目前，不少企业的"核心技术"仍是"瓶颈"，需要我们高度重视。只有坚持"有所为有所不为"，集中力量打"歼灭战"，才能早日实现跨越式发展。

人才学家所推崇的"T"字形人才结构即"一专多能"的复合型人才结构，其中"—"指宽知识面，"｜"实质是"↓"，指要有专业优势，在某方面做到更专深并争取有所突破。如果我国超过14亿人口中有更多的人在自己的领域实现层次不同的突破，其威力是不可估量的。

二、创新的目的

创新的目的就是驱动人类社会更好更快地发展和进步，如通过把科技优势进一步转化为产业优势、经济优势，打通从科技强到产业强、经济强的通道，实现由科技大国向创新强国的根本性转变。创新是手段、途径、方法和精神，促进发展和进步才是创新的目的。

三、创新的判断标准

一切新颖的、变化的、有利于进步的事物都可以看作创新，但实践是检验真理的唯一标准，也是我们判断创新真伪和成效大小的唯一标准。习近平总书记指出，创新是第一动力。不能为生产力发展和人类全面进步提供更好驱动力和更大价值的成果不是真正的创新。对于一个国家来说，有效创新意味着其生产力获得更好更快的发展，人民获得更多幸福。对于一个企业来说，有效创新意味着其产品获得了更多的市场认可，其生存和发展空间更大，甚至达到了"从不竞争"的境界。对于一所大学来说，有效创新意味着所培养的人才质量更高，科研成果更多更好，一些学科发展处于领先的地位。对于一个人的成长来说，有效创新意味着能明显缩短掌握知识而延长应用知识和创造知识的时间，从而在有限的寿命内为人类的进步做出更大贡献。

第九节　创新动力

一、创新动力的定义

动力即一切力量的来源，创新动力是指对创新事业的发展起促进作用的力量。

二、创新动力的种类

创新的种类根据创新动力的性质可分为物质动力创新、精神动力创新、信息动力创新、任务动力创新、家庭动力创新，根据创新动力的状态可分为主动式创新、被动式创新。另外，创新动力的区域和范围可分为国家创新动力、社会创新动力、个人创新动力。

三、创新动力的来源

创新动力源自工作动力、事业动力和竞争压力等，但创新主要靠大脑、靠智慧，故创新动力主要来自创新者的责任感等内驱动力，也靠国家需求和市场需求驱动。没有一项发明是仅通过行政命令就可以产生的。

科学家认为，人的潜力几乎是无限的，目前人类所发挥的能力仅是其全部能力中的一小部分，就好像海平面显露的"冰山"的一部分，待开发和发挥的才能还有很多。人与人的差别，主要不是先天的资质，而是后天的努力。如果每个人从青少年时代起，尽早将自己的精力聚焦在创新上，那么，人生可以取得很高的成就。

无论是国家、企业还是个人，其创新动力主要来自以下九个方面。

（一）对创新的认识

"知之深，爱之切"，一个人对某项事业认识得越深，就越热爱它。如果一个人认识到创新的重要意义，他一定愿意积极投身这项事业中，如科学家对科学事业的执着等。

（二）人的解放程度

马克思认为，到了共产主义社会，人应该是自由而全面发展的。创新驱动实质上是人才驱动，在社会主义条件下，人才不仅是指科学家和科研人员，而且是更广泛意义上的人才。而人才驱动依赖人才解放；人的解放又包括政治解放、思想解放、经济解放和才能解放；才能解放又包括大脑解放、时间解放等。人越解放，越能将更多的时间和精力投入到创新中去，创新成果就会越多。

（三）走历史必由之路

解放和发展生产力是历史进步的必然选择。多次工业革命，明显解放了人的体力和脑力，极大地促进了生产力的发展和人类的进步。创新型国家在许多方面也代表了人类发展的前进方向。

（四）解决问题的压力

人类在生存和发展的过程中，需要解决很多问题。这些问题有宏观的，也有微观的。压力来自多方面，如国家重点项目完成的压力，各类课题完成的压力，社会短板、企业亏损、个人发展等的压力。鲁班发明锯来自他如果完不成伐木的任务就会面临生存的压力；许多企业家千方百计发展实业来自尽快摆脱贫穷和获得更高收入的压力；近几年来，"核心技术"问题日趋突出，这也迫使中国加快了自主创新的步伐等。2019年年底发生并逐步蔓延的新冠肺炎疫情，也给人类如何有效地战胜新型病毒提出了课题。

（五）经济利益

生产实践是人类最基本的实践活动，经济利益是人类生存和发展的最重要的利益。谋生是大多数人工作的第一动力，企业的主要目标是争取在满足社会某方面需要的同时实现利润最大化。"知识和财富的统一"是当今时代创新的真谛。我国古代就已懂得对人才不仅要敬之，也要富之。改革开放以后，人们正确处理了"大河"与"小河"的关系，不仅让一部分人先富起来，而且在农村实行"联产承包责任制"，极大地调动了亿万劳动者的工作积极性，也明显促进了国家的发展。故物质利益不仅是创新的重要动力，在政策上让有创新成果者获得合理回报，以真正体现创新者的价值也是很有必要的。

第一章　创新的基本知识

（六）人类的需求

创新的动力往往来自人类的各种需求。人类有不断向认识世界和改造世界的广度和深度进军的许多需求。当今时代，许多国家的人民不仅有追求更高收入、更好教育的需求，而且有向往更高寿命、追求更美好生活等的需求。

改革开放前，我国经济是计划经济，许多民生商品几乎都要凭票供应，企业的产品不需要考虑销售，而只有销售才能实现商品的价值。改革开放以后，随着社会主义市场经济体制的建立，我国社会生产力得到很大提高，人民对物质文化的需求由"有没有"转变为追求"好不好"。客户选择的余地大很多，进口的商品也明显丰富了，许多企业的销售成了突出问题。不少企业往往要"以销定产"，"人无我有，人有我优""个性化服务""差异化产品"成了有效的竞争手段。国家也审时度势，积极推动供给侧结构性改革和高质量发展，同时注重需求侧改革，并且积极开拓国内市场和国际市场。一些品牌产品逆势而上，以网购、共享单车、移动支付、高铁为代表的新产业、新产品、新业态蓬勃发展。事实说明，人类的需求在不断变化，企业只有不断适应变化的需求，不断满足新时代客户的不同需求，不断创新发展，才能做大、做强、做优。

（七）创新氛围

创新氛围直接影响创新的动力。像犹太民族有浓厚的"爱书""爱质疑""爱讨论"等文化传统，以创新为荣，以不创新为耻，甚至创新的基因已融入血脉，自然会形成强烈的创新动力。中国的"自强不息""穷则思变""化危为机""科学家精神"等创新文化传统和当今时代的社会主义核心价值观，让中华民族虽历经5000年而不衰并正在努力实现伟大复兴。

（八）正确引导

正确引导是政治教育的重要内容。我们需要正确引导企业尽早转型升级，正确引导人民走创新之路。人民也在"大众创业，万众创新"的时代洪流中不断获得新价值，自然会激发更高的创新热情，甚至"不待扬鞭自奋蹄"。

正确引导还有一个重要条件就是不断提高创新的成功率。创新固然有风险，创新需要容忍失败，但创新也必须尽量避免失败，不断积小胜为大胜。

（九）政府和社会制度

政府和社会制度均属于上层建筑。政府和社会制度倡导什么对于创新动力影响很大。早日走向国家现代化是中国近代以来正确的政治路线。中华人民共和国成立以后，通过不断解放和发展生产力，通过多个五年发展规划特别是科学技术发展规划，在现代化建设的道路上取得了巨大进步。党的十一届三中全会以后，党领导人民"拨乱反正"，集中力量进行现代化建设，实现了让人民富起来和让国家强起来的统一，并逐步认识到"发展是第一要务，人才是第一资源，创新是第一动力"。国家强盛需要政府制定正确的政治路线，创新也需要党和政府有组织、有计划地去实施。

案例一

毛泽东：必须打好科学技术这一仗

中华人民共和国成立之初，面对国家经济凋敝和科技落后的现状，毛泽东高度重视科技在我国社会主义事业发展过程中所发挥的关键性作用，领导科技事业取得显著成就。

一、科学技术是兴国的先决条件

为改变我国"一穷二白"的面貌，恢复和发展国民经济，毛泽东把发展科学技术摆在全党全国各项工作的突出位置上。他强调："过去我们打的是上层建筑的仗，是建立人民政府、人民军队。……现在，生产关系改变了，就要提高生产力，不搞科学技术，生产力无法提高。"毛泽东特别重视通过制定科技规划推动国家科技创新战略的实现。1956年年底，毛泽东指示国务院制定了中华人民共和国科技发展12年规划，即《1956—1967年科学技术发展远景规划纲要（修正草案）》。规划本着"重点发展，迎头赶上"的方针，提出包括原子弹和导弹两项绝密任务的12项重点任务，我国由此开始积极发展原子弹、导弹和通信卫星等尖端科技。

从1958年年底起，国防科技委员会、中国科学技术协会和地方各级科学技术机构相继成立，到1962年我国初步形成了从中央到地方较为完善的科技体制结构。1963年，国家十年科技规划制定后，毛泽东在听取聂荣臻汇报工作时再次强调："科学技术这一仗，一定要打，而且必须打好。"他深刻认识到，抗日战争以前，我国自鸦片战争以来之所以同世界上一切大中小帝国主义战争都失败，除了封建制度腐败，还有一个重要原因就是科学技术落后。1964年，在毛泽东的提议下，周恩来把科学技术现代化与工业、农业和国防现代化并列为"四个现代化"。1965年1月4日，第三届全国人民代表大会第一次会议在北京闭幕，"四个现代化"正式确定为国家发展的总体战略目标。

二、自力更生为主的科技发展之路

中华人民共和国成立初期，面对我国科技基础十分薄弱的现状，毛泽东制定了赶超型发展战略，把自力更生作为科技创新的立足点。他崇尚科技创新，反对"循序渐进"

式的走国外科技发展老路，认为必须"打破常规，尽量采用先进技术"，走一条属于中国人的"非常规且科学"之路，避免我们"跟在别人后面一步一步爬行"。他针对美苏20世纪50年代展开的军事科技竞争，认识到自主研发尖端科学技术的重要性，指出："我们现在已经比过去强，以后还要比现在强，不但要有更多的飞机大炮，而且还要有原子弹。在今天的世界上，我们要不受人家欺负，就不能没有这个东西。"

毛泽东在坚持自力更生进行科学技术创新的同时，并不排斥学习借鉴别国先进技术，主张我国科技发展采取"洋为中用"的方针。早在1953年全国政协一届四次会议闭幕会上，毛泽东就坚定地指出："他们应该懂得，我们这个民族，从来就是接受外国的先进经验和优秀文化的……"我们中国人民要始终保持真诚的态度去学习，接纳别的民族不同的文化和知识成果，一切可以被我们所学习利用的科学文化知识终将被拿来认真研究和分析。在向国外进行学习借鉴过程中，他主张洋为中用，但反对盲目照搬，认为"接受外国的长处，会使我们自己的东西有一个跃进。中国的和外国的要有机结合，而不是套用外国的东西"。1958年6月，对第二个五年计划的要点，毛泽东批示："自力更生为主，争取外援为辅，破除迷信，独立自主地干工业、干农业、干技术革命和文化革命，打倒奴隶思想，埋葬教条主义，认真学习外国的好经验，也一定研究外国的坏经验——引以为戒，这就是我们的路线。"

三、加强科学技术人才队伍建设

人才是科技发展最核心的因素。1956年，毛泽东在最高国务会议第六次会议上指出，必须有"数量足够的、优秀的科学技术专家"，才能使我国科技赶超世界先进水平。

面对中华人民共和国科技人才储备非常少的现状，毛泽东特别重视储备高科技创新人才。一方面，通过从国外大力引进的方式吸引人才回国服务。中华人民共和国成立初期，国家除了邀请大量苏联专家来华指导我国科技发展，还重点鼓励侨居海外的科技人员积极回国服务。到1957年春，回国服务的海外科技人员就达3000多人，包括钱学森、李四光、邓稼先等著名科学家。另一方面，通过党和政府大力培养的方式储备高科技人才。党和国家通过尽可能向苏联等国家外派留学生和利用回国的高科技人才自己培养两种方式储备人才。毛泽东提出人才发展的具体目标，即"各级特别是省、地、县这三级要有培养无产阶级知识分子的计划"，争取"三个五年计划之内造就一百万到一百五十万高级知识分子"。

四、科学技术与群众运动相结合

关于如何才能更快提高我国科学技术水平，真正将科学技术造福于人民，毛泽东认为应该将科学技术和群众运动相结合。要发动群众，不依靠群众是不行的，要使科学技术和群众运动相结合。如血吸虫病曾是危害人民健康最大的疾病，如何才能早日战胜这个疾病？毛泽东认为："就血吸虫所毁灭我们的生命而言，远强于过去打过我们的一个或者几个帝国主义。八国联军、抗日战争，就毁人一点来说，都不及血吸虫。除开历史上死掉的人以外，现在尚有一千万人患疫，一万万人受疫的威胁……党组织、科学家、人民群众，三者结合起来，瘟神就只好走路了。"

——主要内容摘编自《中国组织人事报》2020年3月27日第7版

案例二

邓小平的破局智慧

一个政党、一个国家在前进道路上，不可避免会遇到"成长的烦恼"，甚至会遇到较大的困难、挑战或考验。应对变局、突破困局、化解危局，需要破局智慧，邓小平在长期的政治生涯中积累了丰富的政治经验，具有高超的破局智慧。这方面的例子很多，在这里仅举一二。

一、抓住决定性环节

面对变动不居的形势、深刻复杂的局面，最迫切的是要找到解决问题的关键所在，切不可四处出击，更不能胡子眉毛一把抓。"文化大革命"结束后，百废待举，百业待兴，遗留难题堆积成山。同时"两个凡是"的出现又表明历史的惯性十分强大，摆脱起来很有难度，中国一时出现了徘徊中前进的局面。如何尽快摆脱这种局面？邓小平敏锐地认识到必须从思想层面解决问题，思想不解放，什么事都不敢想，更不敢干。因而，他坚持实事求是，紧盯住"两个凡是"不放，从1977年4月给中央写信到1978年5月给前来看望他的中央同志明确说"两个凡是"不对；从1978年6月全军政治工作会议上公开支持真理标准问题的讨论到7月份找中央党校负责人、中宣部负责人谈话；再到9月去东北考察一路走、一路讲，"四处点火"，鼓励各地干部解放思想，要以发展生产力为重。正是在以邓小平为代表的老一辈革命家的带动、支持和领导下，真理标准问题的讨论才顶住压力真正开展了起来，并坚决维护毛泽东的历史地位，恢复了毛泽东思想的本来面目，继续坚持和发展毛泽东思想，进而形成解放思想的时代大潮，通过"拨乱反正"，平反了许多冤假错案，提出走中国特色社会主义道路的历史命题等，从而结出了实行改革开放和转移工作重心的累累硕果，一举摆脱困局。

二、统筹兼顾

困局或危局的出现，往往不是单一因素的结果。在困局中实现突围，在危局中发现机遇，有时需要瞻前顾后，更需要统筹兼顾。邓小平分析问题、解决问题常常带有统筹兼顾的强烈意识。从"两手抓、两手都要硬"到"两个大局"再到处理美苏关系等，都是如此。在中国推动现代化建设，必须从全局出发考虑问题，统筹兼顾提出思路，如

"坚持四项基本原则和坚持改革开放的统一"。改革开放以后,东南沿海地区率先发展起来了,中西部地区发展较慢。邓小平在 1988 年提出了"两个大局"的设想,着力解决沿海同内地贫富差距的问题。20 世纪 80 年代,中国考虑并有节奏推进和苏联关系"正常化"问题期间,非常注意同美国的沟通,关注、关照美国的关切。此事自始至终邓小平都亲自参与、亲自决策。正因处理好了中美苏大三角关系,把握好了彼此关切,才为中国改革开放营造了良好的外部环境。

——摘编自《学习时报》2020 年 3 月 27 日

案例三

硅谷与 128 公路的一兴一衰

在美国,硅谷世人皆知。但实际上,20 世纪 70 年代的美国波士顿,还有另一个与硅谷齐名的科创高地——128 公路。在美国国防订单的哺育下,硅谷和 128 公路在东西海岸各自繁荣,成为科技领域冉冉升起的"双子星"。

最初,两个园区内的企业都是高度纵向整合,一家公司就独自包圆了硕大的产业链,自给自足自产——区内企业之间互动很少。70 年代末,为了从美国半导体的绝对优势中突围,日本六家企业抱团作战,大力发展芯片。到了 80 年代初,日本半导体对美国的出口额已经从 80 多亿日元增至 400 多亿日元。

此时,整个硅谷乃至美国半导体行业陷入危机:AMD 净利润锐减 2/3,National 半导体从盈利 5000 万美元变成亏损 1100 万美元,接近八成美国存储芯片企业破产。1986 年,英特尔一口气裁掉了 1/3 的员工,管理层每天开会讨论的是:"英特尔该如何体面地破产?"

困则思变,习惯了单打独斗的硅谷企业开始朝"小而精悍"的方向改革,各创新团队之间联络密切,园区内部流动性极高,开始形成高度开放与合作的横向整合网。

"硅谷网"让每家企业各自专精,同时共享技术、服务、设备、员工、知识。甩掉了"重复造轮子"的包袱,企业的效能和资产价值都被迅速放大。

然而,128 公路则在另外一条路上固执坚持——变革没有发生,园区内依然充斥着同质化且各自为政的庞然大物,低效重复建设是常态。

1985 年,曾经的计算机巨头阿波罗公司拒绝采用 MIPS 公司提供的 RISC 芯片,选择自己研发。当阿波罗开发的 RISC 芯片达到 MIPS 当年的性能,时间已过去了两年。

冷战结束后,随着美国国防订单的急剧减少,这个曾经与硅谷分庭抗礼的科创高地已日渐式微。"双核"驱动的美国科技,此刻只剩下硅谷一家独大,成为世界首屈一指的科创中心。其中"硅谷网"发挥了关键作用——开放、合作、共享成就了今日硅谷。

创新的基础是人才，硅谷人才大部分来自附近的高校：斯坦福大学和加州大学伯克利分校。其中，斯坦福大学校产企业产值占硅谷总产值接近60%，富可敌国。大约有4万家企业可以寻根到斯坦福大学，这些企业的产值总和相当于世界第十大经济体，但是，斯坦福大学并非生来如此风光。

20世纪50年代，斯坦福大学还只是所边缘大学，教授工资低，学校财政困难。时任校长特曼教授将1000英亩土地租赁给高科技公司兴建产业园，以换取更多供学校运营的资金。条件是园区内企业与大学紧密合作、共同研发，特曼教授可能未曾预料到，正是这一举动，让斯坦福与硅谷命运紧紧捆绑，走上了产学研一体化道路。

同时，科技商用进程也推动了美国计算机科技的发展。在当时产业界的印象中，电脑是只属于政府、军方、大型企业的工具，科学家对此感到不满，努力将电脑发展到商用领域，代表性人物如史蒂芬·乔布斯和沃兹尼克，他们致力于改变计算机技术的运用方式——将微型电脑民用化。

1972年，克雷诺·帕金斯投入13亿美元风险资金使苹果公司成功上市，自此开启了风险投资时代。同一年，凯鹏华盈（KPCB）和红杉资本成立，专注于美国各个名校的校产投资业务。日后相当长一段时期，两家公司在硅谷平分秋色。

计算机技术给风险投资机构带来巨大甜头，也让"硅谷"成为创业者的天堂和金融冒险家的乐园。"风投四大天王"之一、KPCB创始人约翰·杜尔曾兴奋地说："计算机是史上最大的财富合法积累。"

围绕硅谷科技中心逐步形成了联动整个美国的创新服务生态体系。

例如，纳斯达克为风投资本提供退市服务，以加速资本流动，甚至还给硅谷科技公司上市开无资质绿灯。资本连通政界，在硅谷的半导体企业受到日本威胁时，旋即成立美国半导体行业协会（SIA），统筹美国芯片公司利益，一面游说国会议员给科技公司减税、贷款、补贴，一面操纵媒体舆论造势。

经过数十年的发展，硅谷无论从人才、资金、政策还是公司经营模式，都体现了高度整合的特点，尤其是配套服务堪称完美——这种产业链"横向整合、纵向开放"的网络后来延伸到了硅谷地区的其他产业，并形成了以科技为中心的格式塔模式。

科技衍生文化，成为硅谷创新影响世界的另外一大助力。一大批硅谷系媒体人应运而生——代表人物如约翰·马尔科夫，具有《纽约时报》高级科技记者和普利策新闻奖得主的双重头衔。与硅谷同处加州的好莱坞，也常常将硅谷的科技公司作为电影题材。

资金、人才、政治、文化多种要素凝聚在一起，形成完整闭环和有机系统的格式塔模式，造就了今天的硅谷。

在美国东部，虽然128公路科技创新有所衰落，但纽约仍占据全球科技城市排名榜首。其实，在很长一段时间里，纽约一直是一些科技巨头的大本营。如今，纽约已成为能与硅谷匹敌的第二大科创高地。与硅谷的郊区科技园不同，纽约的科创产业在中心城区聚集。这个无边界的科技产业聚集区被称为"硅巷"。

——主要摘编自2020年6月15日"钛禾产业观察"微信公众号 任友善/文

第二章 创新学的基本框架和内容

第一节 创新学的定义和主要内容

一、定义

创新学是研究人类创新活动本质和规律的知识体系,也是在人类创新发展过程中产生的新学科。

二、主要内容

创新学的主要研究内容包括创新的本质、种类、层次,以及创造性思维、创造技法、创造力的提升、创新精神、创新的规律、创新的条件、创新文化、创新型人才、创新链、创新动力如何更有效地解决问题、创新历史等。其研究重点是创新如何真正成为社会发展的第一动力,主要就是靠知识创新、解决问题创新和价值创新,从而使人类更有效地提出问题、分析问题和解决问题,更有效地实现知识创新和现实价值创新的良性循环,更有效地认识世界和改造世界,不断提高人类的幸福指数。

第二节 创新学的体系特点

创新学的知识体系有如下主要特点。

一、综合性

创新学是在汲取了许多学科特别是创造学、创业学、科学研究方法学、创新理论和方法等学术成果的基础上发展起来的,是新的边缘学科和综合学科。

二、复杂性

发明创造是人类最复杂的脑力劳动，创新是最有价值但也最有风险的劳动，"九死一生"与"第一动力"并存。对其规律性的认识往往"只可意会不可言传"。虽然人类对创新规律探索的脚步从未停止过，但复杂性仍是创新学研究的突出特点。

三、交叉性

创新学主要是在创造学、创业学的基础上发展起来的，创造、创新与创业成了时代加快进步的最亲密的"三兄弟"。创造是从无到有，从 0 到 1。创新不仅要求从 0 到 1，而且也要求从 1 到 N；不仅要求有科研成果，而且要求尽快实现商业化；不仅要求有解决问题的"创意"和思路，而且要求真正解决问题；不仅要求知识创新，而且要求与财富创新相一致和社会进步相同步。因此，创新学与创造学、创业学、科学研究理论、人才学、经济学、管理学等是交叉融合的。这些领域的积极成果都有助于创新学的发展。

四、实践性

创新学是揭示创新这一人类发展"第一动力"内在规律的科学，也是让人类更聪明、更智慧的科学，故实践性是其突出特点。人类波澜壮阔的创新实践为创新学的发展提供了肥沃的土壤，创新学的发展又将会有力地促进人类的创新实践。适应时代发展需求、为促进人类进步做出更大贡献，是创新学的历史使命，也是创新学的生命之源。

第三节 创新学的知识体系

一、知识体系

创新学的知识体系和理论框架主要包括：①创新对人类进步的作用；②辩证唯物主义；③创造性思维包括创意产生的规律；④创造技法；⑤科学研究方法；⑥创造力开发；⑦创新的规律；⑧创新链；⑨技术创新方法；⑩创新历史和创新学发展历史；⑪知识创新和财富创新；⑫创新创业型人才；⑬合适的科研成果尽快转化为更高生产力；⑭科技创新和全面创新的相互协调；⑮创新型国家和世界科技强国。

二、所涉及的主要学科或课程

创新学所涉及的主要学科或课程有：①马克思主义特别是马克思主义哲学；②创造学特别是创造力提高和创造技法；③创业学特别是创新成果有效转化为产业的全过程；④科学研究理论特别是方法学；⑤创新理论和方法；⑥人才学主要是创新型人才学；⑦教育学主要是创造教育学；⑧心理学主要是创造心理学；⑨学科发展史包括大学发展史；⑩科学技术发展史；⑪近现代产业发展史；⑫管理学包括企业管理和财务知识；⑬经济学包括市场学、财政学、金融学和产业经济学等；⑭法律知识；⑮创新型国家与大湾区的特点；⑯与创新有关的多方面技能。

第四节　主要研究方法

一、理论与实践密切结合的方法

理论与实践密切结合、相互促进是创新学发展的基本途径。没有理论指导的实践是盲目的实践。创新学的发展具有丰富的实践基础，创新的实践也呼唤着创新学理论的早日诞生和不断发展。

二、综合性研究方法

综合性研究方法即自然科学、社会科学、人文科学相互融合的方法。"海纳百川，有容乃大。"各行各业都有创新，各领域、各学科也有创新。故创新学的发展需要交叉、融合、移植等，从人类知识宝库特别是从自然科学、社会科学和人文科学中不断汲取养分。

三、继承和创新相结合的方法

创新学的发展是对多学科特别是科学发展史、创造学等学科精华的继承和发展。"古为今用""站在巨人的肩膀上"都是创新学发展的重要方法。

四、利用新技术的方法

新技术如机器人、大数据、微信、人工智能、区块链等既是创新成果，也是新技术。充分利用这些新技术特别是智能机器将明显提高创新学研究的进度。

五、中西文化交流的方法

"洋为中用",创新型国家在创新方面取得了丰硕的成果,也积累了丰富的经验。加强中西文化交流、博采众长才有利于创新学的不断发展和更加完善。

第五节 主要理论来源

一、马克思主义理论

马克思主义被誉为科学的理论、人民的理论、实践的理论和不断发展的开放的理论,马克思主义的主要创立者马克思被誉为"千年第一思想家",马克思主义中国化使中国发生了翻天覆地的变化并在多方面开始引领世界。虽然马克思、恩格斯在其著作中并没有系统、直接论述创新,但马克思主义本身的创立不仅是伟大的创新,而且也是创新学的主要理论基础。

马克思主义内容博大精深,但主要有三个组成部分:①辩证唯物主义和历史唯物主义;②马克思主义政治经济学;③科学社会主义。

(一)辩证唯物主义和历史唯物主义

1. 辩证唯物主义给我们提供了认识世界和改造世界的正确世界观和方法论

辩证唯物主义要求我们看问题要坚持客观是第一性,主观是第二性。辩证法认为,客观事物是运动变化并遵循一定的规律而发展,没有一成不变的事物,事物运动变化的根本原因在于客观事物的内部矛盾性,对立统一规律是根本规律,矛盾的双方在一定条件下向其对立面转化。辩证法规律还有量变质变规律和否定之否定规律等具体规律。我们必须坚持客观、全面、历史、辩证地看待客观事物及其变化,认识客观规律、尊重客观规律,能动地利用客观规律去改造客观世界。中国共产党基于辩证唯物主义确立了"一切从实际出发""理论联系实际""实事求是""在实践中检验真理和发展真理"等思想路线,并领导全国人民正确抓住每个时期的主要矛盾,从而从胜利走向更大胜利。以"两弹一星"功臣为代表的许多科技工作者正因为坚持用辩证唯物主义的基本原理去指导科学研究,才能在"一穷二白"的艰难条件下较快地取得了一个又一个突出成就。实践是检验真理的唯一标准,也是检验创新真伪的唯一标准。

唯物辩证法在创新中具有十分重要的作用。创新理论中一个重要的原则就是善于"变化"，不同的组合是变化，善于移植也是变化，在困难中看到光明、在危机中育新机等，这些与辩证法的要求是一致的。企业创新和产品创新中的一个重要理念是用户需求第一、设计和技术第二，设计和技术对更好满足用户需求有重要反作用，即需求牵引供给，供给创造需求。

创意在创新过程中起着很大作用，但创意毕竟属于意识范畴，能否变成物质财富和取得新价值，最终要靠实践检验，靠创意转化为物质力量和实在成果。

2. 历史唯物主义是辩证唯物主义在社会历史中的运用

历史唯物主义科学地揭示了人类社会的发展规律，认为社会历史的发展有其自身固有的客观规律。物质生活的生产方式决定社会生活、政治生活和精神生活的一般过程；社会存在决定社会意识，社会意识又可以反作用于社会存在。无论是奴隶社会、封建社会、资本主义社会还是社会主义社会的产生，都是生产力和生产关系、经济基础和上层建筑之间矛盾运动的结果。只有生产关系适应生产力的发展要求，才能促进生产力的发展。任何政治革命的发生都是由于上层建筑、生产关系严重阻碍生产力发展的必然结果。马克思主义的这个原理清晰地告诉我们，为什么中国要走中国特色社会主义道路，关键是这个新型社会制度更能解放和发展社会生产力，促进社会公平。无论是科技创新、制度创新还是管理创新等，从根本上要看是否促进了生产力的发展，是否促进了物质财富和精神财富的更快积累。

（二）马克思主义政治经济学

马克思主义政治经济学还揭示了资本主义社会资本家积累财富的秘密和社会再生产的基本规律，即货币—商品—货币增值（$G—W\cdots P\cdots W'—G'$）。这个原理用在创新上可以看出，如果我们的创新仅停留在论文、专利的层次上，而不能由个别劳动价值转化为社会劳动价值，不能实现货币增值，这个创新就不能算是真正的创新。

（三）科学社会主义

马克思、恩格斯都很重视科学在人类进步中的重要作用，均认为科学是一种在历史上起推动作用的、革命的力量。他们甚至认为封建的中世纪的终结和现代资本主义纪元的开端，是以一位重要人物为标志的，这位人物就是意大利人但丁。而科学的力量就是创新的力量。

马克思主义辩证唯物主义主要是在吸收了费尔巴哈唯物主义的精华、扬弃了黑格尔唯心主义辩证法的基础上形成的。它告诉我们，历史上所创造的一切只有正确扬弃才能有助于创新，对现有的一切采取不同的组合也是创新的重要途径。

马克思主义认为，其理论仅是行动指南而不是教条，一切以时间、地点和条件为转移，马克思主义的基本原则必须坚持，但也要随着时代的发展而不断丰富和发展，与时俱进是马克思主义活的灵魂，理论的生命力在于实践基础上的不断创新，故创新也是马克思主义的本质要求。

二、熊彼特的创新理论

1912年，奥地利经济学家约瑟夫·熊彼特首次从经济学的角度提出了创新的概念，他认为，创新就是建立一种新的生产函数，也就是说，把一种从来没有过的关于生产要素和生产条件的新组合引入生产体系。这种新组合包括以下五种情况。

（1）创造了一种新的产品，或一种产品的新特性。
（2）采用了一种新的生产方法。
（3）开辟了一个新的市场。
（4）取得或控制了原材料或半制成品的一种新的供给来源。
（5）实现了任何一种新的产业组织方式。

熊彼特认为，"创新是资本主义的永动机"。创新（innovation）和发明（invention）、创造（creative）是不完全一样的。"创新未必一定是发明"，即创新既是一个技术概念，也是一个经济概念。它不仅包括技术发明，而且把现成的技术革新引入经济组织，通过生产要素的重新组合，打破旧的循环和均衡，形成新的经济能力。因此，熊彼特把通过新组合等"另寻新路"产生新的生产方式和新利润为基本职能的人称为企业家。

熊彼特认为，企业家要进行创新首先要进行观念更新。其次，企业家必须具备一定的能力，这些能力包括预测能力、组织能力和说服能力。"企业家精神"应包括对追求成功的热情、对创新的喜悦和具有不断创新能力的坚强意志。

熊彼特认为，市场经济是一个创造性的破坏过程，它不断从内部革新，不断地破坏旧的经济结构，不断地创造新的结构。资本主义就是在创新、模仿、打破垄断、大规模投资引起繁荣、衰退、萧条和再创新引起的复苏构成的周期性运动过程中前进的，是通过创新不断打破旧经济循环的过程中发展。他还认为，资本主义社会的发展就是不断创新，就是企业家不断创新组合，就是生产技术的革新和生产方法的变革，而没有涉及资本主义生产关系和上层建筑。

正如马克思对待黑格尔唯心主义辩证法采取吸收其"合理内核"一样，我们对待资产阶级学者提出的创新理论，也要取其合理内容，有所扬弃，在传承精华中不断发展。

从熊彼特首次提出"创新理论"到今天，100多年来许多专家学者都对创新进行了深入的研究。今天，创新已变成各行各业更有效发展的"第一动力"和核心理念。如王可达教授在《正确理解创新"在现代化建设全局中的核心地位"》一文中不仅论述了创新是深化供给侧结构性改革的重要动力，是加快转变经济发展方式的重要动力，是实现区域协调发展的重要动力，是加快建设美丽中国的重要动力，也是形成全面开放新格局的重要动力。他同时指出，自主创新是产业结构优化的原始动力。创新从五个方面推动产业结构优化升级：新产品从需求方面拉动产业结构升级；新技术从供给方面推动产业结构升级；新市场从市场需求方面拉动产业成长；新生产要素从供给方面促进产业结构优化；新生产组织从产业内部推动产业发展。这五个方面与熊彼特当年的部分创新论述之处仍有近似之处。

三、创造学

创新在一定含义上与创造同义，如原始创新、知识创新、技术创新等。故创造学是创新学的主要基础。

创造学主要由美国创造学家奥斯本创立，后经过各国创造学家不断丰富和发展而来的。

创造学对创造的本质、创造精神、创造力开发以及创造技法等方面均有许多研究成果。

四、创业学

狭义的创业即发起、维持和发展以利润为导向的企业的有目的性的行为。衡量创业是否成功主要看企业能否提供满足市场某方面需要的优质产品和利润指标能否不断提高。广义的创业指人类各项事业从无到有、从小到大、由弱到强的发展过程。

创新的重要含义是通过科研成果的尽快转化、新创意的实现等实现新的更高价值。故创业学的成果有助于丰富创新学的发展。

五、科学研究的理论

科学研究指为了增进知识包括关于人类文化和社会的知识以及利用这些知识去发明新的技术而进行的系统的创造性工作。科学研究源于问题，特别是影响人类发展的问题。其又分为经验问题和概念问题。科学研究也是一个不断提出问题、分析问题和解决问题或矛盾的过程。科学研究包括基础研究、应用研究和开发研究。其中，开发研究是把基础研究、应用研究应用于生产实践中，是科学转化为生产力的中心环节。

只有正确地认识世界才能有效地改造世界。科学研究是知识创新和学科发展的基础,知识创新、技术创新、工程创新和管理创新又是人类不断提高认识世界和改造世界深度和广度、实现更高价值的前提。科学研究的灵魂是创新,科技创新也是全面创新的龙头。人类发展进步史告诉我们,科学研究是近现代人类发展进步的"根",故科学研究理论包括科学研究方法学的任何成果均对创新学有重要的借鉴作用。

对于研究型大学和科研院所来说,其大量的研究是基础研究或应用研究。而对于许多有研究机构的企业来说,其大量的研究是开发研究。

六、创新理论和方法

"创意"往往是创新是否成功的前提,也是有效解决问题的关键。创新理论和方法为人们更快提出有价值的"创意"、更快找到解决问题的"突破口"提供了科学思路和参考。创新理论和方法有很多,如TRIZ理论和方法、可拓创新方法、"5W2H"法、六顶帽子思考法、公理化设计法等。

七、教育学和人才学

创新驱动实质上就是人才驱动。人才需要培养,培养主要靠教育。教育是将自然人塑造成社会人的有效手段,更是培养创新型人才的主要途径。对在校大学生等加强创新创业教育,意义非凡。但什么才是人才?什么才是创新型人才?创新型人才的成长有什么规律?人才学可以给予更深刻、更全面的阐述。如人才学认为,遗传、教育、环境、实践、主观能动性是影响人才成长的最基本因素。创造性是区分人才与非人才的本质特征。故教育学和人才学也是创新学的重要来源。广义的人才学也包括人力资源管理学。人才是人力资源中素质较高、贡献较大的部分。

八、经济学和管理学

创新的核心内容不仅指有效解决问题,而且将是否有"新价值"作为衡量创新的主要标准。知识与财富之间如何更有效地相互转化、技术与经济如何更紧密地相互促进,学科创新与产业创新如何更默契地配合,这些都需要经济学和管理学的知识。故经济学、管理学也是创新学的重要来源。

九、中外创新文化

创新文化即有关求新求变、积极向上的文化,也可称为创新土壤和创新环境。无论是中国还是西方,都有历史悠久的创新文化,如中国文化中的"厚德载物,自强不息""精益求精",西方文化中鼓励冒险和探索以及理性精神、法律意识等。所不同的就在于创新文化在一个国家发展历史中的地位和作用,即创新文化在一个时代究竟是主流文化还是边缘文化。美国建国虽然不到300年,但他们从建国之初就十分重视人才、创新和文化,故较早产生了许多具有世界影响力的科研成果,并催生了第二、第三次工业革命,这也反映了美国的创新文化不仅浓厚,而且其地位是很高的。

创新文化具体包括创新在国家发展中的地位和作用,在个人成长中的地位和作用,以及在社会舆论中的地位和作用,等等。有专家指出,创新型人才是在一定环境中自动"冒"出来的,不是人为培养的。这从不同侧面揭示了"创新土壤"的重要性。

十、实践经验的总结

实践经验是理论创新的重要来源。毛泽东思想被誉为是"战无不胜"的,其很多内容是"全党智慧的结晶"。毛泽东认为,"要做人民的先生,先做人民的学生"。邓小平作为中国改革开放的总设计师,也积极倡导"走一走,看一看",实地考察,问计于民。这样有助于找出解决难题的思路。"不拒细流方能成大海。"历史上许多巨著,如《本草纲目》《伤寒杂病论》《史记》等,也包含了不少民间成果和历史记录。

中外许多科学家均有丰富的科研体会,这些体会从不同角度揭示了创新的规律,故也是创新学的重要来源。如我国著名物理学家黄昆院士在《关键要敢于和善于创新》一文中说:"回顾半个多世纪的科研经历,我深深体会到:科学研究贵在创新,要做到'三个善于',即善于发现和提出问题;善于提出模型或方法去解决问题;善于做出最重要、最有意义的结论。其中最关键的是善于抓住机遇,发现和提出问题。""共和国勋章"获得者钟南山的见解也很深刻,他认为,人这一辈子如果有一个创新,你的人生就很有意义……创新应包括两个部分:一个是新发明、新发现,另一个是通过新的发明、发现产生比较好的社会效益或经济效益,这个全过程才叫作创新。对医疗工作者来说,有了发明、发现以后,必须要进入临床的实践,要能够对疾病的诊治防控带来好处,能够全面推广、让更多人受益,这才是创新。今天,钟南山尽管已在国际权威学术期刊上发表SCI论文200多篇,出版各类专著20多部,获发明专利60多项。但他认为,未能转化为造福社会的科研成果还谈不上是真正的"创新"。钟南山和他的团队正在不懈探索产学研有机结合、科研成果尽快转化为生产力的更有效途径……

社会主义的本质是解放和发展生产力,而发明创造对提高劳动生产力具有很明显的促进作用。中华人民共和国成立以来,特别是明确提出建设创新型国家以来,除了科研院所和高等院校,各行各业积极推动创新驱动,积累了丰富的经验和教训。创新的本质就在于为客户创造新的价值。利用压强和针尖原理,专注于通信核心网络技术的研究和开发,始终不为其他机会所诱惑。形成局部的突破,逐渐取得技术的领先和利润空间的扩大，再将积累的利润又投入到升级换代产品的研究开发中，如此周而复始，不断地改进和创新。我国航天人所创立的"严而又严、慎而又慎、细而又细"的标准，直面挑战，攻坚克难，大力突破核心技术，积累了早日完成各项艰巨任务的经验。港珠澳大桥的建设遇到了很多世界级难题，以及一些国家的技术封锁。面对困难，港珠澳大桥的建设者知难而进、自主创新，在不断填补世界多项技术空白的过程中创造了"中国主导、企业主体、全球化资源、产学研一体"的创新模式，将核心技术牢牢掌握在自己手中。他们认为，"即使我们的起步是0，往前走一步就会变成1"。深圳等经济特区创新的经验和体会非常丰富，如深圳认为：比较完善的创新体系应包括"崇尚创新的文化氛围，激励创新的竞争机制，容忍失败的社会环境，不拘一格的人才战略，面向全球的开放意识，慧眼识金的风险投资，一视同仁的扶持政策"；还认为"有为政府与有效市场的密切结合才能催生创新之花并结硕果"以及深圳的创新就是"创新 + 法治"等。《广州日报》从2019年开始开设了"广州创新英雄"和"数字经济英雄会"栏目，介绍了不少在广州地区颇有影响的创新典型，他们的创新经历和创新体会对丰富创新学无疑是很好的养料。如"广州创新英雄"之一的中山大学热带病防治研究教育部重点实验室的奚志勇教授认为，创新要抓住事物的本质，脱离常规来解决核心难题，而不是在现有手段上的修修补补。要抓住问题的核心，需要对问题进行基础性研究，思考出渗透到本质的手段和方法。很多研究不仅要思路创新，而且也需要能及时地用很好的方法做出数据，才有利于站到科学的最前沿。广州民间发明人黄宁生先生认为，创新动力有三：一是对发明创造的爱好甚至入迷，二是想通过发明创新致富，三是想通过创新为国家做贡献。

在国际上，世界500强等著名企业的创新经验，如美国、日本、德国、以色列等创新型国家的发展经验也为创新学的形成和发展提供了重要源泉。

第六节　创新学的主要发展历程

创新学是认识创新本质和规律的系统知识。鉴于创新的重要作用，人类对创新的本质和规律的探索从来没有停止过，其基本过程可分为三个阶段，即古代、近代和现代。创新的系统知识是人类对创新的认识由浅入深、由知之不多到知之较多的过程。人类波澜壮阔的创新历史，特别是近代以来，多次工业革命和科技革命的不断推动，现代创新型国家的发展经验以及中国创新驱动发展的步伐，均呼唤着有更系统、更精辟的创新理论的问世。

一、古代（18世纪60年代以前）

创新的文化源泉可以追溯到古代，如中华优秀传统文化中的"推陈出新""日新月异""日日新"等理念。另外，人类对于客观世界的认识，长期受唯心主义的影响和宗教的束缚，如西方的"地心论""上帝"、中国敬畏的"神"等。16世纪意大利著名物理学家伽利略首先通过实验纠正了亚里士多德对世界解释的许多错误。知识创新和大学的发展促进了人的思想解放，也为人类更深入认识创新规律提供了重要条件。在创新方法的认识上，启发法或称探索法就是人类最早的创新方法之一，其本质是力求更快解决目标问题。中国的传统文化中也有不少体现更好更快解决问题的成语，如"事半功倍""集思广益""多谋善断"等。中国的赵州桥、都江堰、潮州桥的设计体现出来的"因势利导"而不是"堵"的思想，以及鲁班受茅草的启发导致锯的发明从而明显提高了工作效率等都蕴藏着丰富的创新思想。中国四大名著之一的《西游记》，塑造了孙悟空这样一个天不怕地不怕、敢想敢干的人物形象。

1088年，世界上第一所大学在意大利诞生；不久之后，欧洲也陆续诞生了多所大学。大学的诞生，为许多学科的更快发展奠定了重要基础。这个时代所涌现出来的创新思想虽然丰富，但是零散。

二、近代（从18世纪60年代到20世纪中叶）

在这个时期，世界共发生了三次工业革命，各类发明创造明显促进了生产力的发展和社会的进步。如亚当·斯密的《国富论》中就论述了熟练劳动和发明创造对于提高劳动生产率、增加社会财富的重要作用。多个创新方法如头脑风暴法、形态分析法、综摄法、"5W2H"法、检核表法等均是在这个时期提出的，作为创新学的重要基础——创造学也是在这个时期问世的。创新理论始于1912年，由奥地利经济学家约瑟夫·熊彼特从经济学和企业发展的角度提出。这个时期，多个国家的学者主要是对创造、创造力、创造技法和创造学进行研究的。

1919年，鲁迅在散文《生命的路》中有句经典名言："什么是路？就是从没有路的地方践踏出来的，从只有荆棘的地方开辟出来的。"1935年，中国共产党早期著名领导人方志敏在狱中写下了著名的散文《可爱的中国》，他展望未来的中国"到处都是活跃的创造，到处都是日新月异的进步"。1944年1月，中国著名教育家陶行知在重庆发表了《创造宣言》一文。这些都体现了当时中国许多仁人志士对创造的理解和重视程度。

三、现代（20世纪中叶至现在）

第二次世界大战后，美国斯坦福大学率先提出"知识与财富的统一"，率先促使学术界和产业界密切结合，逐步发展成为当代国际的创新中心之一。同时，全球逐步产生了多个创新型国家，创新理论也得到了很大发展。其中，苏联学者根里奇·阿奇舒勒创立的 TRIZ 创新理论和方法，即有效解决发明问题的系统理论和方法，是人类创新理论和方法发展过程中的一个里程碑。另外，中国原创的可拓学创新理论和方法形成一门学科、英国学者创立的六顶思考帽法、美国著名管理学家德鲁克提出的创新思想、美国著名心理学家吉尔福特等对创造性的研究、北京师范大学心理学博士生导师林崇德等对创新型人才的研究所形成的理论，以及美籍华人、斯坦福大学教授谢德荪所著的《重新定义创新——转型期的中国企业智造之道》、美国哈佛商学院教授克莱顿·克里斯坦在 1997 年的专著《创新者的困境：为何新技术让大公司失败》里提出了"颠覆性创新""开辟式创新"等概念和英国学者斯图尔特·克雷纳等所著的《创新的本质》等，均丰富了人类的创新理论宝库。

从 1921 年中国共产党诞生以来，中国发生了翻天覆地的变化，也产生了丰富的创新理论。从 20 世纪 90 年代开始，中国明显加快了创新步伐。我国的国家领导人在创新方面也有许多重要论断，如江泽民提出"创新是一个民族进步的灵魂，是国家兴旺发达的不竭动力"、习近平提出"创新是第一动力"等。2006 年，党和政府提出建设创新型国家，自主创新成为国家众多发展战略的核心。党的十八大以来，政府进一步倡导创新驱动发展，把创新看作实现"中国梦"的第一动力，"大众创业，万众创新"逐渐形成燎原之势。时代的发展迫切需要创新理论的指导。

2015 年 11 月，笔者的专著之一《创新人才学概论》由中山大学出版社出版。该著作明确提出创新学的概念，认为创新与创造有重要区别但关系十分密切，创造仅是创新的含义之一。故创造学的基本内容也是创新学的重要内容之一，但不能以创造学替代创新学。"创新人才学"是创新学与人才学的交叉学科。2008 年，吴维亚等学者的专著《创新学》由东南大学出版社出版，是我国第一本这方面的专著。2017 年 8 月，广东省管理创新和发展研究会创新学专业委员会正式成立。2019 年 1 月，中山大学管理学院任荣伟教授等编著的《创新创业学》由中共中央党校出版社出版。这些均标志着创新学已应运而生并不断完善。

案例一

中国原创的新学科——可拓学

一、概况

可拓学是中国原创的交叉学科之一,由广东工业大学"可拓学与创新方法研究所"蔡文研究员创立,中国人工智能学会可拓工程专业委员会和广东工业大学的有关专家团队进行了不断丰富和发展。具体是用形式化模型研究事物拓展的可能性和开拓创新的规律和方法、并用于解决矛盾问题的科学。

可拓学的研究对象是矛盾问题,可拓学由可拓论、可拓创新方法和可拓工程三部分组成。其中基本理论是可拓论,包括基元理论、可拓集合理论和可拓逻辑,逻辑基础是可拓逻辑;方法体系是可拓创新方法,包括可拓模型建立方法、拓展分析方法、共轭分析方法、可拓变换方法、可拓集合方法、优度评价方法和可拓创意生成方法等;与各领域的交叉融合形成可拓工程,包括与信息领域的交叉融合、与管理领域的交叉融合、与工程领域的交叉融合、与其他领域的交叉融合等。我国多位院士均对可拓学给予了高度评价,如我国著名数学家、中国最高科学技术奖获得者吴文俊院士认为:"这是一门原创学科,而且既有理论又有实际,是基础与应用的结合,……中国能出这样的创新成果很好,我们不能老跟在外国人后面跑,……可拓工程树立了创新的榜样。"

二、主要内容

1. 可拓论包括可拓集合理论、基元理论和可拓逻辑理论。其核心思想是可拓展变换,从而实现矛盾问题的解决。如基元理论将客观世界分为物、事(活动)和关系,分别建立了物元、事元和关系元。基元的结构以"对象、特征、量值"的三元组表示。由于每组内容都是可变的,并形成了一物多(特)征、一征多物(对象)、一征多值、一值多征等"创意"并形成基元库(创新方案库)。

2. 该理论提出了可拓创新的路径,主要有:

(1)变换条件。

(2)变换目标。

(3)同时变换条件和目标。

3. 拓展(变换)的基本方法

(1)共轭分析。

共轭分析包括虚实部分析、软硬部分析、正负部分析、潜显部分析等八个部,也称为共轭八部分析法。

(2) 蕴含分析。

蕴含分析是根据物、事和关系的蕴含性,以基元为形式化工具,对物、事或关系的内在逻辑联系进行的形式化分析。如一个人买了一套毛坯房,他一定要装修、买家具等。其中,装修就是蕴含关系。

(3) 可拓分析。

物元、事元和关系元可以组合、分解和扩缩的可能性,分别称为可组合性、可分解性和可扩缩性,统称为可拓性。对物元而言,可组合分析有可加分析和可积分析两种形式。有多个物元按先后次序聚合起来解决矛盾问题的称为可积分析。

4. 可拓变换

可拓变换就是将基元、准则或论域通过变换改变为新的基元、准则或论域。

可拓变换分为主动实施的变换或传导变换。可拓变换的基本方法有置换变换、增删变换、扩缩变换、组分变换、复制变换等。可拓变换的对象又分为基元的基本变换、关联准则的基本变换和论域的基本变换。

案例二

杠杆创新理论(LIT)

该理论定义创新是以推动事物的发展为目的,将新想法(创意)转化为可行的方案并被人们所采用,而且为创新的主体带来社会效益与经济效益的行为。创新的本质是"创造价值的变革"。并总结出成功创新包含三大管理(创意、知识、创新管理)与九个要素(见图1),将创新行为演绎成搭建积木,是对积木模块(知识与经验)的一种"选择"与"组合",这两个方面最终被视为创新的密码。

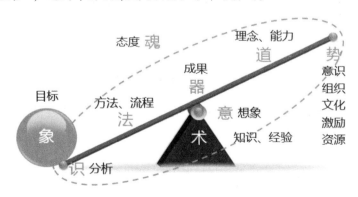

图1 创新的九个要素

该理论还总结出通用创新流程（见图2），是对创新行为整个过程的标准化。

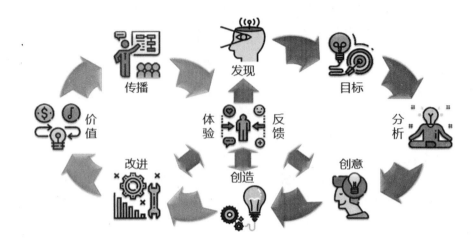

图2　创新流程

从感知需求（发现问题）到描述需求（问题），再到设定目标及分析要素、找到创意、创造新事物、测试评估反馈后不断迭代，直至开发出创新成果的社会、经济价值，将创新成果传播出去，推向市场，并供人们使用。

刘彦辰先生现任丽特儿（天津）科技有限公司技术总监、国家科技专家库专家、天津市创造学会常务理事等社会职务。

经过近三十年的科研与实践，创立了具有中国文化特色的创新理论（LIT）。LIT解决了国际创新理论研究领域基础难题——建立创新系统与创新流程。发明支点分析法、知识分类法、智能运算法，总结创意43个技巧等创新方法。

案例三

多国竞相布局量子科技

从顶层设计、战略投资再到人才培养等，全球多国近年来在量子科技领域持续投入。那么什么是量子科技？它在现实生活中有何应用前景？各国及科技企业在相关领域的发展态势如何？

解读量子科技还要从量子力学说起。量子力学发源于20世纪初，是研究物质世界微观粒子运动规律的物理学分支。如果一个物理量存在最小的不可分割的基本单位，则这个物理量是量子化的。量子力学中有一些"违背常理"的特点，如著名的难知死活的"薛定谔的猫"等。相关理论不断获得实验支持，在100多年里催生了许多重大发明——原子弹、激光、晶体管、核磁共振、全球卫星定位系统等，改变了世界面貌。

量子信息技术则是量子力学的最新发展，代表了正兴起的第二次量子革命。早在2016年，欧盟就宣布将量子技术作为新的旗舰科研项目，迎接第二次量子革命。美国也一直支持量子科技发展，最新动向是在2020年10月7日，白宫科学和技术政策办公室启用了国家量子协调办公室的官方网站，同时发布了《量子前沿报告》。

在量子信息技术中，具有代表性的是量子通信和量子计算。这也是各主要科技大国重点抢占的战略技术高地。

一、量子通信：信息安全传输的"保护盾"

量子通信是利用量子力学相关原理解决信息安全问题的通信技术。其中，一个著名原理就是量子纠缠，两个处于纠缠状态的量子就像有"心灵感应"一样，无论相隔多远，一个量子状态变化，另一个也会随之改变，爱因斯坦称之为"鬼魅般的超距作用"。传统的通信方式有被窃听的风险，而在量子通信中，窃听者必然被察觉并被通信双方规避。量子通信因此常被称作信息安全传输的"保护盾"，在保密领域有很大的应用前景。

近年来，中国量子通信技术取得多项突破性进展。比如2016年8月，中国发射了自主研制的世界上首颗空间量子科学实验卫星"墨子号"；此后，中国科研人员利用量子卫星在国际上率先成功实现了千公里级的星地双向量子纠缠分发等成果。

二、量子计算：未来计算技术的"心脏"

量子计算是各国优先发展的另一重点科技领域。有专家称："量子计算是这一场新量子革命最具有代表性的技术，是未来计算技术的心脏。"

在量子计算赛道，谷歌、微软、英特尔等西方科技企业拥有先发优势。2019年10月，谷歌研究人员在英国《自然》杂志发表论文称，基于一个包含54个量子比特的量子芯片开发了量子计算系统，它花费约200秒完成的任务，传统超级计算机要一万年才能完成。这在当时被称作实现了"量子霸权"，即让量子计算机在某个特定问题上的计算能力超过传统计算机，但也有一些业界人士对相关细节提出疑问。

中国研究人员也在量子计算方面奋起直追。中国科学技术大学、清华大学等高校近年来都在量子计算领域取得一些阶段性成果。百度、阿里巴巴、腾讯、华为等科技企业也相继出台了量子计算研究计划。2020年9月，百度、本源量子等企业先后发布了自己的最新量子计算云平台，使普通用户也能通过云技术使用量子计算。

三、英国的量子技术研究

英国历来十分重视量子科学的基础研究，近年来正逐步向基础研究和规模应用并重转变。

早在 2013 年，英国政府就宣布将在此后 5 年内投资 2.7 亿英镑，加速量子技术的商业化进程；同年，英国国家物理实验室（NPL）专门成立了量子计量研究院——建立一批先进实验室，从固体物理和光学技术两个技术路线，加强对量子标准和传感器的研究；2015 年，《量子技术国家战略》和《英国量子技术路线图》先后发布，量子技术发展被提升至影响未来国家创新力和国际竞争力的重要战略地位；2016 年，报告《量子技术：时代机会》选定了原子钟、量子成像、量子传感器和测量、量子计算和模拟以及量子通信作为五大重点研发领域，英政府首席科学顾问马克·沃尔帕特认为这些领域"具有生产新产品和服务的潜力与价值"；"国家量子技术计划"则投资 2.7 亿英镑支持量子通信、传感、成像和计算四大研发中心。

英国国家物理实验室研究员郝玲教授表示："英国是欧洲量子技术研究的先驱，政府在政策推动方面也极富远见。它还以自己的经验和影响力，对欧盟量子技术旗舰计划的酝酿、四大支柱领域的甄选都产生了重要影响。"欧盟的量子技术旗舰项目借鉴了英国的经验，把"石墨烯标准"放在重要地位，而其甄选的四大支柱领域——量子标准和传感器、量子计算机、量子通信以及量子模拟，则有助其在全球竞争中占据有利地位。

——摘编自《中国组织人事报》2020 年 10 月 21 日第 7 版

第三章 创新性思维

第一节 创新性思维的定义和特点

一、定义

有利于创新性成果产生的思维就是创新性思维。这种思维可以是单种思维,也可以是多种思维的综合运用。

思维是人脑的属性,是人类特有的精神活动和智力体现,是在学习前人知识和社会实践的基础上产生、反映客观存在的能动过程。

创新性思维的核心是新、变、更好,是主观和客观具体历史的统一。这种思维既是不断产生新成果、达到新认知水平的思维,也是实现新价值和不断改进、好上加好、精益求精的思维。

根据创新的定义,创新性思维包含创造性思维,但创造性思维更多的是指产生从无到有、从 0 到 1 成果的思维,而创新性思维也包含产生从有到更好、从 1 到 N 成果的思维。

思维者通过思维过程第一次产生的新思想、新理论、新技术、新设计、新过程等,都是创新性思维的体现。如企业第一次采用这种技术、第一次取得这样好的效益等。例如,港珠澳大桥的建设者所攻克的很多难题都是世界桥梁史上从未遇到过的。

创新性思维的来源主要是有创新意识、创新精神加上知识积累和实际锻炼。

二、特点

创新性思维的特点主要有以下六点。

(一) 新颖性

与众不同、独辟蹊径是产生新颖性的重要途径。即一个人在思考和解决问题的过程中，能站在与别人不同的角度观察，能提出与别人不同且能经得起实践检验的新观点、新思路和新方案。如柑橘与普洱茶相结合产生茶的新品种就是一种新颖性，钟南山精神内涵之一就是"独树一帜的创新精神"。

新颖性在学科发展方面的表现，一是顺着原有知识的思路往前推进，如生命科学已发展到从基因的层次去认识生物；二是对原有知识中的错误进行修正，如李时珍写《本草纲目》时，通过反复核对甚至亲自品尝草药，纠正了不少前人在中草药性能方面的一些错误；三是开辟相对新的知识领域，如人才学、创造学等交叉学科的问世就是开辟相对新的知识领域。

（二）非重复性

非重复性指思维的创新结果在同一地域的不可重复。开展科技攻关的前提就是"查新"，目的就是避免重复劳动。但"查新"有区域之分。如姜立夫在哈佛大学攻读现代数学，在国际范围内他不是现代数学的开创者，但他将现代数学引入中国并为数学的发展奋斗终身，他就是中国范围的"现代数学之父"。

（三）超越性

超越性指思维的结果超越了人类原先的认识水平，将其提高到前所未有的高度，与开拓性同义。人类的创新性思维必然要在认识上突破原有的范围、原先的假设、原先的理论，或者在原有认识基础上呈螺旋式提高。如邓小平理论突破了许多人对社会主义的传统认识，"一带一路"倡议的提出也是一大突破。

（四）灵活性

创新性思维必须是灵活的。没有一成不变的事物，我们必须一切从实际出发，使主观符合客观。作为国家来说，就是不断地解放和发展生产力，不断提高人民的生活水平。作为企业来说，就是不断开发新产品，或将现有的产品做到更好。

（五）目标性

我们不是为了创新而创新，创新是为了解决问题，这些问题可以是人类的未知世界，也可以是国家或企业的生存和发展问题。对于各行各业所存在的问题，必须抓住主要矛盾，兼顾次要矛盾，通过多种有效途径尽快解决，解决问题的过程往往就是创新的过程，必须运用创新思维。

（六）与时俱进

人类的发展就是不断从低级向高级的方向发展，就是不断走向现代化的发展。西方国家的多次工业革命引领了世界的发展潮流。今天，以人工智能为代表的第四次工业革命扑面而来，其抓住机遇、与时俱进的思维，也是创新思维。

第二节　创新性思维的意义和种类

一、意义

行动是由思想所指导和支配的，思路往往会决定出路，在一定的条件下是正确的思维决定一切，智慧决定一切。不同的思维造就了不同的选择、不同的人生、不同的成果。为什么当时处于弱势的刘备、诸葛亮可以在火烧赤壁中打败当时很强大的曹操？为什么首先发现X光射线的是伦琴而不是别人？这都与思维方式有很大关系。"实事求是"是一种正确的思维，要求我们正确认识客观规律、遵循客观规律而不要犯主观主义的错误。

二、种类

思维有很多种类，如发散思维、集成思维、辩证思维、战略思维、逻辑思维、非逻辑思维、历史思维、风险思维、逆向思维、目标思维、发展思维、突破思维、颠覆性思维、时间思维、技术思维、效益思维和法治思维等。综合运用这些思维，就有可能产生创新成果。

第三节　常用创新性思维（一）

一、定力思维

定力思维即确定人生定力、事业定力、专业定力的思维，它与一个人的价值观和人生谋略有密切联系。

自己的一生如何度过？这个问题最好在少年、青年时期就要立好这个"志"，并且为这个目标的早日实现而努力奋斗。马克思在青年时期就认为，如果我们选择了为人类的幸福而劳动，那么，我们就不会为它的重负所压倒，因为这是为全人类所做的牺牲。孔子也有名言：人无远虑，必有近忧。如果我们把取得创新成果特别是大的创新成果作为人生最重要的目标，那么，我们的人生就会克服各种艰难困苦。

有了志气，还要有明确和可行的具体目标，并且始终不渝地为这个目标而奋斗。确定目标可以有一定的调整期，但绝不能朝三暮四。"以兴趣始，以毅力终""一生只做一件事""有所不为才能有所为"，是许多成功人士的座右铭。任何创新都是由量变到质变的过程。只有"长期积累"，才能"偶尔得之"，只有"安""专""迷"，才能出创新成果。故定力思维对于创新十分重要。

二、战略思维

战略思维指首先从长远、全局的角度去考虑创新问题，不要犯方向性、全局性、重复性的错误，这对抓创新的领导干部来说尤其重要。古人言："不谋全局者，不足以谋一域""知己知彼，百战不殆"，我们既要脚踏实地，更要高瞻远瞩。创新首先要抓主要矛盾，将资源首先放在最关键、全局对影响最大的事情上，这样才能做到事半功倍，并争取捷足先登、后来居上，始终走在时代的前列。如我国航天科技曾与世界先进水平有很大的差距。但经过几十年的努力，我国航天工程领域捷报频传，先后启动了探月工程和火星探测工程等，在多方面取得国际领先的成果。

三、超前思维

超前思维，就是想别人之未想，做别人之未做，表现在能较早看出问题，较早看到未来发展趋势，较早抓住机会。如毛泽东在中国革命处于低潮时就预见到"星星之火，可以燎原"，马云、马化腾较早抓住了互联网的发展机会，美国较早重视教育和科学技术而引领了多次工业革命，等等。

四、主动思维

主动思维即主动创新、主动作为。创新是人类进步的发展趋势，顺之者昌逆之者亡，只有主动创新才能早出成果、多出成果。

1840年鸦片战争以后，清王朝与西方列强签订了一系列不平等条约，逐步沦为半殖民地半封建社会。中华民国的成立为中国的进步打开了一道闸门，也为中国如何走向现代化进行了一些探索。中华人民共和国的成立，更是为我们大踏步赶上时代发展的步伐奠定了最重要的政治基础。但由于我们在对什么是社会主义、如何建设社会主义这一根本问题上认识不清,又走过一段不短的弯路,以致再次出现被动的局面。党的十一届三中全会以后,通过拨乱反正,将发展生产力作为社会主义最根本的任务,明确发展是第一要务,人才是第一资源,创新是第一动力,我们又大踏步前进,仅用了40年就实现了由追赶时代到部分引领时代的转变,并逐步走进世界舞台的中心。

今天,要实现创新驱动发展,无论现实还有多少不如意,都需要我们争分夺秒、日夜兼程、主动作为。

无论是国家的发展还是个人的成长,都需要我们有主动思维。

五、发散思维

发散思维也称扩散思维、求异思维、辐射思维,指从一点出发,向四面八方辐射,产生大量不同设想的思维方法,它有流畅度、变通度、独特度等衡量指标。著名的"头脑风暴法"就是一种在短时间内充分激发更多发散思维的方法。发散思维可以摆脱习惯性思维的束缚,提供更多解决问题的思路。要激发更多的发散思维,思考者必须围绕一个主题进行思考,同时,不要对思考者所提出的任何意见表示肯定或否定。有的创新者甚至从科幻电影、武侠小说中得到启发的。

六、集中思维

集中思维也称为收敛思维、求同思维、会聚思维等。

集中思维指在分析、综合、对比有关信息的基础上所做出的最佳选择的思维方式。集中思维最好在发散思维的基础上进行,若在紧急情况下也可以由决策者根据实际情况和自己的独立思考而"果断拍板"。

第四节 常用创新性思维(二)

一、逆向思维和正向思维

(一)逆向思维

逆向思维是指不按常规思路,与自然过程相反,或与事物(现象)的常见特征、一般趋势相违背的思维方式。

逆向思维不符合大多数人的思维习惯,是一种非常规的思维方式,因而也容易产生创新成果，这方面的例子很多，比如，1935年1月遵义会议前，红军的处境已十分危险。遵义会议后，毛泽东重新出山协助周恩来指挥红军，在土城战役中发现所掌握的敌情严重有误后，马上命令部队渡过赤水河向西撤退，但蒋介石发现后不仅命令部队追击，而且准备形成新的包围圈。作为习惯性思维，红军应该是继续向西，但这样并不能从根本上解决问题。而此时毛泽东提出要二渡赤水，避实击虚，向东重占遵义。当时中央的不少领导对毛泽东的这个提议都感到愕然，但最后还是达成了共识，由此取得长征以来第一场大胜仗，红军也开始从被动转为主动。

（二）正向思维

正向思维即按照常规思路，遵循时间发展的自然过程，或者以事物（现象）的常见特征与一般趋势为标准而进行的思维方式。

正向思维有两个特征：一是常规。常规指思维时符合事物的自然发展过程，在时间上表现为从早到晚，在空间上表现为由近及远。二是常见。常见指思维时以事物的常见特征、多发现象等作为依据来看待客观世界，符合一般惯例。

正向思维符合大多数人的思维习惯。孙中山有句名言："世界潮流，浩浩荡荡，顺之者昌，逆之者亡"，现代化本来就是人类发展的进步潮流，创新是走向强大的必由之路。是否能更快发展生产力，更快提高人民生活水平，是衡量一个社会制度是否先进的重要标准之一。党的十一届三中全会以后，通过拨乱反正和改革开放，中国大地发生了翻天覆地的变化。继续沿着中国特色社会主义道路奋勇前进，加快创新驱动发展，就是我们应该有的正向思维。

（三）逆向思维与正向思维的关系

逆向思维与正向思维是对立统一的关系。《孙子兵法》中有"水无常势，兵无常形"和"以奇制胜"的精辟论述，说明"逆向思维"和"正向思维"是可以相互转化的。比如，在哥白尼那个时代，"地球绕着太阳转"这个观点对于"太阳绕着地球转"这个大众观点来说是"逆向思维"。当科学战胜了迷信以后，"地球绕着太阳转"又成为"正向思维"了。中国革命"走农村包围城市的道路"对于俄国十月革命的经验来说是"逆向思维"，但经过实践检验为正确后它又变成"正向思维"了。故活用"正向思维"和"逆向思维"，可以产生更多的创新成果。

二、逻辑思维与非逻辑思维

（一）逻辑思维

逻辑思维即通过概念、判断、推理而形成新的理论。如水是由一个氢原子和两个氧原子所组成。在月球上缺水，如果在月球上有氢气和氧气，可以通过一定的条件在月球上人工合成水。许多科研成果是科学家通过逻辑思维取得的。

（二）非逻辑思维

非逻辑思维指想象、顿悟、灵感和直觉等思维活动，其特征是无程序性、不可预知性、突发性、偶然性等。如阿基米德在洗澡中突然顿悟了浮力定律，爱因斯坦想象假如人的运动速度与光速一样会出现什么现象，等等。

无论是逻辑思维还是非逻辑思维，对于创新来说都是很重要的思维。

三、求同思维与求异思维

（一）求同思维

求同思维指从不同事物（现象）中寻找相同之处的思维方法，求同思维要能够透过现象，看出事物之间的本质联系。如果这种联系原来人们没有认识到，那么，通过求同就能获得新认识，从而产生新成果。如经济学家从丰富多彩的商品中寻找到它们都是使用价值和价值的统一。苏联发明家根里奇·阿奇舒勒通过分析大量的专利成果提炼出一种有效解决发明问题的理论即 TRIZ 理论，包括 40 个创新发明原理和 48 个通用工程参数文献等。

（二）求异思维

求异思维指从同类事物（现象）中寻找不同之处的思维方法。求异是一种十分普遍的思维方式，如孔子提倡"因材施教"就是求异思维。同类企业要有效发展，差异化、特色化、个性化发展是重要的竞争手段。

第五节　常用创新性思维（三）

一、问题思维

需要是发明之母，问题是创新的主要源泉。当年就是因为当时效率很低的蒸汽机需要改进，瓦特加以改良后，从而促进了第一次工业革命的诞生。改革开放也是由于长期"左"的错误的严重束缚，特别是"文化大革命"导致我国经济濒临崩溃边缘，从而促使党和人民深刻反思并产生了伟大觉醒。创新必须十分重视问题的寻找、分析和思考并抓住主要矛盾或重要问题。创新成果的大小与所选择问题的价值和意义紧密相连，如创新成果的学术价值、科学意义和市场价值等。创新的过程也是不断解决问题的过程。

二、怀疑思维

怀疑思维是创新的前提。许多创新成果都是在大胆怀疑前人、权威的结论后取得的。如邓小平提出"'两个凡是'不符合马克思主义"、只有初中学历的华罗庚指出清华大学数学教授熊庆来在学术上的一些不足。犹太人更是将怀疑的素质融入民族的血脉里，认为怀疑是智慧的大门，提倡思考一切。

批判性思维与怀疑思维近似。马克思通过批判性思维，去掉了黑格尔的唯心辩证法的唯心主义外壳而保留了其辩证法的"合理内核"等。

三、回踩思维

回踩思维指利用已有的成果解决当前研究中的关键难题，从而取得突破的一种思维方法。即"他山之石，可以攻玉"，已有成果的创新思路、创新技巧和创新设计等是可以相互借鉴的。

四、组合思维

组合思维指充分利用现有条件来实现创新。阿波罗登月计划总指挥韦伯说过，阿波罗登月计划没有一项新技术，都是现成的技术，关键是把这些现成的技术综合起来，综合也是创新。不同的组合往往就可以产生很多创新，如田忌赛马经典案例、社会主义市场经济体制下公有制与非公有制经济形式的组合、"互联网＋"、"人工智能＋"和粤港澳大湾区，等等。

五、风险思维

风险思维，也是底线思维的主要内容。创新活动是一种探索活动，也是一种进攻，风险性是创新的一大特点，必须把进攻与防御结合起来，做最坏的思想准备，往最好的方向去努力，未雨绸缪，有备无患。

创新风险有国家级、企业级和个人级。此处主要讲个人级创新风险。

个人的创新风险主要有以下六种。

（1）身体风险。如由于疾病、安全事故、自杀等造成失去工作能力甚至丢失了生命等。

（2）品德风险。指个人在政治立场、社会公德、职业道德和家庭美德等方面出现大的问题，甚至被法律所制裁。

（3）才能风险。创新需要才能，需要个人掌握创新的基本知识和技能，需要锻炼自己的创新性思维。故创新不仅需要热情，更需要学习和实践，只有遵循规律才能事半功倍。

（4）经济风险。从事创新活动，不仅需要全身心投入，在成功之前也往往需要自己在经济上的一定投入甚至是相当大的投入。

（5）家庭风险。古人曾说过，忠孝难双全，有所不为才能有所为。创新活动需要思考、需要专注、需要勤奋，故往往会失去一些幸福，如果夫妻之间不能相互理解就容易造成家庭矛盾甚至由此产生家庭破裂。例如，鲁迅将别人喝咖啡的时间都用在工作上等。

（6）失败风险。创新不仅需要勇气，而且也不一定能成功。故要做好失败的思想准备但也要尽量避免失败。一要有愈挫愈勇的精神，像马克思所说，在命运面前碰得头破血流也绝不回头；二要在创新方向的选择上注意考虑先进性和可行性；三要耐得住寂寞，不轻言失败，胜利往往就在再坚持一下的努力之中；四要讲究策略，攻关要个人与团队相结合，多交流往往可以做到"柳暗花明又一村"。

第六节 常用创新性思维（四）

一、历史思维

历史思维即重视学习历史经验的思维。世界著名科学家牛顿认为，他能取得一点成就，是因为他站在了巨人的肩膀上。今天的各类创新，是历史发展的继续。我们只有了解昨天，才能更好地走好今天和明天。许多著名科学家的成长，都十分重视学习科学技术史和人物传记，借鉴历史上的经验教训。同时，我们不仅要了解中国，也要了解世界；并善于在"古为今用，洋为中用"的基础上积极创新。

中国曾是世界上最富有、最强大的国家之一。但历史告诉我们，若不与时俱进，就会被其他国家超过。英国著名学者李约瑟曾指出："资本主义和现代科学起源于西欧而不是中国或其他文明古国。"西方国家正是在中国的明清时期，在虚心学习东方国家长处的同时，通过文化创新、制度创新、科技创新和教育创新等，确立了现代资本主义制度，从而引领了世界很多年。

二、法律思维

法律思维指依法治国、依法办事。用法律的武器保护自己、促进创新。同时也要警惕有人违法，注意不要上当受骗。

三、仿生思维

仿生思维即模仿自然界动植物等事物所体现原理的思维。自然界的各种事物往往是创新的重要源泉，如鲁班发明锯是受野外茅草的启发，潜水艇的构造受鱼类在水中沉浮原理的启发。

四、集成思维

集成思维主要指在技术发明活动中，将各自独立的部件综合成一个完整的系统，或者将不同门类的专业技术综合起来，从而实现功能整合、优化设计的一种思维方法。如集成电路的发明就是集成思维的体现。

五、分解思维

分解思维即将一些复杂问题分解成简单问题，如一些家具做成可以移动、折叠以及便于运输和安装的，就是运用了分解思维。

六、灵活思维

灵活思维指解决问题时在不违法的前提下采取灵活的方法，一切从实际出发，在实践中检验真理和发展真理。例如，改革开放后，我国充分利用港澳有利条件"引进来""走出去"，面对复杂多变的国际形势"韬光养晦"，从而实现了从追赶时代到部分引领时代的转变。在创新的道路上，没有一成不变的教条，"八仙过海，各显神通"，仅仅是尽快缩短与国际上许多高质量产品的差距，就有许多领域需要创新。

七、"破"的思维和"立"的思维

批判性思维、"弃"的思维往往被看作"破"的思维，创造性思维、"扬"的思维往往被看作"立"的思维。无论是"破"的思维还是"立"的思维对于创新型人才的培养都是不可或缺的。

第七节　常用创新性思维（五）

一、颠覆性思维

颠覆性思维是指一种能引起较大创新成果甚至导致根本性创新的思维方式，如任何政治革命、技术革命都以颠覆性思维作为先导。哥白尼把传统的"太阳围绕地球转"的观念转变为"地球围绕太阳转"是颠覆性思维，"互联网+"、人工智能和数字经济也是颠覆性思维。

颠覆性思维的要点是"想别人所未想，做别人所未做"，敢于独立思考、与众不同、独辟蹊径、突破常规、把不确定性作为机会等，以实践作为检验"颠覆"成效的唯一标准。

颠覆性思维所产生的成果往往是"从0到1"的成果，颠覆性思维往往也是面向未来的思维。

二、成长性思维

成长性思维即永远不满足、永远奋斗的思维。有这种思维的人认为凡事都有可能，敢于挑战更大困难，总是不断寻找创新的可能，敢于向未知领域迈进，总是在寻找突破的机会。如著名美术大师齐白石的专业起点虽低，但凭着顽强自学、不懈奋斗的精神，最终"大器晚成"；云南著名企业家褚时健的人生虽有曲折，但74岁再起步发展柑橘产业，"褚橙"成了云南农业品牌之一。

三、突破思维

突破思维指遇到问题积极寻找解决办法，勇于突破常规、善于变通。突破思维是重要的创新思维。人类的进步就是不断突破人类认知局限的结果。俗话说："办法总比困难多。"只要科学识变，主动求变，敢想敢干，多角度找方法，甚至"不按常理出牌"，往往可以实现捷足先登、不断取得突破性成果。突破思维首先要敢于突破；其次要善于突破，讲究方法，从而实现创新引领。

四、目标思维

人生一定要有奋斗目标，有目标的积累也是最有效的积累。一个人一生的精力是很有限，但只要聚焦在创新目标上，甚至一生只做一件事就可以较快地形成优势累积。

国家目标、单位目标、个人目标等一定要有大目标、中目标和小目标，个人目标首先服从国家目标，但可以保留自己的业余爱好。实现了小目标就是小成就。无数的小成就的积累就是大成就。创新往往是先确定先进可行的目标并持续努力才能提高成功率。目标的实现往往是个人与集体相结合的产物，如"两弹一星""嫦娥五号"等项目。

五、"无人区"思维

"无人区"思维是创新思维的重要表述之一，敢于创新就是"敢于走前人没有走过的道路，敢于攀登前人没有攀登过的高峰"，也就是敢于闯"无人区"。

"无人区"指尚未被人类攻克的难题或被涉猎的领域，广义的"无人区"也指虽国际上有国家或个人已攻克了有关难题但被垄断，而本国暂没有攻克或涉猎的领域，特别是具有"制高点""卡脖子"意义的领域，也包括市场需求的许多"空白点""薄弱点"等。

人类对客观世界认识的广度和深度是无止境的，人类"已知"是相对的，"未知"是绝对的。勇闯"无人区"永远都有机会。

（1）事情太难，不容易做到，如攻克核心技术等，不少人望而却步或知难而退。

（2）事情太容易，人们轻视它，没有认真做好。如雷锋所做的许多好事"门槛不高"，几乎每个人都可以做到，但不是每个人都愿意做门槛低的事情。

（3）受传统观念或一时经济效益影响，如认为干农业和一些服务行业"低人一等"而不愿从事。

（4）一些新兴学科往往产生在学科交叉的边缘。

（5）某些人只是想或只是说而没有做。如哥伦布和船队成功穿越大西洋而发现了新大陆，胜利返回后却被一些人嘲笑"这是多么容易的事"。

（6）某些现象被他人忽视了，机会给了更细心、更专注、更持久的人。如张小龙与微信等。

（7）敢于质疑。由于人类认识的局限性，前人在认识中所出现的一些错误随着时代发展让后人给纠正了。如伽利略通过实验纠正了亚里士多德的一些错误。

（8）"无人区"有层次、区域之分，如马克思是敢闯国际科学社会主义"无人区"的先锋，毛泽东是敢闯马克思主义中国化"无人区"的典范。

敢闯"无人区"所获得的成果，往往就是从0到1的原创成果。

第八节　创　意

创意一般指具有独特、新颖的创新想法和主意等，是创造性思维的简称或现代版。但在现代社会中，创意不仅有虚，也有实；不仅是思维，也包括实体，如创意园、创意谷、创意产业、创意设计等。

在小创新链即提出问题、分析问题和解决问题的过程中特别是如何有效解决问题的过程中，创意往往具有关键性的作用。问题往往是创新的开端。如何用更好的办法去解决遇到的难题，往往需要创意。杰出人才与普通人的重要区别往往就是杰出人才想问题比别人更深、更远、更细、更奇。有的专家甚至指出，创新的关键是创意。目前许多创新方法也是引导人们更有效产生解决问题的创意，而不要都用"试错法"或"摸着石头过河"。

创意是多种创造性思维、创造技法与个体本身的知识、经验积累等综合运用的结果，客观标准就是能更有效解决问题。如1927年9月毛泽东率领秋收起义受挫部队走向农村、走上井冈山，这对于当时党内普遍存在的迷信俄国十月革命经验、认为执行共产国际指示才是"革命"的人来说是极具创意的。其思考原则就是坚持客观是第一性的，主观是第二性的，正视敌强我弱这个现实，不能干"鸡蛋碰石头"这类蠢事，并在这个基础上制定工作方针,由此开辟了一条成功之路。另外,如何"急中生智",更快捷产生创意?如何有效解决矛盾问题?中国原创学科之一的可拓学揭示了独创性的规律。其核心就是"可变""可拓展"。如当实现目标和实现目标的条件发生矛盾时,目标可以变化,条件也可以变化。如司马光"砸缸救人",救人是目标,当救人与正常从缸上面救人发生矛盾时,可以变化条件,即通过"砸缸"来救;"围魏救赵"中目标是"救赵",当直接"救赵"与条件发生矛盾时,可以采用间接的办法即"围魏"的办法去"救赵"等。

创意的来源途径很广,在参观学习中受到启发可以产生创意,在朋友聚会交流时也会产生创意,甚至在散步、睡眠中也可以产生创意。创意可以说是"灵感""直觉"的另一种称呼。有理论指导的创意是自觉而高效的,而自发的创意是不自觉的。

要提高创意的成功率和价值性,最好是坚持有目标的创意,坚持"既异想天开又实事求是"的创意,坚持问题导向的创意。美国学者斯蒂芬·温克尔等在他们的专著《创新者的路径》中提出了"打造极佳创意"和"催生更好的想法"的重要命题。他们提出了要以正确方式提出创意、让创意出色的关键在于遵循条理清晰的步骤,最佳创意讨论过程应遵循8个步骤,包括设定起点、沉思与构想、小组合作、组织归类、讨论、拓展、评估和跟进。还要持续引入行业之外新鲜的视角,这是催生新想法与新思路的重要方式。最重要的是创意是否真正反映了用户的需求和所处的境况,围绕"用户目标达成",使创意真正给用户和企业带来新价值新效益。

案例一

中外防疫简史与创新

一、危害

人类的历史也是不断与传染病作斗争的历史。人类从未停止抗争瘟疫的脚步。历史上,不少战争,无论胜败均与瘟疫影响有关。如明末农民起义主要领导人之一的李自成1644年攻入北京,与当时北京等地正在蔓延严重的鼠疫导致明朝军队战斗力明显降低有重要关系。14世纪鼠疫在欧洲蔓延,客观上也阻碍了蒙古军队的入侵。

据史书记载,一次大疫,死者少则数万,多则上千万甚至上亿。如直到18世纪,天花仍是人类的主要死因之一。仅在欧洲,每年约40万人因天花丧生。1400—1800年,每百年就有大约5亿人死于天花和鼠疫等传染病。中华人民共和国成立前,仅天花就使中国每年有数万甚至数十万人丧生。另外,1910年,中国东北暴发严重流行性鼠疫,先后共有6万人死亡;1918年一场被称为西班牙型流感的致命流感席卷美国、英国、澳大利亚、印度、日本及整个亚洲,全世界共有5000万至1亿人因流感死亡,其中,仅印度就有大约2000万人因流感大流行死亡。当时正值第一次世界大战期间，美国等国要同时面对两场战争。

不少名人也曾与传染病结缘过，如俄国沙皇彼得二世、英国女王玛丽二世及奥地利的约瑟夫一世等君王曾患过天花，白求恩曾患过肺结核，美国第32任总统富兰克林·罗斯福曾患过脊髓灰质炎并因而终身残疾等。法国著名微生物学家巴斯德的两个女儿也因染上传染病而先后丧生。

二、大疫与大医

古今中外，防疫与治疫，都离不开医生和科学家。

中国古代，一批批的大医在大疫中挺身而出，为后人留下了宝贵的精神财富与应对经验。

东汉末年，名医张仲景的传世名著《伤寒杂病论》就是在瘟疫中写就的。当时，张仲景宗族原本有200多人，10年间死亡了2/3，其中因"伤寒"这种疫病死去的占七成。张仲景在伤心哀痛之余，积极救疫，后来写成了《伤寒杂病论》。全书细致地辨别患伤寒者不同阶段的症状变化，提出相应的治法，成为中医辨证论治的典范之作。张仲景也被后世尊称为"医圣"。

唐代名医孙思邈的名篇《大医精诚》，树立了中医的医德规范，其中要求医生要"先发大慈恻隐之心，誓愿普救含灵之苦"，在救治病人时"不得瞻前顾后，自虑吉凶，护惜身命"。他本人躬行实践，收治被社会歧视的慢性传染病麻风患者600多人。他还提出"天地有斯瘴疠，还以天地所生之物以防备之"的防治思想，尤其提出了许多养生思想，其医德医术深为后世敬仰，有"药王"之称。

1232年，蒙古军队围攻汴京，金兵死守数月，发生大疫。《金史》记载："汴京大疫，凡五十日，诸门出死者九十余万人。"当时名医李杲从中医角度出发，创立了脾胃学说，强调通过治理脾胃内伤，令"正气存内"以抵御病邪，这特别适合战乱环境中营养不良的人群。对于急性瘟疫，李杲创制的"普济消毒饮"救活很多人，人们将药方刻在石碑上，以使流传。

明清时期，出现了许多现在仍然在应用的救疫名方，都是名医在实战中总结出来的。如吴又可的达原饮、叶天士与吴鞠通的银翘散、余师愚的清瘟败毒饮、杨栗山的升降散和王清任创制的解毒活血汤等。面对各种瘟疫，一代代大医毫不退缩，不避艰险，反复在实践中研究治法，得出非常有价值的经验。

世界上第一种有效预防天花传播的方法可能出现在公元900年的中国，医生会从天花患者的伤疤上蹭一下，然后摩擦到健康人皮肤上的切口里，这种过程被称为"人痘"接种。18世纪末，英国医生爱德华·詹纳发明了一种更安全的天花疫苗，即牛痘接种。1977年，人类彻底战胜了天花这种曾经的烈性传染病。

法国著名科学家巴斯德通过深入研究，在1880年发表著名论文《论由病原微生物引起的疾病》。在论文中他明确提出，人类很多疾病都是由病原微生物引起的。针对这些病原微生物，可以通过灭活或减毒的方法培养出对应疫苗，从而对它们产生免疫能力。巴斯德提出的"疫苗理论"被后来人类的抗疫实践所证明是正确的。人类通过研制多种疫苗，先后攻克了霍乱、狂犬病等多种传染病。其中不少科学家在探索有效攻克传染病的过程中首先在自己身上试验，"以身试毒"，有的还因此献出了宝贵的生命，如美国细菌学家拉扎尔等。

三、中西医并重的中国经验

近代西方医学在晚清传入中国后，引起了很多关于中西医的比较与论争。1910—1911年，我国东北地区爆发鼠疫。清廷起用西医伍连德主持东北三省防疫。伍连德通过一系列的隔离防疫手段，有效地平息了疫情。中华民国成立之后，逐步建立全国性的卫生防疫机制，各省市纷纷设立包含防疫职能的卫生管理机构。1916年、1930年、1944年国家三度颁布《传染病预防条例》或《传染病防治条例》，由于卫生事业发展缓慢，在广大城乡仍然只依赖中医中药来防治疫病。当时在观念上却出现了质疑中医药科学性的论调。

实际上，中医早已在吸收新知并参与到传染病防治中，如1917—1918年，山西等地鼠疫大流行。中医曹元森、杨浩如等前去大同，与西医协同防疫；1919年，廊坊一带霍乱流行，中医孔伯华、杨浩如等参加防治，他们深入村庄救治病人，受到欢迎。1924年，山西再次发生鼠疫，山西中医改进研究会"选派中医并能晓西医治法及针法"的3名医生，前去主持防疫。他们采用中西医结合的办法，及时控制了疫情。

民国政府后来通过《中医条例》，使中医合法化。在1931—1945年的抗日战争中，中医被纳入战时防疫体系。以中央国医馆为主设立的中医救护医院，先后在南京、重庆等地积极救护军民。由于抗疟药奎宁来源中断，在大后方还成立了国药研究室，通过研究验方，证实中药常山治疗疟疾有良好效果，提取了有效成分常山碱并确定其化学结构，引起世界药学界的瞩目。

民国以来，我国许多科技工作者均对早日攻克各类传染病做出了突出贡献。比如，对治疗大叶性肺炎、淋病等当时无药可治的病，青霉素都有十分明显的疗效，但原来中国都要靠进口。1942年，中国第一支青霉素被曾在中央大学医学院（即后来的上海第一医学院、上海医科大学，后并入复旦大学）从事细菌学教学和研究、后被当时的国民政府卫生署调任重建中央防疫处的汤飞凡和他的同事所培育出来，并很快大量生产。青霉素的问世比西方晚了一年多。

齐长庆是我国著名生物制品学家，他建立的"天坛株"痘苗毒种，为预防和消灭天花做出了卓越贡献；他筛选固定的狂犬病疫苗毒株——"北京株"，大大减少了狂犬病病例，是我国生物制品事业的奠基人和开创者。

陶其敏被誉为"中国乙肝疫苗之母"。她是中共党员，1956年从山东医学院毕业后分配到北京人民医院，开始在生化领域进行研究工作。她曾任北京大学肝病研究所所长。1975年4月，北京医学院副院长米勒教授从一本外文杂志上看到一则有关外国开始研制乙型肝炎疫苗的报道，他希望陶其敏和研究组全体同志能开展这项工作。接到这个任务后，陶其敏和团队一起克服了许多困难，终于在1975年7月1日研制出了乙肝疫苗，1986年卫生部正式批准乙肝疫苗在人群中使用。

案例二

数字农业：中国正在积极推进

在以人工智能为主要特征的第四次工业革命扑面而来的新时代，中国抓住这个历史机遇乘势而上，积极推进数字农业、智慧农业的发展，是具有深远意义的一件大事。

一、数字农业的意义

农业是人类生存和发展的基础，也是生态文明的主要支柱和预防各类风险挑战的重要内容。中国是一个历史悠久的农业大国，但还不是农业强国。

数字农业，即将人工智能、物联网、大数据、机器人、云计算、5G信息技术、区块链等现代科学技术广泛应用于农业，努力实现农业生产全过程的信息感知、精准管理和智能控制等全新的农业生产方式，如无人机技术、植物工厂、精准灌溉、智慧种植、数字农场等。

有专家指出，中国的新型农业现代化发展有四个阶段。

（1）农业1.0阶段即传统农业阶段，其特征是依靠人力、手工工具和经验养殖的小农生产阶段。

（2）农业2.0阶段即机械化生产阶段，其特征是农业生产更多地依靠机械动力和电力。

（3）农业3.0阶段即智慧生产阶段，其特征是自动化和计算机技术为核心，装备数字化。

（4）农业4.0阶段即智能化、无人化生产阶段，其特征是物联网、大数据、人工智能和机器人的广泛使用，是新型农业现代化的高级阶段。

党的十八大以来，党中央、国务院高度重视数字农业农村建设，做出实施大数据战略和数字乡村战略、大力推进"互联网+"现代农业等一系列重大部署安排。党的十九届五中全会明确指出，"优先发展农业农村，全面推进乡村振兴""要提高农业质量效益和竞争力""加快农业农村现代化"。未来15年的中国，不仅将建成现代化经济体系，城镇人口也将从现在的60%提升到80%，中国还将积极融入全球农产品供应链，这对我国的农业提出了更高的要求。让中国进一步实现农业的大幅度增质增产，以满足国家发展和人民生活的需要，并作为世界主要农产品供应链的重要一极。要实现这个目标，改革、人才和科技是关键。精准农业、智慧农业和数字农业是农业现代化的高级阶段，也是我国农业高质量发展和走向农业强国的必由之路。

目前，我国一些地区还存在不少不适应数字农业的一些突出问题。要早日实现数字农业，迫切需要将现有农民尽快转变为知识型、技术型的新型农民，需要更多的人才、技术、资本等"上山下乡"。也需要良种、种植、灌溉、施肥、喷药、除草、松土、收获等更多的农业环节尽量实现农机化、信息化和智能化。可喜的是，已经有越来越多的多学科、高学历的青年人加入现代化农业建设的行列。

在积极推进数字农业方面，中国农业科学院、中国科学院等科研院所，各级政府农业科技主管部门、农业院校、科技社团、社会资本力量和中坚企业等主动作为并有不少成功范例。如2020年12月12—13日在广州举行了首届世界数字农业大会，以"数字农业·智引未来，现代种业·芯创动能"为主题，广东上下努力打造数字农业硅谷。中山大学、华南农业大学等高校设有"智慧农业"研究机构，广东省农业机械学会农业人工智能委员会、广东省农业大数据工程技术研究中心、广东省现代农业装备研究所等多个单位，积极推动粤港澳大湾区"数字农业"产业建设取得了显著成绩，并涌现了一批"数字农业"专家；华南农业大学罗锡文院士团队在增城成功创办了水稻"无人农场"。特别突出的是，广州市健坤网络科技发展有限公司近年来已连续为水稻、南药、蔬菜、家禽、水产、荔枝等众多优势产区与现代农业产业园，提供智慧农业技术支撑，规划生产、加工、精准营销、智能化深度融合应用，推动各地特色农业数字化、智能化转型升级，形成具有竞争、优势的第一、二、三产业大数据服务大融合、大应用格局。如开平家禽产业园、高要南药、阳江花生、澄海和乳源的蔬菜、信宜三华李、阳东对虾、茂名荔枝、罗定和兴宁的丝苗米、仁化柑橘等，已经初步建成了数字农业的示范点，并通过多次承办"农业智汇云讲堂"，与省内外多所高校、科研院所的专家交流探讨，为数字农业的发展开辟了进行前瞻性理论应用研究的前沿阵地。

别无选择，走历史必由之路。面对历史机遇，中国的"数字农业"正在锚定目标，积极推进，快马加鞭……

案例三

中国酒店业的创新发展

现代酒店指以接待性建筑设施为依托，为消费者提供食、宿、娱、购、商务、会议、公务等综合性服务，具有涉外性质的商业性服务企业。酒店业不仅是发展旅游业的重要条件之一，也是第三产业的重要组成部分。

改革开放前，我国大陆基本没有酒店这个称呼，也没有真正意义上的酒店，提供接待性食宿等功能的建筑物称为宾馆、饭店、招待所或客栈等，其中，客栈（驿站）历史悠久，香港、澳门、台湾的酒店业均处于国际先进水平。在国际上，美国、法国等西方国家的酒店业走在世界的前列，亚洲的日本、新加坡、马来西亚、泰国等国家的酒店也颇有自己的特色。改革开放以后，以中山温泉宾馆、广州白天鹅宾馆等的兴建为主要标志，我国酒店业开始起步并以多种形式快速发展壮大，如以希尔顿酒店、喜来登酒店为代表的外资型酒店集团，以汉庭酒店、锦江国际酒店为代表的国内连锁酒店集团和公寓酒店集团以及众多三星级以上的酒店等。据不完全统计，到2019年，我国各类酒店已达到近89万家，而入住人数达到近65亿人次。旅游的传统六大因素，即吃、住、行、游、购、娱，酒店所提供的功能就占了相当部分。酒店业的快速发展，促进了我国各行各业特别是旅游业的迅速发展，与国外先进国家酒店业的差距逐步缩小。

进入21世纪特别是党的十八大以来，我国酒店业呈现出多种发展趋势，实现了从跟跑、并跑到部分领跑的历史性跨越，主要表现在：

一、高质量发展

酒店的高质量发展，体现在多方面。不仅智慧酒店、少人甚至无人酒店越来越多，预订酒店、结算费用等均通过电商方式，"互联网+"在酒店的应用越来越广泛。客房设计也越来越特色化、艺术化，酒店服务有更多的个性化。另外，让消费者有更多选择的美食餐饮成了酒店的重要吸引力。

酒店的高质量发展，也体现在其类型的日益丰富，除了豪华型酒店、主题型酒店、经济型酒店之外，还有会议型酒店、公寓型酒店等。

不断采用新技术、新理念、新模式以满足消费者日益增长对酒店服务的更高要求是酒店创新发展的持久动力。

二、酒店跨界和多元化

新时代的酒店，尽管食宿仍是最基本的功能，但满足消费者的精神文化需求的比例不断提高，故跨界融合从而促进了酒店业多元化发展的现象比比皆是。如计算机专业背景与酒店业的融合产生了"7天连锁酒店"等。酒店与休闲、医养、教育、艺术、乡愁文化、高铁等相结合，不仅满足了消费者对食宿、健康等的物质需求，也不断满足消费者更多的精神需求。入住特色酒店已经逐步成为广大消费者的最美好的人生享受之一。

三、酒店人才培养和学科建设继续得到高度重视

酒店业能否快速而健康的发展，关键是人才。进入21世纪，中国继续高度重视酒店人才的培养和有关学科的建设。我国许多高校和职业技术学院等都设有酒店管理专业，培养了大批多层次的酒店管理专业人才。有的高校还设有与酒店有关的旅游硕士点、博士点和研究机构等。加上许多酒店均高度重视对各类人员的持续培训，从而使酒店业的人力资源总体上比较能够适应酒店业的快速发展。

四、民宿发展异军突起

功能与酒店近似但客房数量在14间及以下的具有独立法人资格的经营场所被称为民宿（客栈）。古老又年轻的中国民宿（客栈）适应了消费者"快行慢游"等需求而受到越来越多消费者的青睐，呈现出加快发展的势头，特别是在浙江省、广东省、福建省和云南省等。民宿也有多种类型，如主题型、经济型、休闲型等。据不完全统计，仅云南省大理州就有民宿（客栈）等7600多家，其中被誉为"苍山不墨千秋画，洱海无弦万古琴"的大理市就占了4000多家。中国最早的经济特区之一的厦门市曾厝垵文创村，被誉为中国最文艺渔村，占地面积仅0.33平方公里，就有1653家特色商铺和主题民宿，每年吸引游客超过1500万人次。近年来，我国乡村旅游迅速发展，2019年达到近31亿人次，占了我国总旅游人数的50%，在这一过程中民宿扮演着重要的角色。民宿的迅速发展，适应了广大旅游者的多样化需求，也成为我国"大众创业，万众创新"的一大亮点。更规范、更有特色，努力实现专业化、标准化、品牌化、精品化是不少地区民宿的发展趋势，有的地区还涌现出不少民宿专家，他们提出了"设计到位、位置到位、情怀到位和管理到位"等重要理念，努力将民宿（客栈）建设成为颇有特色的小型精品酒店，以体现"快餐式文化"等消费者的多种情怀需求。还成立了客栈联盟等组织，编辑出版了《大观周刊》《亚洲民宿》等行业刊物。途家发布了新的《民宿分级标准》，将民宿按照三钻、四钻、五钻和金琥珀五个标准进行分级，标准考核项达到了100多项等。2020年10月，"广东旅游民宿"品牌标识正式对外发布，广东民宿有了统一的形象标识；同时，广东省旅游民宿管理建设系统正式启用……他们努力将民宿（客栈）事业办成"区域之最""世界之最"。

五、价格多种多样

酒店入住价格随供需行情的变化而变化，但随着我国经济发展不断上新台阶和大众收入水平的显著提高，不少酒店（包括民宿）在服务质量和性价比不断提高的前提下，入住酒店价格也明显提升，有的已超过香港、澳门一些酒店客房的消费水平。

六、积极推进供给侧结构性改革

我国一些地区的酒店规模已明显出现结构性供大于求的现象，导致一些酒店经济效

第三章 创新性思维

益不高,急需理性控制规模,并积极推进供给侧结构性改革。特别是2020年新冠肺炎疫情对旅游业的严重冲击更使酒店业遭遇了前所未有的"寒流",如有的酒店到了5月份客房开住率仍只有10%到20%。面对挫折,许多酒店理性调整自己,在危机中育新机,主动求变,加快高质量发展的步伐。如一些地区对不规范民宿进行整顿、一些酒店加强了对员工的培训等。

我国酒店业的创新发展,加速了国际国内双循环,促进了社会全面进步特别是旅游业的发展。在迈向第二个百年奋斗目标的新征程上,中国的酒店业一定会继续砥砺前行,对标世界一流水平和高质量标准,并勇于创新,为早日把我国建设成为服务业强国而不懈奋斗!

第四章 创新的主要方法

第一节 科学研究方法

一、定义

科学研究一般是指利用科研手段和装备，为了探索、认识未知而进行的观察、实验、试制等系列活动，不断向认识世界的广度和深度进军，也为创造发明新产品和新技术提供理论依据。方法主要指更有效实现目标的手段、途径、工具等。科学研究方法指在科学研究中发现新现象、新事物，或提出新理论、新观点，揭示事物内在规律的工具、手段和思维技巧等，其种类很多。

二、重要意义

俗话说，工欲善其事，必先利其器。俄国著名生理学家巴甫洛夫说过，科学是随着研究法所获得的成就而前进的。研究法每前进一步，我们就提高一点，随之在我们面前也就开拓了一个充满着种种新鲜事物的、更辽阔的远景。我们头等重要的任务是制定研究法。

要有效进行科学研究，需要很多条件，但科学研究方法是很重要的条件。从某种意义上说，有什么样的研究方法，就有什么样的科学研究。科学发展史告诉我们，一切学科发展和方法创新往往是相互依赖、相互促进的关系。方法的创新促进了学科发展，学科发展又促进了方法创新。科学研究方法对于社会进步、学科建设等均有重要作用。研究方法的多寡优劣及其应用水平，直接影响着科学研究的效果和效率。

"两弹一星功勋奖章"获得者王大珩院士等2007年3月就我国提高自主创新能力问题写信给国务院总理温家宝时指出："自主创新，方法先行，创新方法是自主创新的根本之源"，这充分说明了创新方法的极端重要性。同时，创新方法本身也需要不断创新。

三、原则

任何一项研究都离不开方法的支撑。没有研究方法的科学研究是不存在的，没有研究方法，就不是真正的研究。要想做好研究工作，取得一定的研究成果，必须使用一定的研究方法。

（1）应在研究报告或论文中明确提及使用何种研究方法。
（2）应根据各学科、各课题的特点、性质、对象，选择、运用一定的研究方法。
（3）应根据研究方法的特点和功能选择、运用一定的研究方法。
（4）应根据研究方法和研究内容的一致性程度选择、运用一定的研究方法。
（5）注意使用多种研究方法，各种研究方法可相互补充，也便于新成果的产生。
（6）注意在研究的不同阶段选择、使用不同的研究方法。

四、种类

科学研究方法广义来看包括科学思维、科学方法和科学工具三个层面；狭义来看主要指科学方法，即取得成果的手段和途径。

自然科学、社会科学和人文科学有不同的研究方法。每个学科也有不同的特殊方法。但总体上可分为宏观和微观两种。

第一，从宏观上看：①根据研究活动的特征或认识层次，可以分为经验方法和理论研究；②根据研究对象的规模和性质，可以分为战略研究方法和战术研究方法；③以研究方法的规则性为依据，可以分为常规方法和非常规方法；④按方法的普遍程度不同，可以分为一般方法和特殊方法；⑤根据研究手段的不同，可以分为定性研究方法和定量研究方法。

宏观上的科学研究方法也指政府对科学研究的政策、企业对研发的鼓励措施、科技管理体制等。

第二，从微观上看：微观上的科学研究方法内容很丰富，按研究领域不同而不一定相同，甚至不同的学科有不同的研究方法。如自然科学常用实验法、观察法和观测法等。社会科学多用调查研究法、访问法、市场法等。无论是自然科学和社会科学，数学法和统计法都是不可缺少的。

下面介绍部分传统方法和现代方法。

（一）部分传统方法

1. 积累法

记笔记、写日记是积累法的形式之一。写日记、记笔记虽简单但又不容易做好。我国著名气象学家竺可桢坚持每天写日记，记录物候现象。如《雷锋日记》成为中国人民了解和学习雷锋先进思想的主要依据。

任何科学上的突破，必须有一定的知识积累和专业积累。如牛顿能提出"万有引力定律"，如果没有当时天文学家托勒密、开普勒、夫拉姆斯特德和哈雷的许多发现，特别是对认识行星、彗星运行轨道的许多新成果作为基础是不可能的。华罗庚说过，"聪明在于积累，天才在于勤奋"。没有一定的量变，不可能有质变。最有效的积累一定是定向积累。

2. 分类法

分类法即将研究对象首先按类别进行分类，是科学研究和管理等的基本方法之一。如瑞典植物学家卡尔·林奈将地球上眼花缭乱、千姿百态的植物进行分类，创立了植物分类学；图书馆将琳琅满目、眼花缭乱的图书按学科类别进行分类；等等。

3. 实验法

实验是科学之父。意大利物理学家伽利略是实验科学的主要开拓者，他通过实验和观察纠正了前人的不少错误，而且促进了当时物理学、天文学等学科的发展。当今时代，实验室已成为进行研发创新的基本条件之一。不仅自然科学的发展需要实验，社会科学的发展也需要实验，如心理学实验室等。实验室建设已经成为研究型大学和世界著名企业的发展重点。我国科学技术的发展水平与西方发达国家的差距，很大程度上是实验室水平的差距，如世界著名的卡文迪许实验室、贝尔实验室和麻省理工学院林肯实验室培养了很多世界顶尖科学家。现我国不仅中国科学院等科研院所、研究型大学有不少高水平的实验室，一般企业也有不少实验室，其中一些大的企业还成立了研究院，如腾讯研究院、格力集团研究院等。

仪器设备和实验用的电子元器件、化学试剂、玻璃仪器等消耗材料是实验室的重要组成部分。在实验结果的水平中扮演着很重要的角色。如没有显微镜的发明就不会有生命科学和医学等学科的深入发展，没有望远镜也不会有天文学的不断发展。仪器设备是否先进、实用和稳定，不仅代表了一个国家或国际上的工业发展水平，更与科技水平息息相关。为了获得更好的实验条件，有的科学家不得不自己动手设计专用的仪器设备。

4. 数学法

数学是研究数量、结构、变化、空间以及信息等概念的一门学科。数学不仅是科学的后盾，而且各行各业的发展都离不开数学。计算机的发明和信息技术的发展均与数学息息相关。马克思曾说过，一种科学只有在成功运用数学时，才算达到了真正完美的地步。对所有问题的研究包括定性研究与定量研究。所有问题可分为数学问题和非数学问题。科学工作数学化，科学研究的最终目标是建立数学化的定律。要求由定性研究走向定量研究，直到最终用数学公式表示科学规律。

5. 观察法

观察在科学研究中扮演着十分重要的角色。如伽利略通过望远镜观察到月亮的一些地形地貌，袁隆平通过观察发现了特殊的禾苗，伦琴通过观察才发现了X射线。每个正常人都有观察能力，但关键是能否观察得更细、更深、更远。

6. 观测法

观测法是借助仪器设备对研究对象进行观测，从中从多方面更深入了解研究对象。观测对许多学科发展是十分重要，比喻为学科发展的重要基石。如气象方面的气象站、高空气球、雷达、卫星云图等，医学方面的温度计、CT等。

观测数据往往是研究的基础。但仅停留在观测还不够，必须从大量的数据中找出规律性的东西出来。

7. 质疑扬弃法

质疑扬弃法也称怀疑法。创新是对前人成果正确部分的继承和发展，包括对前人成果错误部分的纠正。故扬弃是重要的科学方法，即扬精华弃糟粕，而不是肯定一切或否定一切。如马克思对黑格尔辩证法扬其辩证法的合理内核，弃其唯心主义外壳。

8. 模式模型法

建立模式模型是研究的重要方法，如天气预报中的数值模式、医学方面的传染病流行分析模型等。

9. 假说法

假说法是一种重要的研究方法。假说经过实践的验证可以上升为理论。假说包括基础事实、背景理论、对现象本质的猜测、推演出的预言和预见等基本要素，具有科学性、假定性和易变性。假说法的主要程序是：

（1）确认一个问题，收集尽可能多的相关信息。

（2）提出一个解答（即假说），演绎由此解答所产生的影响或推论。

（3）用实验对这些演绎的推论进行检验，结果是这一假说被接受、被修正或被放弃。

10. 归纳法

归纳法即把实践经验归纳、提炼成为理论。通过观察获得的各种感性认识或通过观测得到的大量数据一定要通过多种方法尽量上升到理性认识、提炼成为规律性认识的理论。如牛顿通过用数学方法归纳、总结开普勒三大天体运行规律等产生了万有引力定律；马克思揭示了复杂的人类社会发展的内在规律，即生产关系与生产力、上层建筑与经济基础之间的矛盾运动；气象学通过对观测热带气旋强度数据的分析，直接产生了德沃扎克分析法；等等。

11．实践法

创新有一条规律叫"创意＋行动"规律，即创新一定要有创意，但也一定要有行动。创业就是具体行动。如哥伦布发现新大陆主要就是因为敢闯，毛泽东没有进过军校，却能成为伟大的军事家，主要是靠实践。实践是理论与实际、知识与财富相统一的媒介和桥梁，实践也是检验人才优劣、检验创新真伪的唯一标准。

但我们强调实践的同时不能轻视理论。我们的实践是理论与实践紧密结合、相互促进的实践。

12．假设想象法

科学发现在很多方面得益于想象再印证。如爱因斯坦提出的广义相对论和俄国化学家门捷列夫提出的元素周期表等均与想象有很大关系。

13．逻辑推理法

以概念、判断和推理为主要内容的逻辑推理法在许多科学的发展中均有广泛的应用。如一些新元素就是在元素周期表的基础上，通过逻辑推理法而预测并在新元素被发现后得到了证明。

14．仿生法

研究大自然、利用大自然是科学研究的重要方法。著名的仿生学就是学习、借鉴了大自然中动植物的一些特点和规律，如蜂巢的结构对建筑学有启发，香蕉皮结构对减少摩擦有启发，植物的生长特点对人才培养规律有启发，等等。另外，太阳能的利用、潮汐和风的利用以及对月球、火星的探测，甚至催生了一些新兴产业。

15．历史法

中华民族有几千年历史，曾创造了十分灿烂的中华传统文化，充分尊重这些文化的精华并善于"古为今用"，是从事科学研究的重要方法。如医学家屠呦呦和数学家吴文俊等都是从中国古代经典著作中得到启发，才取得了杰出的科研成果。

当然，我们不仅要向中国历史学习，更要向世界历史学习，特别是向世界科学史和世界创新型国家的历史学习。

16．调查研究法

要有效认识世界和改造世界，一定要做到使主观符合客观。而客观是什么？必须通过调查研究，了解实情，避免犯主观主义的错误。同时，许多解决问题的办法是来自群众的创造。这些也只有通过深入群众、深入实际才能获知。《孙子兵法》早有论述，"知己知彼，百战不殆"；毛泽东与许多中共早期领导人的重要区别在于他比较重视调查研究，深入了解中国国情，更善于读"无字之书"，所以他才能多次在危机中挽救党和军队并最终引导中国革命走向胜利。陈云曾指出，作为领导干部应该用90%的时间用于调查研究，用10%的时间用于决策，并且提出"不唯书、不唯上，要唯实"等重要思想。习近平总书记也曾指出,"开展调查研究就是走群众路线""调查研究是谋事之基、成事之道"。调查研究不仅是领导干部需要,科研工作者也需要,我们每个人都需要。只有做到了主观和客观具体的历史的统一,我们才能真正做到百战不殆。

17. 市场法

我国是社会主义市场经济,面向市场是大部分企业的生存和发展之道。面向市场就是面向客户需求,面向供求关系的变化。只有不断满足客户现实和潜在的需求,企业生产的商品才能顺利转化为增值的货币,创新才能持续进行下去。因此,作为从事应用研究和开发研究的科技人员和企业的生产者等,一定要面向市场,使新技术、新产品更适应客户的需要。

(二) 现代方法

1. 开放法

中国几千年传统文化既有精华,也有糟粕。这些糟粕直接影响到中国的进步,以致近代科学没有首先在中国产生并导致中国遭遇了百年耻辱。我们任何时候都要虚心向外国学习,特别是向发达国家学习。改革开放以来,我们虚心向西方发达国家学习,吸收资本主义所创造的一切人类文明成果来发展社会主义,包括派出大批留学生到国外学习,积极引进国外的优秀师资、先进设备和图书资料,并在这个基础上不断创新,由此明显促进了我国现代化事业的快速发展和社会的全面进步。我国著名科学家黄大年和我国最高科学技术奖获得者之一的王选等所取得的突出成果也是这方面的典范。

2. 计算机方法

世界第三次工业革命以后,计算机的发展十分迅猛。充分利用计算机软硬件技术和网络技术从事科学研究工作是基本要求之一。

3. 控制论方法

黑箱方法就是一种重要的控制论方法,它是在研究对象内部情况还不清楚的情况下,通过外部观测和试验来考察其输入和输出情况,进而认识其功能和特性的系统。它比较适合从整体上、从事物之间的相互联系上研究问题。如可以通过社会系统与社会环境之间的相互联系的研究中,考察和认识社会现象,对社会系统做整体上的探讨。

4. "互联网+"的方法

"互联网+"促进了各行各业的转型升级,甚至产生了移动支付、微信、共享经济等革命性的变化。

5. "人工智能+"的方法

随着第四次工业革命的积极推进,"人工智能+"也深刻影响了各行各业的转型升级和创新,如智慧城市、智慧汽车、智慧酒店、智慧农业等,人工智能甚至已经向多学科渗透，如"人工智能+遗传学"等。

6. 现代技术综合利用法

随着创新驱动步伐的加快，现代技术包括5G信息技术、二维码技术、微信技术、大数据技术、3D打印技术、基因技术、新能源技术、深海探测技术、高铁技术、空间技术、机器人技术、区块链技术、芯片技术等不断涌现，其综合运用都对科学研究和各类创新有重要的推动作用，并产生相互促进的良性循环。

7. 创新链良性循环法

在大创新链中，创意—发明—产品—孵化—第一次商业化应用和企业初步建立，这个创新链必须实现良性循环才能促进产学研密切配合，才能实现持续创新，也才能真正体现创新是第一动力。小创新链指提出问题、分析问题和解决问题。有效解决了问题特别是难题就是创新。

8. 多学科联合攻关法

多学科联合攻关不仅包括同类学科，也包括范围更大的自然科学、社会科学和人文科学，跨界融合就是一种多学科联合攻关，并有可能在这个过程中产生新的学科。故促进学科交叉融合具有十分重要的意义。

9. 理想化法

理想化法即理想模型、理想实验等。

（三）可拓创新方法

可拓创新方法请参考本书第二章案例一。

（四）TRIZ 创新方法

TRIZ 创新方法详见本书第四章第三节。

（五）U、Y、P、K 方法

这是国防科技大学提出的更快解决问题的创新方法。因其思维途径类似字母 U、Y、P 和 K 型而得名。

1. U 型方法

即当解决问题的出发点与目的点联系产生困难时，另设立一个替代联系。出发点到替代联系点为联系1，替代联系点一端到另一端为联系2，替代联系点到目的点为联系3，联系三是联系1的逆变换。即，联系1：X（原形态）→Y（改变后的形态）；联系2：D；联系3：D（Y）→D（X）。

如曹冲称象，象是D，石头是Y，称是D，称石头到与大象同一吃水线是D（Y），转换为称象是 D（X）。

2．Y 型方法

这是"合二为一"的方法，即多因素重新组合为一个新事物的方法。Y 型方法被誉为创造之源。

3．P 型方法

对要解决的问题的诸因素确定为种子事物、合成事物和条件事物，从而形成环形事物联系，环形即 P 型。其中种子是可变的，如"铁杵磨成针"，"铁杵"就是种子。例如机械加工过程，胚件或胚料就是种子，机床设备与技术工人是条件。

4．K 型方法

K 型方法的机理是建立在对称事物的相辅相成以及它们可以互相转化这个基础上。对称事物是指具有一个相反要素的两个事物。这里所说的"相反"，是指它们互为参照的结果。所以，对称事物除了那个相反要素，其余要素是完全相同的，这就使我们能借其一知其二。

（六）学者张伟刚在《科研方法论》一书中介绍了几种重要的科研方法

1．八大科研技巧

（1）注重实验观察——勤于实践。
（2）善于抓住机遇——敏锐眼力。
（3）长于提出假说——创新思维。
（4）发挥想象能力——睿智分析。
（5）充分利用直觉——捕捉灵感。
（6）正确推理分析——自洽体系。
（7）下定决心攻关——执着追求。
（8）不断总结规律——揭示真理。

2．科研工作也需要讲究战略战术

英国著名学者贝弗里奇说，研究时具有明确的目标，但同时要保持警觉，注意发现并捕捉意外的时机。

科研工作如同军事作战，也需要讲究战略战术。

（1）科研精神：脚踏实地，唯实求真。
（2）科研理念：厚积薄发，形成特色。
（3）科研思路：察纳雅言，集思广益。
（4）科研策略：取长补短，协作攻关。
（5）科研运作：发挥优势，注重效率。

（6）科研成果：循序渐进，集腋成裘。

3. 科研机智运筹一般应遵循以下规则

（1）从方法上要创新。

（2）从技术上求突破。

（3）从实验中发现新方法。

（4）从理论中预测新途径。

（5）将实验现象与理论解释有机地结合起来。

（6）做到胸中有数，有的放矢。

4. 部分典型的科研机智运筹

（1）逆向思维创奇迹。正向思维一般是从原因到结果的思考，逆向思维则是从结果追溯原因。思维方向的改变，往往产生意想不到的奇迹。

（2）跨域移植求突破（移植法）。移植法是指将某一学科的理论、概念或者某一领域的技术发明和方法应用于其他学科和领域，以促进其发展的一种科学方法。这种方法具有横向渗透和综合性等特点，重大的成果有时来自不同学科的移植。研究人员应对本领域之外至少是重大的发展要有所了解，否则可能会失去有价值的发现或发明的机会。

（3）迂回求解破难题。

（4）异类杂交辟新路。这是指研究者将不同领域的研究因素杂交组合，进而开辟出一条发明创造的新路。如CT的发明（英国科学家赫斯菲尔德发明，他长期思考有关人体透视方面的问题）。

（5）捕捉反常建奇功。课题研究中往往会出现这样的情况：研究者预先设想的结果未能得到，却出现了与其目标相悖的反常现象或结果，这是始料未及的。研究者若遇到了与预期目标相悖的现象或结果，必须谨慎对待，认真分析，不可轻易否定。这可能还是获得新发现的机遇。

第二节　创造技法

一、定义

创新性解决问题的方向是先产生尽可能多的观念和想法，从中选出最合适的解决方法。如何才能产生大量的观念和设想呢？这就是创造技法所要解决的问题。创造技法是创造力开发的技术，是创造学特别是创造工程学的核心内容。

二、分类

目前，国际上的创造技法多达几百种，按照系统化、条理化的原则，有关学者将创造技法做了几种分类。

（1）日本电气通信协会在其编写的《实用创造性开发技法》一书中，曾将常用的29种技法分成六类：①自由联想法，包括头脑风暴法、KJ法等。②强制联系法，包括查表法、焦点法等。③设问法，包括戈登法、特尔菲法等。④分析法，包括列举法、形态分析法等。⑤类比法，包括等价变换法等。⑥其他方法，包括网络法、反馈法等。

（2）日本著名创造学家高桥诚在《创造技法手册》一书中，将精选出来的100种技法分为三大类：①扩散发现技法。②综合集中技法。③创造意识培养技法。

（3）我国东北大学、国家科委人才资源研究所创造力开发课题组将创造技法也分为三类：①提出问题的方法。②解决问题的方法。③程式化的方法。

三、头脑风暴法

（一）头脑风暴法的产生

头脑风暴法（Brainstorming）的发明者是现代创造学的创始人、美国学者阿历克斯·奥斯本。这一方法已成为应用极广的创造技法。

"头脑风暴"的概念源于医学，原指精神病患者头脑中短时间出现的思维紊乱现象，称为脑猝变。病人发生脑猝变时，会大量产生各种各样的胡乱想法。创造学中借用医学上的这个概念来比喻人的思维在短时间内高度活跃，打破常规的思维方式而产生大量创造性设想的状况。

（二）头脑风暴法的原理

头脑风暴法是通过强化信息刺激，促使思维者展开丰富的想象，引起思维扩散，在短时间内产生大量设想，并进一步开发创造性设想。

头脑风暴法是一种集体的创造技法，要组织若干人员共同实施。在这个集体中，每个人提出的设想对别人都是重要的信息刺激，可以集思广益，引起共鸣，诱发大量的创造性设想。

奥斯本认为，举行头脑风暴会议时，必须严格遵守四条规则：①自由畅想；②禁止评论和批评；③追求数量；④引申综合。

实施头脑风暴法时必须记住：暂时不加评论、不做判断、不加批评，则能给人一种支持、一种鼓励。

(三) 实施步骤

1. 组织头脑风暴畅谈会

头脑风暴的主要程序和成败关键是头脑风暴畅谈会。组织头脑风暴会要抓好以下几个环节。

（1）确定议题。必须在会前确定一个目标，使与会者明确通过这次会议需要解决什么问题。一般而言，比较具体的议题能使与会者较快产生设想，主持人也较容易掌握。比较抽象和宏观的议题引发设想的时间较长，但设想的创造性也可能较强。

会议主持人至少要提前10天向会议的参加者通知会议的主题，以便与会者进行充分的准备。

（2）确定人选。一般以8～12人为宜，也可略有增减（5～15人）。与会者人数太少不利于交流信息、激发思维；而人数太多一方面信息不易掌握，另一方面每个人发言的机会相对减少，也会影响会场气氛。在特殊情况下，与会者的人数可不受上述限制。

（3）明确分工。要推定一名主持人、1～2名记录员。主持人的作用是头脑风暴畅谈会开始时重申讨论的议题和纪律，在会议进程中启发引导，掌握进程。如通报会议进展情况，归纳某些发言的核心内容，提出自己的设想，活跃会场气氛，或者让大家静下心认真思索片刻再组织下一个发言高潮等。记录员应将与会者的所有设想都及时编号简要记录，最好写在黑板等醒目处，让与会者能看清。记录员也应随时提出自己的设想，切忌持旁观态度。

（4）规定纪律。根据头脑风暴法的原则，可规定几条纪律，要求与会者遵守。如要集中注意力积极投入，不消极旁观；不要私下议论，以免影响他人的思考；发言要针对目标、开门见山，不要客套，也不必做过多的解释；与会者之间相互尊重，平等相待，切忌相互褒贬等。

（5）掌握时间，活跃气氛。会议时间由主持人掌握，不宜在会前就明确。一般来说，以几十分钟为宜。时间太短与会者难以畅所欲言；太长则容易产生疲劳感，影响会议效果。经验表明，创造性较强的设想一般要在会议开始10～45分钟后逐渐产生。美国创造学家帕内斯指出，会议时间最好安排在30～45分钟之间。倘若需要更长时间，就应把议题分解成几个小问题分别进行专题讨论。为了创造宽松的环境，便于会议在轻松愉快、谈笑风生的气氛中进行，还不妨准备一些糖果、茶点甚至啤酒，大家可以边吃边谈。发言不可照本宣科，最好一次发言只提一条设想。

（6）会前准备。为了使头脑风暴畅想会效率较高、效果较好，可在会前做一点准备工作。如收集一些资料预先给大家参考，以便与会者了解与议题有关的背景材料和外界动态。会场可做适当布置，座位排成圆环形的坏境往往比教室式的环境更为有利。此外，在头脑风暴会正式开始前还可以出一些创造力测验题让大家思考，以便活跃气氛，促进思维。有的研究者把这种思想准备称为"热脑运动"。

2．设想处理

通过组织头脑风暴畅谈会，往往能获得大量与议题有关的设想。到此任务只完成了一半。更重要的是对已获得的设想进行整理、分析，以便选出有价值的创造性设想来加以开发实施。这项工作就是设想处理。

头脑风暴法的设想处理通常安排在头脑风暴畅谈会的次日进行。在此以前，主持人或记录员应设法收集与会者在会后产生的新设想，以便一并进行评议处理。

设想处理的方式主要有两种：一种是专家评审，在美国主要采用这种方式。可聘请有关专家及畅谈会与会者代表若干人（5人左右为宜）承担这项工作。另一种是二次会议评审，在日本多采用这种方式。即由头脑风暴畅谈会的全体参加者共同举行第二次会议，集体进行设想的评议处理工作。

必须指出，头脑风暴法是一种生动灵活的创造技法，上面所介绍的只是一般原则和一般程序。应用这个技法的时候，完全可以并且应该根据与会者的情况以及时间、地点、条件和议题的变化而有所变化、有所创新。实际上，各国的创造学家已经在实践中发展了奥斯本的头脑风暴法。

（四）头脑风暴法的其他类型

1．默写式头脑风暴法（635法）

联邦德国学者鲁尔巴赫根据德意志民族性格内向、惯于沉思的特点，改进了奥斯本的头脑风暴法中畅谈会的做法，形成了默写式头脑风暴法。

默写式头脑风暴法开发设想的实施方法如下。

由6个人参加，围绕圆桌而坐。先明确议题，要求每人5分钟内在一张设想表格上填写3个设想，然后按照一定的顺序把表格传给邻座。第二个5分钟内，每人阅读邻座传来的表格后，接着写下3个设想，然后再按顺序传递。表格传递若干次（一般为6～8次）后，会议即告一段落。假设表格传递次数为n，则通过此方法获得的设想有18n个。

默写式头脑风暴法亦称635法。由于与会者不必开口发言，因此适用于性格内向、不善言辞者。在实施此方法时，与会人数、每次写设想的数量和时间间隔均可变化。

2．CBS法

日本创造开发研究所所长高桥诚根据日本人的习惯，创立了运用卡片作为主要工具的头脑风暴法，简称CBS法。

CBS法的实施方法是：组织3～8人的会议。会前确定议题，开会时先发给每人50张卡片，桌上还应放一些空白卡片备用。前10分钟与会者自己把设想填写在卡片上，每张卡片上写一个设想。接着用 30 分钟轮流宣读卡片，每人每次宣读一张。与会者在听别人宣读的同时，可将新的设想填入卡片。最后再用 20 分钟进行交流讨论，诱发新设想，议论并完善原来提出的好设想。会议一般进行 1 小时左右，不仅完成产生设想的程序，而且基本完成对设想的评议筛选工作。

CBS 法把书面表述和口头畅谈结合起来，一张卡片一个设想，内容完整，条理清楚，便于事后的处理与开发，效果比较理想。

与 CBS 法类似的还有日本广播公司总结出来的 NBS 法、日本三菱树脂公司总结出来的 MBS 法等。这些方法大同小异，各有特色，在日本企业界得到了较为广泛的应用。

四、联想发明法

（一）联想

联想是由一事物（概念、现象）想到另一事物（概念、现象）的心理过程。

联想的实质是在不同事物或概念之间建立起暂时的联系。这类联系包括客观性暂时联系和主观性暂时联系。客观性暂时联系是指事物或概念之间本来就存在的内在联系，人们的联系只有通过四维过程把这种客观存在的联系反映出来。主观性暂时联系是指事物或概念之间本不存在本质的联系，是人在思维过程中在它们之间建立起一定的联系。由于客观联系和主观联系取决于人的神经活动，只存在于人的思维之中。因此，事物或概念之间通过联想建立的联系都是暂时的。

联想有形成回忆、增强记忆、促进推理三个作用。

1. 形成回忆

形成回忆是指联想能使人在现有事物、现象、概念和过去的经历中涉及的事物、现象、概念之间建立起联系。例如，看到深圳的现代化建设，就会联想起我国 20 世纪 80 年代初改革开放的情景。

2. 增强记忆

增强记忆是指联系能使人在本来不甚相干的事物、概念或现象之间建立起有效的联系。这种联系虽然是暂时的，但能在一定条件下重新恢复记忆并得到强化，从而帮助人们提高记忆力。

3. 促进推理

促进推理而获得新知识是指联想借助于想象，由已知的事物（概念、现象）推出未知的事物（概念、现象），从而在旧认识和新认识之间建立起联系来。例如，有经验的猎人能够从动物的足迹和粪便中产生许多联想并推断出动物的身长、体重和活动范围等。

总之，联想通过形成回忆、增强记忆、促进推理，使人获得新知识，达到温故而知新的效果，有助于开发创造性思维。

联想发明法是运用想象力在不同事物或概念之间建立联系，从而诱发创造性设想而形成发明的一类创造方法。

联想发明是人脑的基本功能，也是人们最常用的一种非逻辑思维形式。

（二）联想的方法

联想可以分为自由联想法、相似联想法、对比联想法、易位联想法、对立联想法和触景联想法等，下文着重讲述其中三种。

1. 自由联想法

自由联想法是人通过思维活动的自由创造而设想出理想客体达到把握事物本质的思维方法。爱因斯坦非常赞同和倡导自由联想法。爱因斯坦说："事实上，我相信甚至可以断言：在我们的思维和我们的语言表述中所出的各种概念，从逻辑上看，都是思维的自由创造，它们不能从感觉经验中归纳地得到。"

自由联想法在创造人类的文明活动中，发挥了无与伦比的作用。自由联想法实际上是开发人的想象力，并把想象力转化为创新能力的思维工具。因为创新要以想象为先导，没有想象就没有创新的心理和创新的意象。如何激发创新意象，这就需要一种思维方法去启动想象的翅膀，让科学创造的想象翅膀发挥出想象力，并把想象力转化为创新能力。

2. 相似联想法

相似联想法是指从对某个事物的感知、认识或回忆而引起它在性质接近或相似的感知和认识。

运用相似联想法产生的发明成果很多，但其发明的创新性不如开创性发明。

（1）原理相似联想。原理相似联想是指不同事物内在必然联系方面或具有指导意义的道理上的想象。人们根据事物之间的内在联系，以一种事物的道理联想到另一事物，也是极好的创造发明途径。

火箭和喷气式飞机都是利用气体的反作用力实现运动的。蜻蜓和蜂鸟等能在空中做停留的空气动力学原理，也使人产生联想并在发明直升机时得到借鉴。

香蕉皮比梨皮、苹果皮等其他水果皮要滑。人们研究发现，香蕉皮由几百个薄层构成，且层间结构松弛、水分丰富，这就是香蕉皮比其他果皮要滑一些的原因。据此原理，人们发明了层状结构的优良润滑材料——二硫化钼。

（2）结构相似联想。结构相似联想是指不同事物的组成部分搭配和排列上的想象。

18世纪初，蜂房以独特、精确的结构与形状引起人们的注意。每间巢房的体积几乎都是 0.25 立方厘米，壁厚都精确保持在 0.073 毫米、误差 0.002 毫米范围内。巢房正面均为正六边形，背面的尖顶处由三个完全相同的菱形拼接而成。经数学计算证明，蜂房这一特殊的结构具有同样容积下最省料的特点。经研究，人们还发现蜂房单薄的结构还具有很高的强度，比如，用几张一定厚度的纸按蜂窝结构做成拱形板，竟能承受一个成人的体重。据此，人们发明了各种重量轻、强度高、隔音和隔热等性能良好的蜂窝结构材料，广泛用于飞机、火箭及建筑上。人们还发明了蜂窝缸套。由海绵的多孔状结构联想到类似的材料，从而发明了泡沫塑料。

（3）功能相似联想。功能相似联想是指不同事物在发挥的作用和效能方面的想象。人类发明的机器人，在功能上同人本身相似，应视为相似联想的产物。

（4）性质相似联想。性质相似联想是指不同事物在本质属性上想象，包括形态、成分、颜色、声音等方面。从形态相似的角度出发，英国人根据地球仪的联想发明了月球仪。英国的小镇班伸，有一个叫亚瑟·华特逊的老人，退休以后，有一种茫然若失的感觉，每天看电视成了他唯一的消遣。有一天，电视画面上出现了描述月球探险的书，主持人将月球的地图摊开。而就在此时，亚瑟灵光突现，心想：这种月球的平面图看起来实在不理想，地球和月球一样，都是圆的，既然有地球仪，为何没有月球仪呢？他抱着坚定的信心，把全部精力都投注于月球仪的发明制造上。经过一段时间的奋斗，终于制成了第一批月球仪。此后，他还在电视和报纸上发了广告，订单竟然从世界各地飞来，后来的几年里，他每年都可以获得 1400 多万英镑的收入。

3. 易位联想法

易位联想法是指对已知的两类不同事物，设想将它们相互对换或错位所可能产生的结果的再认识和估价。

日本的青津海峡隧道是当时世界上最长的海底隧道。当列车穿越漫长的隧道，窗外一片漆黑时，在火车上会感到沉闷和寂寞。可是，当列车进入日本青津海峡隧道时，在那里能在列车上观看窗外的"隧道电影"，乘客就不会有这种感觉，这种别致的"隧道电影"，是德国电影发行放映公司发明制作的。它根据电影放映的原理，在隧道墙壁上画上了许多连续动作的画面，以此作为"电影拷贝"，以列车在行进代替画面的运动，使乘客在过隧道时可观赏到美丽的动画电影。

五、组合发明法

（一）组合发明法的原理

发明分为两类，一类是开创性发明，另一类是改进性发明。

从人类的技术发明史可以看出，进入 20 世纪 50 年代以来，开创性发明在总发明数量

第四章　创新的主要方法

中所占的比重在下降,而改进性发明的比重在增加,其中组合发明呈越来越多的态势。在组合中求发展,在组合中实现创新,这已经成为现代技术创新活动的重要发展趋势。

组合发明法是指按照一定的技术原理,通过将两个或多个功能元素合并,从而形成一种具有新功能的新产品、新工艺、新方法、新材料的发明方法。

组合就是发明,这已形成了人们的共识。

奥斯本曾说过:"几乎全部新的发明都是通过对老的产品的组合或改进而产生的。"

人类数千年的发展历程中积累了大量的各种技术,这些技术在其所应用的领域中逐渐发展成熟,有些已经达到相当完善的程度,是人类的一笔巨大的财富。为实现某些新的功能,将这些成熟的技术进行重新组合,形成新的功能元素,这样的创新活动如能满足某种社会需求,则将是一种成功率极高的创新方法。

由于形成组合的技术要素比较成熟,使得应用组合法从事创新活动一开始就站在了一个比较高的起点上,不需要花费较多的时间、人力和物力去开发专门的新技术,不要求发明者对所应用的每一种技术要素都具有高深的专门知识,因此应用组合法从事创新活动的难度相对较低。这种方法的应用有利于群众性的创造发明活动的广泛开展。

虽然组合创新法所使用的技术元素是已有的,但是它所实现的功能是新的,如果组合适当,同样可以做出重大发明,如互联网技术。

美国的阿波罗登月计划是 20 世纪最伟大的科学成就之一,但是阿波罗登月计划的负责人却说,阿波罗宇宙飞船技术中并没有一项是新的突破,都是现有技术的组合。

1979 年诺贝尔生理学或医学奖获得者豪斯菲尔德是一位没有上过大学的普通技术工作者,他之所以能够发明"CT 扫描仪",并不是因为他对计算机技术和 X 射线照相技术有很深的研究,而是因为他善于捕捉当时医学界对脑内疾病诊断手段的需求,通过将计算机技术和 X 射线照相技术的巧妙组合,实现了医学界一个梦寐以求的理想,并获得了崇高的荣誉。

每一项技术在其初始应用的领域内有它的初始用途,通过将其与其他技术要素重新组合,扩大了已有技术的应用范围,更充分地发挥了已有技术的作用,推动了已有技术的进步,也推动了社会的进步。

最早的蒸汽机是为煤矿排水而发明的,随着蒸汽机技术的不断改进,应用领域不断扩大。1790 年,人们将蒸汽机用于炼钢中的鼓风,降低了冶炼过程中的燃料消耗;1803 年,美国发明家富尔顿将蒸汽机安装在船上,发明了以蒸汽机为动力的轮船;1914 年,美国发明家史蒂芬孙在继承前人成果的基础上,将蒸汽机技术与铁轨马车进行组合,制造了第一台实用的蒸汽机车。蒸汽机的应用从矿山排水发展到交通运输、冶金、机械、化工、纺织等一系列工业领域,使社会生产力以前所未有的速度和规模发展,并形成了以蒸汽机的广泛使用为主要标志的第一次工业革命。

（二）技术组合

技术组合是将现有的不同技术、工艺、设备等加以组合，形成解决新问题的新技术手段的发明方法。随着人类实践活动的发展，在生产、生活领域里的需求也越来越复杂，很多需求都远不是通过一种现有的技术手段所能够满足的，通常需要使用多种不同的技术手段的组合来实现一种新的复杂技术功能。技术组合法分为聚焦组合和辐射组合。

1. 聚焦组合

聚焦组合法是指以待解决的特定问题为中心，广泛地寻求与解决问题有关的各种已知的技术手段，最终形成一种或多种解决这一问题的综合方案。应用这种方法的过程中特别重要的问题是寻求技术手段的广泛性，要尽量将所有可能与所求解问题有关的技术手段包括在考察的范围内。只有通过广泛的考察，不漏掉每一种可能的选择，才可能组合成最佳的技术功能。

西班牙曾要修建新的太阳能发电站，需要解决的最重要的技术问题是如何提高太阳能的利用效率。针对这一要求，他们广泛寻求与之有关的技术手段，经过对温室技术、风力发电技术、排烟技术、建筑技术等的认真分析，最后形成了一种富于创造性的新的综合技术——太阳能气流发电技术。

2. 辐射组合

技术辐射组合法是指以某项新技术为核心向四面八方辐射的，与传统的技术或事物进行组合所完成的发明方法。

超声波技术是一项新技术，以它为核心向各个行业、各个方面进行辐射，进行组合发明，已有几万种应用技术。集成电路技术也是一项高新技术，以它为核心向各行各业进行辐射、进行组合发明，可以改造和提升传统产业。微型电机技术也是一项新技术，以它为核心向日常生活用品进行辐射，可形成一系列组合发明。

3. 功能组合

有些商品的功能已被用户普遍接受，长期使用以后往往暴露出这些商品功能的不足。因此，人们通过组合可以为其增加一些新的附加功能，适应更多用户的需要，如铅笔、手机、自行车、汽车、空调等。

4. 材料组合

有些应用场合要求材料具有多种特征，而实际上很难找到一种同时具备这些特征的材料，通过某些特殊工艺将多种不同材料加以适当组合，形成复合材料，可以制造出满足特殊需要的材料。如钢筋、水泥和砂石的组合形成了一种抗弯、抗拉、抗压、易施工且价格便宜的新型特殊材料。

六、列举发明法

(一) 定义

列举发明法是遵照一定的规则罗列研究对象的各种性质,进而诱发创造性设想、取得创造性成果的创造技法。

(二) 种类

列举发明法中主要有特性列举法、缺点列举法和希望点列举法三种类型。

1. 特性列举法

其原理是通过详细的解剖、分析研究对象的特性,使人们逐项认真思考并深入探索和钻研,进而诱发创造性设想。特性列举法有助于克服思维定式障碍,产生新的改进性发明。

特性列举法的实施步骤分为四步。

(1) 对象剖析。首先进行系统分析,即将研究对象分解为若干个子系统,直到成为基本结构单元的组合为止。研究对象的剖析越详尽越好。

(2) 特性列举。逐项列出各子系统的各种特性。特性分为名词类、形容词类和动词类三个方面。名词类特性是指结构、材料、制造方法等方面的性质,形容词类特性是指形态、体积、重量、颜色等方面的性质,动词类特性是指原理、功能等方面的性质。

(3) 设想开发。针对所罗列的各种特性逐一分析研究,对如何改变或改进原有特性提出各种设想。

(4) 设想处理。

2. 缺点列举法

不断指出事物的缺点并加以改进,事物就会在原有基础上不断得到提高。缺点列举法通过分析研究对象各方面的不足之处并予以罗列,从而有针对性地提出各种设想来加以改进和完善。缺点列举法是将特性中的缺点予以罗列的特性列举法。因此,缺点列举法是特性列举法的特例。采用缺点列举法创造的成果属于改进性发明,比较适用于一些具体的、微观的问题,不宜用来解决抽象、宏观的复杂问题。

缺点列举法的实施步骤与特性列举法相似:①对象剖析;②缺点罗列;③设想开发;④设想处理。例如,任何一代计算机内存和运算速度都可视为"缺点",不断改进这些"缺点"就推动了计算机的快速发展。

3. 希望点列举法

希望点列举法是将人们希望具有的、理想化的事物特性设想出来,并予以罗列的特性列举法。希望点列举法也是特性列举法的特例。希望点列举法是和缺点列举法相对应的创造技法,实施步骤与缺点列举法相同。只是罗列的是事物目前尚不具备的理想化特征,是研究者追求的目标。希望点列举法不必拘泥于原有事物的基础,甚至可以在一无所有的前提下从头开始。希望点列举法既可用于对现有事物的提高,又可在无现成样品的前提下设计新产品,创造新方法。

七、"和田十二法"

"和田十二法"源自上海市闸北区和田路小学学生的发明创造活动,通过上海的有关创造工程专家把小学生们在发明创造活动中所采用的技法总结概括出来的。

(一)加一加

加一加是把一件物品加大一点、加高一点,或者把功能加多一点,在形态上、功能上、尺寸上有所变化,从而实现创新。如把载重车加长一点,就成为大平板车。

(二)减一减

减一减同加一加相反,是把一件物品减少一点、减轻一点、减短一点、减低一点等,从而实现创新。如把眼镜变成隐形眼镜等。

(三)扩一扩

扩一扩是把一个物品扩大一点,放宽一点,使功能产生明显变化,从而实现创新。如把电影银幕加宽成宽银幕等。

(四)缩一缩

缩一缩是使一个物品体积缩小一点,长度缩短一点,从而实现创新。如压缩饼干、袖珍词典等。

(五)变一变

变一变是使一个物品改变形状、尺寸、颜色、音响、滋味等,可使人有一种新感觉,从而实现创新。如圆珠笔由圆形改为六角形、三角形等。

(六)改一改

改一改是对一个物品原来形状、结构、性能进行改进,使之出现新的形态、新的功能,从而实现创新。如钟表由机械的改为石英电子的。现在产品不断更新换代,就是通过这种方法获得的。现代科技的发展，使物品向自动化、简单化、轻便化、效率化、智能化、数字化、网络化、实用化、美观化方向改进，不断创造出新的产品。

（七）拼一拼

拼一拼是把一个物体和其他物体拼合起来，从而实现创新。这和加一加有相同意义，但是又有不同之处，拼一拼往往是多种功能、多种方法的拼合、组合。如把收音、放音、录音、电唱等拼合起来，构成具有多功能的组合音响设备。

（八）学一学

学一学是通过学习、模仿、借鉴别的物品、事物的形状、结构、色彩、性能、规格、功能、动作等来实现创造，从而实现创新。如升降篮球架，就是模仿、借鉴落地电扇能升降的特点创造的。

（九）代一代

代一代是替代的方法，就是日常生产、工作中广泛存在着的材料的代用、方法的代用、工具的代用、商品的代用，从而实现创新。如用电子计算机代替算盘等。通过代一代，以先进的代替落后的，以新的代替旧的，不断更新换代和创造出越来越多的新材料、新工具、新方法和新商品。

（十）搬一搬

搬一搬的特点是把事物的某个部件搬动一下，使之形成一种新的物品，产生新的功能，从而实现创新。如把超声技术运用于清洗、测量、溶解、研磨、切割等多种器具上，可以创造出不少新的工具。

（十一）反一反

反一反是把某一物品的形状、性质、功能反一反，做出新的创造，从而实现创新。许多新形态商品往往是上与下、里与外、左与右、前与后、横与竖反一反，由老商品变成新商品。如把暖水瓶改为冷藏瓶；把无用垃圾变为有用的有机肥料，等等。

（十二）定一定

定一定按照规范和标准创造新事物，对涉及人们社会生活的事物做出一定的规定，制定一定的标准，按照这些规定和标准实现创造发明，从而实现创新。

第三节 技术创新方法

一、定义和种类

(一) 定义

技术创新方法指提高创新成功率和有效降低成本的各类有效途径和手段。广义来看，包括科学思维、科学方法和科学工具三个层面，狭义来看仅指科学方法。

(二) 种类

技术创新方法有很多，但比较典型的有经典 TRIZ 理论以及所延伸的当代国际 TRIZ 理论和中国 TRIZ 理论、六西格玛理论等。

二、意义

创新方法被誉为自主创新的根本之源。人类发展的历史表明，重大的历史跨越和重要的科技进步都与思维创新、方法创新、工具创新密切相关。加强创新方法研究，推进学科体系、学术观点、科研方法创新，是提高自主创新能力的重要前提，是科技跨越式发展的关键。研究创新方法，不仅意味着更容易进入科学研究的前沿并占领战略制高点，而且意味着向新的领域、新的方向开拓时占领了先机，具备了跨越式发展的竞争优势。谁掌握了创新方法，谁就会形成一定的创新能力，谁就能驾驭科技创新的原动力和把握科技发展的优先主导权。在众多创新方法中，TRIZ 理论就是一个很重要的创新方法，它既有科学思维和科学方法，也是科学工具。TRIZ 理论的发明者——俄罗斯发明家根里奇·阿奇舒勒说过："人类在试错法中损失的时间和精力远比在自然灾害中遭受的损失要惨重得多。"要提高创新的产出一定要遵循创新的规律，研究创新的方法，才能突破创新效率的瓶颈，增强创新能力。

三、经典 TRIZ 理论

(一) 定义

TRIZ 专家 Savransky 博士给出了如下定义：TRIZ 是基于知识的、面向人的发明问题解决系统化方法学。主要研究人类进行发明创造、解决技术难题过程中所遵循的科学原理和法则。

TRIZ是俄文对应的拉丁文Teoriya Resheniya Izobreatatelskikh Zadatch的首字母缩写，意为发明问题的解决理论（国内也有翻译为创造性解决问题的理论）。该理论是苏联的天才发明家和创造创新学家——根里奇·阿奇舒勒G. S. Altshuller（1926—1998）通过分析大量的专利成果于1946年创立的。

（二）TRIZ理论的意义

TRIZ理论的意义很重大，主要有：

（1）树立创新理念。

（2）克服思维定式，树立创新思维模式。

（3）快速复制"创新专家"。

（4）提升发明等级。

（5）缩短发明周期，降低研发成本，提高市场竞争力。据有关资料介绍，在解决实际发明问题中，利用TRIZ理论的标准解来求解，其成功率可达到90%，其余的10%可利用TRIZ的非标准解ARIZ来求解。但是，利用传统的设计开发方法，其成功率只能有5%以下。

（6）自动生成专利。TRIZ辅助创新软件（CAI）能科学地评价人们的创新成果，帮助申报专利并能有效地回避现有竞争专利。

TRIZ理论的创立还告诉我们：①一旦我们对大量的好的专利进行分析，提炼出问题的解决模式，我们就能够学习这些模式，从而创造性地解决问题。②创新设计所依据的科学原理往往属于其他领域。③在以往不同领域的发明和创新中所用到的原理方法并不多；不同时代的发明，不同领域的发明，应用的原理与方法被反复利用。④技术系统进化的模式（规律）在不同的工程及科学领域反复出现。⑤发明创造从自己的大脑中寻求解决问题方案到"从世界专利成果中寻求解决问题方案"，从"困难"的任务变成"简单"的任务。

据统计，应用TRIZ理论与方法，可以增加80%～100%的专利数量并提高专利质量，可以提高60%～70%的新产品开发效率，可以缩短产品上市时间50%。

经过近70年的发展，TRIZ已成为世界公认的最具全面性、系统化的创造性解决问题的理论，在俄罗斯、英国、美国、法国、德国、日本、韩国、意大利、澳大利亚、印度等20多个国家得到广泛应用，被《财富》500强企业用于培训高级管理人才和技术人才，如福特公司、波音公司、通用汽车公司、韩国三星公司等。

我国从21世纪初引入TRIZ理论以来，通过多年的消化吸收和再创新，已经取得了明显的效益。仅广东省就有广汽集团、格力电器集团、广船国际集团、TCL 集团等众多企业应用了 TRIZ 理论。

（三）TRIZ 理论体系

TRIZ 理论体系通过对 250 万份高水平发明专利的研究、分析、归纳、总结，揭示出隐藏在专利之中的奥秘，萃取了数以百万计发明家的智慧而创建的卓越成果，得出了技术系统进化法则以及理想化等基本原理。它以技术系统功能分析、技术冲突与矛盾分析、资源分析和物-场模型等为分析工具，对于一般性标准的发明问题可以运用发明问题标准解法、效应知识库、技术矛盾创新原理和物理矛盾分离方法四大工具予以求解；对非标准问题则可运用发明问题解决程序（ARIZ）理论，并和传统的创新技法和多种现代创新方法结合，用以解决技术领域中的各种创新难题。

TRIZ 理论将人类的发明分为 5 个等级，并认为低水平的发明往往只是重复的、简单的改进，缺乏创造性。发明等级越高，对社会乃至对世界对人类的贡献就越大。当前最需要的是 3 级、4 级甚至 5 级的发明。而 TRIZ 理论的应用，将明显提高人类专利的等级。

（四）TRIZ 理论的基本内容

技术系统进化法则是 TRIZ 理论的基础，经典的 TRIZ 理论提出，任何技术的进化都必须遵循这八大法则。其中产品进化 S 曲线可细分为婴儿期的技术系统、成长期的技术系统、成熟期的技术系统和衰退期的技术系统等。

1．八大技术系统进化法则

（1）产品进化 S 曲线法则。

（2）提高理想化水平法则。

（3）子系统不均衡进化导致冲突法则。

（4）增加动态性与可控性法则。

（5）通过集成以增加系统功能法则。

（6）部件的匹配与不匹配交替出现法则。

（7）由宏观系统向微观系统进化法则。

（8）增加自动化程度减少人的介入法则。

2．创新发明原理

（1）40 个创新发明原理。阿奇舒勒和他的团队通过对 250 万份发明专利的研究发现：大约只有 20% 的专利才称得上真正的创新，其他 80% 的专利往往早已在其他的行业中出现并被应用过。故虽然发明有无数，但是，发明的原理只有 40 条。后人在阿奇舒勒归纳总结的 40 个原理的基础上，又总结出 37 个原理。

当前，77个发明原理已经从传统的工程领域扩展到微电子、生物医学、管理、文化、教育等社会的各个领域。77个发明原理的广泛应用，这让不计其数的新的专利发明得以产生。

（2）48个通用工程参数。"工程参数"是表述产品特性的通用语言，是作为产品设计指标的一种体现，它可以分为"改善的参数"和"恶化的参数"两大类。

在系统改进中，将需要提升或加强的特性所对应的工程参数称为改善的参数，将导致降低的特性所对应的工程参数称为恶化参数。

阿奇舒勒等人通过分析发现，它们的发明问题虽然来自不同的领域，但在解决发明问题的方案中，无论是改善的或恶化的工程参数总是频繁地出现在这39个通用工程参数（后来人们发展为48个）之中。按它们在技术系统中出现概率的大小，以递减的顺序从1~39分别给予它们编码，并按参数本身内涵分成三类。

第一类是通用物理和几何参数。这是描述物体尺寸、状态等各种物理性能方面的参数。

第二类是通用技术负向参数。当这些参数变大时，系统或子系统的性能会随之变差。如子系统为完成特定的功能越大，其能量损失也越大，则显示设计越不合理。

第三类是通用技术正向参数。当这些参数变大时，系统或子系统的性能会随之变好。如子系统可制造性指标越高，子系统制造成本就越低，则显示设计越合理。

改善的参数与恶化的参数构成技术系统的内部矛盾。TRIZ理论的核心就是消除矛盾。因此，通用工程参数成为人们解决发明问题的重要工具，推进技术系统向理想化方向发展。

3. 用矛盾矩阵表解决技术矛盾

阿奇舒勒将39个通用工程参数和40个发明原理有机地联系起来，建立起对应关系，整理成39×39的矛盾矩阵表。矩阵的构成非常紧密，而且自成体系。使用者可以根据系统中产生矛盾的2个通用工程参数，从矩阵表中直接查找出化解矛盾的发明原理，并使用这些原理来解决发明问题。

4. 用分离法等解决物理矛盾

什么是物理矛盾？物理矛盾是一个通用工程参数的矛盾。在产品设计中，某一部分同时表现出两种相反状态称为物理矛盾，即技术系统要求某参数B的性质为正的同时，又要求该参数B性质为负。比如，要求系统既要出现，又不要出现；既要高又要低，既要大又要小的、完全相反的需求。典型的系统矛盾有重量—强度、形状—速度、可靠性—复杂性等物理矛盾。物理矛盾的一个经典例子是：当增加一个零件的强度时，往往会导致该零件的质量或尺寸的增加，而设计者又不希望增加零件的尺寸或质量，因此，出现了物理矛盾。该矛盾的解决就是既要增加零件的强度，又不要增加其质量或尺寸。

TRIZ 理论认为，要解决物理矛盾可采用分离原理，分离原理包括空间分离、时间分离、条件分离和整体与部分的分离这四种方法。

（1）空间分离。空间分离就是将矛盾双方在不同的空间隔离。例如，用声呐探测器在海面上进行海底测量时，若将声呐探测器安装在船上的某一部位，船只上的各种干扰会影响测量精度；倘若通过电缆连接，将声呐探测器置于距船只千米之外，声呐探测器和船只内的各种干扰在空间上予以分离，从而会使测试精度获得大幅度提高。

（2）时间分离。时间分离就是将矛盾在不同时间段上分离。例如，飞机在起飞时，要求阻力大、升力大，因此机翼面积要大；而在空中航行时要求阻力小、升力小。理想的方案是设计能调节机翼面积的活动机翼，以适应在不同时间段飞行的不同要求。

（3）条件分离。条件分离就是将矛盾双方在不同条件下状态的分离。例如，水射流可以是软质物质，用于洗澡按摩，也可以是硬质物质，以高压、高速用于加工或作为武器使用。通过对射流的速度、压力或射流中有无其他物质等条件的改变，使水射流能满足在不同的场合的使用。

（4）整体与部分的分离。整体与部分的分离就是将矛盾双方在整体与部分结构性能上的分离。例如，自行车链条是柔性的，但组成自行车链条的每个部件是刚性的。市场的需求有两种情况：一种是大众化的，量大、面广，要求生产线大批量地连续生产的市场需求；另一种是正在逐步成为消费潮流的个性化市场需求。采用零库存、准时生产原理的柔性生产线可以同时满足这两种不同情况下的市场需求。

技术矛盾是涉及两个工程参数的矛盾，在技术矛盾中往往隐含着物理矛盾，每一技术矛盾往往都是由具体的物理原因造成的。所以，物理矛盾成为解决这方面问题的本质所在。

物理矛盾仅涉及一个工程参数的矛盾，将技术矛盾转换为物理矛盾是十分有意义的：从技术矛盾出发，找出能控制技术矛盾的两个参数 A 和 B 的另一参数或物体，从而使发明问题由技术矛盾转换为物理矛盾。物理矛盾的解决意味着较高水平发明问题的出现并获得最终理想的解决。

5. 物－场模型及发明问题标准解

（1）物－场模型。物－场模型是用来描述、分析和实现产品功能的重要工具，它是首先由阿奇舒勒于 1977 年提出的一种概念新颖、技巧独特的解决发明问题的方法，于 1979 年在其著作《创造是一门精确的科学——解决发明问题的理论》一书中有详细的论述。

物－场模型是由两个物质和一个场三个元素所构成的完全的、最小的技术系统，是一种用图形表达问题的符号语言来揭示系统的功能。依据阿奇舒勒发现的规律：如果问题的物－场模型是一样的，那么解决方案的物－场模型也是一样的，和这个问题来自哪

第四章　创新的主要方法

个领域无关。因此，物－场模型是 TRIZ 理论用来描述任何技术系统中不同元素之间发生的不足的、有害的、过度的和不需要的各种相互作用，设计人员通过使用这些特定的符号来有序地进行解决发明问题的方法。

在引进物－场这一概念时，使用了"物""场""相互作用"这三个术语。

对于"物"的概念，在 TRIZ 中所表达的意思十分广泛，从简单的产品到高度复杂的技术系统，应理解为它们彼此是一种与任何结构、功能、形状、材质等各种复杂性无关的物体。比如，冰与破冰船、缆绳与重物、螺栓与螺帽，等等。

"场"在 TRIZ 中所表达的是泛指两个物体（或技术系统）之间相互作用、控制所必需的能量。比如，机械能、热能、化学能、电能、磁场、重力场，等等。"场"的概念则更为广泛些，它包括了物理学所定义的实现物质微粒之间相互作用的各种物质形式的场，如电磁场、引力场、化学能场等。此外，还包括泛指一个空间，在这空间的每一点，都对应着一定大小的标量或矢量。换句话说，就是这个场经常是与有一定大小的标量或矢量的携带者——物质相联系的。

"相互作用"是指在场与物质的相互变化中，所实现的某种特定功能。

物－场模型的表达式是将一个技术系统分成两个物质与一个场或一个物质与两个场，用一个三角形来表示每个系统所实现的功能。

在物－场模型的表达式中，原则上只要选择一对引发矛盾、反映系统成分与结构的最复杂、最重要性质的组件和能够直接进行控制（如引进、发现、改变、测量等）的场。

物－场模型分析是产品（或技术系统）最基本的功能体系，所有产品的任一功能的实现都是建立在物－场分析模型基础上的，即所有产品的功能均是在两个物和一个场的作用下实现的，三者缺一不可。因此，为了解决发明课题，实现产品某种功能，首要的任务就是要建立完整的物－场模型，并加以分析。

（2）发明问题标准解法。TRIZ 理论解决发明问题的思路是：将一个具体的发明问题首先转换并表达为 TRIZ 的问题，利用 TRIZ 体系中的标准解工具，完成具体发明问题的解决。

标准解法是指不同领域发明问题的通用解法，是通过物－场模型来使设计人员能有序地解决发明问题的方法，是 TRIZ 理论研究技术系统转化和发展的工具之一，有 5 个类别，18 个子系统，共 76 个标准解，具有应用的广泛性、一致性和有效性。凡属 TRIZ 标准问题，通过标准模型，仅一两步就能快速实现创新。

6．效应知识库

效应知识库（全称"科学效应和现象知识库"）在 TRIZ 中是一种基于知识解决发明问题的工具。众多科学发明家已总结出近万个效应，传统的专利库中，效应知识都是按题目或发明者名字进行编写和描述的，由于发明者对本领域的效应知识一般能掌握20～200个，但对其他领域往往一无所知，造成人们利用传统的专利库来实现跨领域效应知识搜索和应用就比较困难。阿奇舒勒等以"从技术目标到实现方法"的方式建立了专门的效应知识库，这里的"技术目标"就是指需要实现的系统功能。发明者一旦通过分析矛盾，并根据物-场模型来确定技术目标，就能很容易地找到实现系统功能的方法。

应用TRIZ理论之所以能消除矛盾，有赖于强大的效应知识库的支持。物理效应和现象是零件（或系统）功能的显现，隐藏在其背后的是科学原理。效应知识库涵盖了多学科领域的原理，包括物理、化学、几何等，对自然科学及工程领域中事物之间纷繁复杂的关系实行全面的描述。应用效应知识库解决发明问题，可以大大提高发明的等级和加快创新进程。

TRIZ实际上是创新思维、创新方法和创新工具等的综合体，若能和六西格玛等方法联合使用，则可明显提高创新效率。

四、可拓学创新方法

可拓学是我国原创的独立学科，由可拓论、可拓学创新方法和可拓工程三部分组成。可拓学创新方法是重要内容之一。

五、高质量发展的部分科学方法

（一）六西格玛管理方法

六西格玛（Six Sigma）是一种追求卓越的企业质量管理技术，也是一套业绩突破的方法，由原摩托罗拉工程师比尔·史密斯在1986年提出。这种方法通过以追求高标准（如一个企业要想达到六西格玛标准，那么它的出错率不能超过百万分之三点四）、实现高标准来促进企业管理创新，从而带动质量成本的大幅度降低，最终实现企业利润的提高，从而提升企业的竞争力。

六西格玛管理核心方法系统包括以下两点。

（1）六西格玛是对当前低于六西格玛规格的项目进行定义（Define）、度量（Measure）、分析（Analyze）、改善（Improve）以及控制（Control）的过程，也称为DMAIC项目环。

（2）六西格玛设计（DFSS）的方法流程目前有两种典型方式：①六西格玛DMADV，是对试图达到六西格玛质量的新产品或项目进行定义（Define）、度量（Measure）、分析（Analyze）、设计（Design）和验证（Verify）的过程。②六西格玛IDDOV，识别（Identify）、定义（Define）、展开（Develop）、优化（Optimize）、验证（Verify）。

（二）质量功能展开方法（QFD）

质量功能展开 QFD（Quality Function Deployment）是把顾客或市场的要求转化为设计要求、零部件特性、工艺要求、生产要求的多层次演绎分析方法。

（三）精益管理法

精益管理法源自日本丰田生产方式的精益生产（Lean production），该方法能够通过提高顾客满意度、降低成本、提高质量、加快流程速度和改善资本投入，使企业利润实现最大化。

精益管理要求企业的各项活动都必须运用"精益思维"，其核心是以最小的资源投入创造出尽可能多的价值，为顾客提供新产品和及时的服务。精益管理的目标是，企业在为顾客提供满意的产品与服务的同时，把各类浪费降到最低程度。

第四节　唯物辩证法

唯物辩证法是科学的世界观和方法论，它要求按客观世界的本来面目去认识世界，以不断提高人类改造世界的能力和水平，逐步实现人类由必然王国到自由王国的飞跃。这与创新的目的是一致的。

唯物主义认为，客观是第一性的，主观是第二性的，主观对客观有能动的反作用，主观只有正确认识客观世界才能有效改造世界，实践是检验真理的唯一标准。而人类往往是在改造客观世界的同时改造主观世界。对客观世界的正确认识往往需要"实践—认识—再实践—再认识"这样多次反复才能完成。一切从实际出发，理论联系实际，实事求是，在实践中检验真理和发展真理，是中国共产党的思想路线。重视掌握正确理论和调查研究、力戒主观主义是这条思想路线的必然要求。

实践的观点对于创新来说是很重要的观点。许多创新成果主要来源于实践，如莱特兄弟发明飞机、瓦特改进蒸汽机等。创新固然需要创意，但更重要的是需要行动，即将创意变成产品变成产业的行动。只有动脑又动手，才能有创造。

辩证法认为，客观事物是运动、变化、发展的，对立统一规律是最基本的规律。运动变化发展的根本原因在于事物内部的矛盾性。外因是变化的条件，内因是变化的根据，外因通过内因起作用。事物内部矛盾的双方在一定条件下向其对立面方向转化。如"祸兮福之所倚，福兮祸之所伏"、化"危"为"机"以及稳定与变化的统一等都是辩证思维。对立统一规律在现实中有大量表现，如现象与本质的对立统一，量变到质变的对立统一。生活中工作与休息、气候中冷与热、经济上生产与消费、人体中动脉与静脉等，都是矛盾双方的相应统一的具体表现。

一阴一阳也是辩证思维的体现。"阳"指紧张或有意识，"阴"指松弛或无意识。有人认为人只有工作才有利于创新，休息只利于身体的恢复。实际上，"紧张"与"松弛"交替作用或循环，意识与无意识的心理状态的交替作用或循环，不仅是生理的需要，而且一些创新往往是在"松弛""无意识"中产生的，如郊游、睡眠、散步等。我国创造学家傅世侠等人认为，一阴一阳是创造过程的精要和根本。

唯物辩证法是科学的，但也会随着时代的发展而不断发展。创新的每一个成果，都会不断丰富唯物辩证法的内容。故唯物辩证法是创新工作者应该掌握的最基本的科学方法，其中恩格斯的《自然辩证法》应是科技工作者必读的经典著作之一。

第五节 理论与实践相结合的方法

理论联系实际是有效创新的重要方法。创新与创造不同，它还要通过改变某种因素（如采用新技术、采用新组织形态等）而在实际中取得新效益。如 TRIZ 理论和技术，如果只是掌握理论而没有应用到实际工作中去，是没有多大意义的。对于大量的应用研究，研究人员在切实掌握某种理论、某些新技术的同时，必须深入了解用户或市场和社会的真实需求才能有效促进应用研究早日取得成果。如我国著名寄生虫学家、中山医学院（中山医科大学前身）的陈心陶教授深入血吸虫疫区，掌握了大量第一手材料，在这个基础上确定了消灭血吸虫病的有效办法，为我国彻底消灭血吸虫病做出了突出贡献。全国政协委员、中国林业科学院的杨忠岐院士为有效解决自然生态与城市的和谐发展问题，经常深入林区第一线进行调查研究，从而取得了不少"接地气"的科研成果。

改革开放以来，国家通过多种形式大力发展各类教育特别是高等教育，有大专以上文凭的人大幅度增加，这是大好事。但用人单位和社会对我国的教育仍有微词，这就是有文凭没水平更没有创新能力、缺乏实际本领的人也不少。事实说明，在时代呼唤高质量发展的今天，教育战线更要注重内涵发展和高质量发展。只有培养出更多有理论、有实际本领（包括生存本领和发展本领），善于理论结合实际的复合型、创新型人才，才是社会所欢迎和急需的。

第六节　个人与团队相结合的方法

随着时代的发展，创新仅靠个人单打独斗是远远不够的，需要个人与团队的密切合作才能成功。善于与团队合作是一个人取得更多创新成果的重要条件。创新者往往爱好思考，有自己的个性，这是正常的。但要取得应有的创新成果，也要注意尊重他人，学习他人，吸取他人的智慧，充分发挥每个人的作用，力求实现"$3 \times 3 = 9$"的效果。

从内部来看，群众即每个员工可以看作更大的团队，个人与群众相结合是个人与团队相结合的延伸。要早日取得创新成果，不仅要依靠专家、骨干和技术人员的智慧，也要充分发挥每一个员工的作用。每个员工均工作在生产第一线，他们对企业运作的不足也比较清楚，让每个员工以主人翁的精神积极提合理化建议，并实现"全员创新"，是企业各类创新的重要方面。

从外部来看，群众的需求就是市场需求，而市场需求是创新的重要源泉。著名的"六西格玛"管理方法强调了解顾客需求的极端重要性。只有不断倾听用户的意见，不断满足市场现实和潜在需求的企业才能永葆生命力。故创新工作者及时了解用户的需求、善于集中用户的智慧是十分重要的。

第七节　充分利用内外因条件的方法

充分利用内外因条件是创新的重要方法。其中内因是根本，外因是条件，外因通过内因起作用。

一、从国家层面来看

中华民国的诞生，为中国的进步打开了一道闸门，但反帝反封建的任务并没有完成。"革命尚未成功，同志仍需努力。"面对强大的敌人，如何完成这一任务？中国共产党最终主要依靠当时占中国人口绝大部分的农民和中国的工人阶级，并充分利用中华大地各种可用资源，通过灵活机动的战略战术等最终完成了反帝反封建的历史任务，建立了中华人民共和国。

1978年以后，面对十分严峻的国内外形势，党和政府通过端正思想路线和政治路线、恢复高考，选送大批留学生到发达国家学习，充分利用港澳的有利条件，坚定不移地实行改革开放，中国再次实现了从挫折走向腾飞的历史性转变。

二、从个人层面来看

在抗日战争最艰苦的时期，以西南联合大学为代表的一大批知识分子坚持办学，传承了中华文化的血脉；一旦中国开始大规模进行经济建设和文化建设，他们就成了栋梁之材。

在中华人民共和国的特殊发展时期，先后有1700万名左右的城市知识青年响应党的号召上山下乡，有许多知识青年通过在农村参加农业生产劳动，比较深刻地认识到中国的农业还很落后、中国的农民还很贫穷等基本国情，比较深刻地体会到中国只有大力发展生产力、尽快提高人民生活水平才是最重要的，这段经历对他们的一生都有很大影响。也有不少知识青年在农村艰苦的环境里边劳动边抓紧时间自学，一旦遇到保送上大学、恢复高考和出国留学等重要机遇，他们很快就脱颖而出并走到时代的前列。而有的知识青年却由于放松了对自己的要求而逐步落伍。

第八节 学习与创新的方法

学习与创新可以说是人生最重要的事情之二。

一、学习

学习就是掌握人类所创造的一切文明成果，尽量走在时代的前列或学科的前沿。但同时也必须掌握每个人生存和发展的基本技能，但这是相对的，学海无涯，人生有限。故我们只能在某方面有所专攻。一个人必须在人生的起跑线上就开始学习并接受正规教育，能争取有高学历、特别是世界著名大学的高学历当然最好，但我们还要经受实际锻炼、读无字之书，不断增长自己适应工作适应社会的各类才干，并要终身学习才能适应时代的要求。如当今社会新知识、新技术层出不穷，学习如逆水行舟，不进则退。

二、创新

任何学习都是学习前人或别人的东西，但人生的意义更在于创新。创新就是创造新财富、发展新知识，提供新价值。学习的主要目的既是为了适应社会，更应该是为了创新。如果一个人的一生只有学习没有创新，难以真正为社会做出贡献，也不是完美的人生。故掌握知识、应用知识、创造知识应该是现代人特别是青年人应有的追求。

创新的舞台非常广阔，人人可以创新，事事可以创新，时时可以创新。

第九节　部分杰出科学家常用的科学方法

（1）确立少而精的目标。科学研究贵在创新，要做到"三个善于"：善于发现问题和提出问题，善于提出模型或方法去解决问题，善于做出最重要的、最有意义的结论。其中最关键的是要善于抓住机遇，发现和提出问题。对于科学工作者来说，拓宽知识面，深入进行研究是重要的。但最重要的是提高驾驭和运用知识的能力。大多数开创性研究并不是想象的那么复杂和深奥，关键是确立少而精的目标。

（2）理论联系实际。科学研究需要从实践中获得一手材料，实践经验的积累对于科学思维和创造性能力的培养，具有不可估量的作用。实践是创新的源泉。

（3）坚持沿着一个正确方向开展研究，在实践中不断补充和发展，这是创新得以实现的关键；有关研究工作要早抓、并瞄准世界最先进的和国家最急需的研究来开展。

搞科研需要连续性，科研任何时候都不能耽误，不能放弃。

（4）既重视学习现代科学技术，也重视充分挖掘我国古代丰富的文化遗产。注意贯穿古今，中西合璧。如吴文俊、竺可桢等都是从我国古代文化遗产中取得世界公认的重大成果。其中吴文俊通过研究中国古代数学史，挖掘整理出中国古代数学的机械化算法，实现了几何定理的机器证明，开创了数学机械化研究的新领域，是充分利用中国传统学术资源实现现代科学原始创新的典范。

（5）从模仿跟踪到领先整个过程中，学习的能力都将直接决定自主创新的能力和水平。真正需要解决的问题是，发达国家目前达到了什么样的最新水平？这些技术指标是通过什么途径做到的？我们要采用什么样的路径才能达到或者超过这些技术指标？这些问题才是发展我国科学技术的核心问题。

由后发者转变为先进者的重要条件是：跨越式发展是实现超越的可行路径。后发者要成功地超越先进者，一种方式是，在既有的轨道上比先行者更快；另一种方式是，后发者成功地跃升到新的轨道，先行者却依然运行在旧的轨道上，而新的轨道代表着未来的发展趋向。

（6）创新思维是创新活动的先导，创新思维决定创新方法和创新路径的选择，创新思维是产生创新结果的重要前提条件。

案例一

牛顿的成长与疫情

牛顿（1643—1727）不仅是英国伟大的物理学家、数学家和天文学家，也是人类最伟大的科学家之一。然而，他的成长也与疫情有关。

1665年，一场鼠疫席卷全英国。当时的英国，一时间人心惶惶。当时由于医疗条件很差，很多人回到乡村躲避。当时22岁的牛顿正准备留校继续深造，严重的疫情使剑桥大学也因此而关闭，牛顿也不得不离开剑桥大学，回到了家乡沃尔斯索普进行自我隔离，不串门、不逛街、不参加聚会。

就在这段独处的清静岁月，家乡安静的环境使得他的思想展翅飞翔，成为牛顿科学生涯中的黄金岁月。1666年成为历史上的物理学奇迹年：他的三大成就——微积分、万有引力、光学分析的思想就是在这个时候孕育成形的。可以说，此时的牛顿已经开始着手描绘他科学创造的蓝图。

一个人成就的大小主要不在于天资而在于勤奋，在于其对待时间的态度上。面对疫情这样的"逆境"，牛顿为我们树立了光辉榜样。

案例二

国家创新型城市之一——佛山

佛山是广东省地级市，辖禅城、南海、顺德、高明和三水五个区，全市总面积3797.72平方千米，常住人口815.86万人。截至2019年年底，其中户籍人口436.98万人。佛山是著名的侨乡，祖籍佛山的华侨、华人近80万人。

2019年，佛山实现地区生产总值10751.02亿元。位列全国大中城市第14名。

勤劳重信、善抓机遇的佛山人坚持谋实业、做实业、兴实业，将佛山打造成为全国乃至全球重要的制造业基地。2019年，佛山三个产业的结构比为1.5∶56.2∶42.3，制造业的主导地位明显。现有超过千亿元企业2家、超过百亿元企业22家。美的、碧桂园、格兰仕、利泰、联塑、兴海6家佛山民营企业入围"2018中国民营企业500强"，美的、碧桂园跻身福布斯"世界企业500强"。民营工业增长8.3%，对全市工业增长贡献率达85.2%。

佛山大力实施创新驱动发展战略，着力建设面向全球的国家制造业创新中心。2017年，全社会研发经费占地区生产总值比重超过2.7%，拥有国家高新技术企业4873家，规模以上工业企业研发机构建有率45%，其中主营业务收入5亿元以上工业企业实现全覆盖。特别突出的是狮山镇，名列2019年度全国综合实力千强镇第2名。狮山镇的经济以汽车及零部件、高端装备制造、有色金属、光电显示、生物医药及医疗器械、智能家电、照明（新光源）、陶瓷洁具八大主导产业为主，拥有世界500强设立的企业23家。

从2012年开始，佛山每年财政收入超过20亿元用于创建国家创新型城市，2019年投入近100亿元。创新资源加快集聚，国家高新技术企业达4834家，仙湖实验室等一批创新平台落户佛山，季华实验室建设居于省实验室前列，实现引进全职院士零的突破。新签约投资超过亿元项目478个，计划投资3370.6亿元。美的库卡智能制造产业基地、东丽无纺布等一批重大项目投产。大众创业万众创新深入开展，新登记市场主体18.5万户，增长17.8%，总数达到82.1万户。

案例三

中国加快人才强国步伐

创新驱动实质上就是人才驱动，中国要在2035年左右步入全球创新型国家的前列，关键是能否拥有更多更高水平的创新型人才。近几年来，中国深入实施人才强国战略和科教兴国战略，加快了凝聚、培养、使用更高水平创新型人才的步伐。

党和政府高度重视。习近平总书记多次对人才工作和人才培养提出了明确要求，阐明了许多深刻思想。党和政府也不断出台新的人才政策，如"聚天下英才而用之""构建具有全球竞争力的人才制度"等，并通过加快培养更高水平的创新型人才和担当民族复兴大任的时代新人，不断改革不适应时代要求的旧体制以激发人才创新活力，给各类人才搭建更多施展才华的舞台，加快推进科技人才评价改革等，有力促进了创新驱动发展。胡春华任广东省委书记时就要求广东的高校都要"输出"创新型人才等。

对人才的要求更高。中国的现代化发展需要各类人才，但新时代更需要高水平创新型人才，如国际顶尖科学家、引领新一轮科技革命和产业变革的未来人才和大量的"高精尖缺"人才等。并且明显加强了杰出人才的引进、培养和有效使用的力度。

深圳从2017年开始确定每年的11月1日为"人才日"，在全国首创"人才公园"，并多次举办"全球创新人才论坛"，不断吸引合适的国际国内中高端人才。深圳以创新为底色，创新又以人才为基础。其他城市也根据本地区的实际情况，不断出台多种有效的人才政策来吸引各类人才，力求打赢国际范围的"人才争夺战"。

教育是培养创新型人才的主要渠道，创新力强弱也是人才培养质量的主要衡量标准之一。中国现有高等院校目前有近3000所，在校大学生达到800万左右，人才培养的数量、规模、结构等均位于国际先进国家的前列。但在建设创新型国家的道路上还有很多"短板"，如适应和引领新的科技革命和产业革命的新学科布局和创新型人才的培养数量和质量等。进入21世纪特别是党的十八大以来，我国积极推进"一流高校，一流学科"的建设，加大了对人工智能、区块链等新学科人才和未来人才的培养，并积极推进对大学生进行创新创业教育的力度，如国务院办公厅、教育部从2010年以来就先后出台了《关于大力推进高等学校创新创业教育和大学生自主创业工作的意见》《关于深化高校创新创业教育改革若干意见》等文件，许多大学设立了创业学院、大学生创业园等，并规定所有大学都要开设创新创业课程，还制定了"创业基础"教学大纲，编写和出版了一批创新创业教材等。这些措施都明显提高了人才培养质量，有力地促进了我国创新驱动和高质量发展。

各行各业加强了对各类人力资源的培训，以任正非、马云、马化腾、董明珠等为代表的一大批杰出创新型人才在实践中迅速成长。

重视对人才理论特别是创新型人才理论的深入研究，并与实践相互促进，以国家人事部中国人事科学研究院、中国人才研究会为核心的中国人才学专家学者队伍不断发展壮大，其研究成果也走在世界前列。

第五章 创新的主要规律

创新就是人们不断向认识世界和改造世界的广度和深度进军,就是更新或根本改变现有事物而创造具有新价值的新事物。创新的目的是解放和发展生产力,促进人类进步。而只有遵循规律才能事半功倍。

第一节 创新的主要规律之一

一、走历史必由之路

先进性是创新的主要特征。先进性指提高了人类对自然和社会客观规律的认识,提高了生产力发展水平。如亚当·斯密创立了经济学,马克思揭示了人类发展规律,任正非创立的华为技术有限公司将信息技术率先推进到国际领先的5G水平,等等。

人类的进步是不断认识世界和改造世界的过程,不断解放和发展生产力的过程,也是不断提高人类生活水平和幸福指数的过程,不同国家不同的社会制度,或促进或阻碍了历史进程,检验社会制度优劣的主要标准,也是看其对生产力发展和人民生活水平提高所起作用的大小。例如,第一次工业革命主要是通过科学技术的应用和鼓励发明创造等使机器部分替代了人的体力,明显提高了劳动生产率,机械化成为当时现代化的主要标志。以电气化为主要标志的第二次工业革命,更明显地解放了人的体力和脑力,电灯、电话、电影、汽车、火车、飞机等的问世也明显促进了人类生活水平的提高。以计算机、原子能为主要标志的第三次工业革命,不仅解放了人的体力,更明显地解放了人的脑力,极大地促进了人类不断向认识和改造世界的广度和深度进军。以人工智能为主要标志的第四次工业革命,机器不仅替代了人的许多脑力劳动,而且在越来越多的领域,机器的"智力"甚至远超人类的个体智力。"把创造力留给人类自己,其他的事尽量让机器去做",正越来越成为现实。创新只有走历史必由之路,才能有所作为,并不断提高成功率。

国家需求是"历史必由之路"的一种重要表现形式。党和政府要求广大科技工作者"面向世界科技前沿,面向经济主战场,面向国家重大需求,面向人民生命健康,不断向科学技术广度和深度进军",并要求把原始创新能力提升摆在更加突出的位置,努力实现更多"从0到1"的突破和更多关键、核心技术的掌握。这是新时代的"历史必由之路",我们只有顺势而为,才能大有作为。

市场需求也是"历史必由之路"的广阔天地。

二、创新与人才紧密联系

创新是高智力成果,创新驱动实质上是人才驱动,而人才的根本属性是创造性,故人才与创新的关系紧密联系,人才成长规律相当部分也是创新规律,如对好奇心、兴趣、勤奋等基本素质的要求。

要获得更多的创新成果,必须把人才作为第一资源,更加注重培养和用好用活各类人才。充分调动创新型人才的工作积极性和创造性,着力破除科学家、科技人员、企业家等一切创新者创新的障碍。

三、先继承后创新

任何创新都是在前人所创造的一切的基础上再前进的成果。创新之前必须首先了解和继承前人所创造的有关知识成果,继承就是学习,模仿也是创新的基础和捷径。当然,这个继承前人的时间不能太长,同时,前人所创造的知识如浩瀚的大海,继承应该是有目标的继承,处理好博与专关系的继承,继承的目的也是为了创造。"守正创新"也包含了这个意思。

"继承"是"取其精华弃其糟粕"的继承,批判地继承,如对于中华民族优秀文化的继承,对人类历史上的一切文明成果的继承,等等。

"先继承"包括尊重和遵守现有的各项规章制度和纪律。

第二节 创新的主要规律之二

一、人人都可创新

人人都有创新的潜能,人人均可创新,事事均能创新。但不是人人都有创新意识,具有创新行动和成果的人更是少之又少。关键是要开发和激发这种创新潜能。而开发的起点在婴幼儿时期,其关键点在教育特别是基础教育。因此,首先要破除创新神秘论,

第五章　创新的主要规律

无论是谁，也不管从事何种职业，只要能够创造性地开展工作，创造性地解决问题，都可以称得上是创新人才。要大力发展创新教育，创新人才培养的核心内涵是培养人的创新素质并将这种潜能激发出来，要积极营造良好的创新文化，使每个人自觉地将有所创新有所成就作为人生的主要奋斗目标，才能真正形成"每人一创""全员创新"和"万众创新"的良好局面。

二、创新能力与学历不成正比关系

创新与学历有密切关系，但不呈正比关系。即不是学历越高、创新能力自然越强。学历一般但创新成果丰硕的事例并不少见，如美国的比尔·盖茨、日本的田中耕一和中国的马云以及许多只有初中学历的农民工和技术创新能手等。

教育具有两面性，良好的教育能促进人才成长，不良教育会扭曲或压抑人才成长。除了一定的品德、知识和技能等之外，关键是学历教育过程中对创新思维、创新能力培养的重视程度和培养效果。而对于基础研究来说，往往要求具有博士学位和具有博士后工作站的经历，因为没有这个要求，所从事的研究难以迅速走到本学科的最前沿。

创新与学历不呈正比关系，但与见识、知识、技能等呈正比关系。有些创新人才尽管学历不高，但能长期勤奋自学，其知识和能力甚至超过了高学历的人；同时善于用人和组成优秀团队，从而取得了许多创新成果。"我可以没有学历，但不能没有能力；我可以不进大学，但不能不学习。"这是只有中专学历的大连船舶重工集团有限公司优秀主管设计师东方对于学历和能力之间关系的深刻理解。

三、创新是创意加上有效行动的结果

面对现实问题，创新首先要有解决问题的创意，要敢想。创意是新颖独特的、与众不同的、超前的理念。同时，在众多创意中要选择最佳的创意，通过切实行动变成现实。

我们不能只是空想而没有行动，甚至做理想的巨人和行动的矮人。想到了就要去做，如果只有创意却没有付诸行动，创新思维就永远不能生根开花结果，只有具有实际成果的创新，才是真正的创新。

第三节 创新的主要规律之三

一、不满往往是创新的起点

鲁迅有句名言:"不满是向上的车轮。"疑问、不满、问题都是创新的起点。只有发现问题、提出问题,才有可能开辟新的研究领域。是否具有问题意识和问题导向,能否养成好问的习惯,是能否产生创新思维、做出创新的重要前提。2019年年底发现并迅速蔓延的新冠肺炎疫情,对人类所造成的损失之大,让人类深刻反思,也催生了许多创新成果,如中国的抗疫精神、中西医更紧密结合和有关疫苗的问世等。

钟南山院士殷切希望当代青年医务工作者要学会"不满足",不断找出新的诊断方法和新的疗法,不断推动中国医学向前发展。"永不满足"往往就是创新的起点和源泉。

问题来源十分广泛,如与世界先进水平的差距、国家战略需求、对某些未知领域的好奇心、工作中存在的问题特别是瓶颈问题、客户的反馈意见、市场的需求,等等。

美国陆军曾提出过"5W1H法",就是通过连续提出为什么(Why)、是什么(What)、何人(Who)、何时(When)、何地(Where)、如何(Wow)6个问题,明确需要探索和创新的范围,设法找到满足条件的答案,最终获得创新方案的创新技法。此法广泛应用于改进工作、改善管理、技术开发、价值分析等方面。

二、课题确立合适是重大创新的关键

许多重要创新往往以课题为主要形式,但课题的确立是否适当,往往又是创新是否成功的关键。课题确立的方式很多,如自由选择型、国家需要型、市场引导型等,课题的确立一定要坚持先进性和可行性相统一,如"跳起来可以摘到果子"的课题。

三、创新机遇往往发生在日常平凡和细节里

工作中创新无处不在,创新者能在平凡中看到不平凡,从细节中找到创新的机遇。袁隆平在全国众多水稻育种团队都在寻找"野败"水稻而最终只有他的团队能够找到,为培育超级稻奠定了重要基础,这得益于他敏锐的观察能力。细节常常隐藏在小事之中,不容易被常人所发现。敏锐地发现常人没有注意到或未予以重视的某个领域中的空白、冷门或薄弱环节,改变定势思维,就可以找到实现创新的突破口。"只有落后的思

维，没有平凡的岗位"，只要用心去工作，善于从细节中寻找创新之路，行行都可以出状元，每个岗位都会有创新。

第四节 创新的主要规律之四

一、创新与利益相辅相成规律

大多数人奋斗的主要动力来自物质和精神两方面。物质方面主要有利益和财富，是追求更美好的生活。精神方面主要有好奇心、兴趣和理想信仰等，是追求国家富强和个人价值实现等，物质和精神的动力缺一不可。只要创新可以给人们带来这些，人们就可以为创新而不懈奋斗。如新民主主义革命时期"打土豪分田地"吸引了很多农民参加革命，科学家为了探索真理百折不挠、不断攀登等。

"专利制度就是将利益的燃料添加到天才之火上。"美国能产生这么多出类拔萃的创新型人才，硅谷创新能保持长盛不衰，一个重要原因就在于普遍采取股权、期权激励，让创新型人才在奋斗中得到合理回报。斯坦福大学的理念之一就是知识和财富的统一，这激励人们通过创新而实现财富的更快增长。我们要尊重这个规律，不仅要维护创新型人才的合法权益，而且要让创新型人才"名利双收"，使创新、贡献与收益形成更紧密的联系。

改革开放以来，通过承认个人利益，尊重个人利益，保护个人利益，发展个人才能，鼓励每个劳动者通过自己的诚实劳动和智慧尽快增加收入，有效调动了广大劳动者的工作积极性，使我国生产力得到了空前解放和发展。实践充分说明，人才的价值越来越被尊重，人的潜能就会日益得到释放。

"利益"既有物质的，也有精神的。对于我国这样一个追赶型的社会主义大国，在一定的物质鼓励的同时，大力提倡乐于奉献、永远奋斗的"志愿者"精神，以精神激励为主是很有必要的。党和政府先后设立的"中国最高科学技术奖""国家勋章"和"国家荣誉称号"等奖项，对于激励中国人民以英雄模范人物为榜样不懈奋斗起着非常重要的引领作用。

作为人才个体，不能将待遇高低作为人生事业的唯一指挥棒。但作为用人单位，要将薪酬待遇问题作为引进人才、留住人才的主要因素之一，切实尊重人才的价值和贡献。

二、各类智力成果和生产力发展要实现良性循环

创新不仅要有发现、发明和创造,还要强化科技同经济的对接、创新成果同产业的对接、创新项目同现实生产力的对接、研发人员创新劳动同其利益收入对接,增强科技进步对经济发展的贡献度。使基础研究、应用研究和开发研究与先进生产力发展之间尽量实现良性循环,让创新真正落实到创造新的经济增长点上,把更多创新成果变成实实在在的产业活动,让智力成果变成收入的提高和财富的增长。故创新坚持需求导向、问题导向,紧扣经济社会发展重大需求十分重要。

基础研究往往是纯科学的,其成果更多的是对客观世界有关领域基本规律的更多发现和不断深化,不可能要求基础研究的成果都能转化为生产力,但科学毕竟是技术之源,基础研究是应用研究和开发研究之基。没有电磁学理论的突破,不会有电力、无线电等产业的发展。美国硅谷在集成电路方面领先全球,首先是其半导体等学科走在世界前列。

要实现智力成果和生产力发展的良性循环,需要"两手抓"。一方面,要千方百计促进智力成果特别是高水平、高价值、高效益智力成果的高产;另一方面,也要促进这些智力成果尽快形成产业化。仅智力成果产业化就需要知识产权、资金扶持、产业孵化等条件,而企业成长还要通过初创期、成长期和成熟期几个阶段。目前这两方面的工作都还有很多问题需要解决。但"攻城不怕坚,攻书莫畏难",努力疏通基础研究、应用研究和产业化双向链接的快车道是历史赋予我们的任务。

三、创新的不确定性

任何创新都具有不确定性和风险,创新的程度越高,不确定性和风险就越大。创新的实现与扩散过程,也就是创新不确定性逐步消除的过程。要创新,首先要有胆有识,敢冒风险。

创新的不确定性主要有成果的不确定性、市场的不确定性、技术的不确定性、方式的不确定性、路径的不确定性和战略的不确定性等。

第五节 创新的主要规律之五

一、尊重知识产权

知识产权是智力劳动产生的成果所有权,它是依照各国法律赋予符合条件的著作者以及发明者或成果拥有者在一定期限内享有的独占权利,一般只在有限时间期内有效。各种智力成果比如发明创造、文学和艺术作品,以及在商业中使用的标志、名称、图像以及外观设计,都可被认为是某一个人或组织所拥有的知识产权。其实质是将智力成果看成财产。

知识产权已经成为一个国家、一个企业、一个人核心竞争力的重要内容,爱迪生不是第一个发明电灯的人,但他是第一个享有电灯专利并形成产业的人;莫尔斯也是发明了电报并有了专利权后,其财富才大增。当今时代,甚至有"一流企业卖标准,二流企业卖品牌,三流企业卖产品"和"技术专利化,专利标准化,标准国际化"的说法。深圳人认为"创新加法治"才是长效发展之路,尊重知识产权,聚焦知识产权,并充分利用知识产权,我们在建设创新型国家的过程中才能取得事半功倍的效果。

二、在开放交流中创新

创新就是进步,就是与时俱进,甚至是领先,只有在开放的环境下加强交流才有利于创新。爱因斯坦创立了狭义相对论和广义相对论。分析他的成长过程,经常与朋友进行学术交流是重要条件。马克思主义不是诞生在中国,但中国引进了并与本国的实际相结合,使中国大地发生了翻天覆地的变化并有所创新;铁路不是中国人发明的,但詹天佑将其引进中国,建设了第一条由中国人自己设计的铁路。改革开放初期,中国与世界上许多发达国家的差距很大,但中国重新认识了"什么是社会主义""如何建设社会主义",打开国门虚心向发达国家学习,利用资本主义来发展社会主义,逐步走到今天成为世界制造大国。如广东顺德美的集团的前身是从香港模仿制造很简单的排风扇起步;耗资上千亿元人民币的港珠澳大桥的建设,也是先到世界有关先进国家考察,吸收他们在桥梁、海底隧道建设等方面的长处,在这基础上的再创新。华为集团的发展也是如此。创新驱动对于中国来说是后来者,尽管有进步但仍要虚心学习世界上一切国家特别是德国、日本、瑞士、以色列等许多创新型国家的先进经验,如通过多参加国外有关发明创新成果博览会等途径了解国际上各行各业创新的新趋势,我们才能取得事半功倍的创新效果。对一些关键核心技术，也要坚持自力更生和对外交流相结合。

永远在开放中学习，在学习中创新，才能使中国永不落后，永远走在时代的前列。

第六节　有效开展研发

要促进创新，一个重要的方面是必须有效进行研究开发，它包括基础研究、应用研究、技术研究开发等。要做到这一点，需要注意正确选择课题。

科研方面的选题，是指研究人员依据科学技术自身发展的趋向或社会发展的需要而选取的尚未解决并且具有较高学术价值或应用价值的科学疑难问题、技术设计等方面的问题。

科研选题是科学研究活动的第一步，也是科学研究活动的关键环节。因为只有通过科研选题，研究人员才能够确定自己科研的具体目标和问题，进而取得科技成就，并获得科技界同行和社会公众的尊敬。科研选题的优劣，在很大程度上能够决定科研成果水平的高低和价值的大小。

一、科研课题的种类

科研课题主要有纵向和横向两方面。纵向课题有国家级课题，省市级课题，大学、科研院所或企业级课题以及个人自选课题。横向课题主要有大学或科研院所与企业合作的课题等。

二、选择科研课题的主要类型

（一）接续推进型

对那些影响较大、比较重要的科研成果进行接续探索，同时对其不足之处进行完善，推进了原课题的发展，并且取得了更加完善和重要的成果。

（二）热点追踪型

紧密追踪科学前沿领域里的热点问题或最新发展方向，以此作为自己的主攻目标。这一类型的选题能够使研究人员迅速进入角色，科研问题十分明确，针对性也很强。

第五章　创新的主要规律

（三）导师指定型

由博士研究生的导师根据自己的学术判断、科研经验及对本学科领域发展方向的分析，向学生提出科研选题的具体建议。在这一类型中，导师往往具有很高的科研能力与水平，提出的选题通常也有较高的学术价值。

（四）标新立异型

科学研究者针对前沿领域的科学问题，大胆提出自己的创新思想，有时甚至是离经叛道的观点，从而形成创造性极高的重要课题。由于年轻科学家较少受旧理论、旧观念的束缚，加之具备勇于创新、不怕失败的心理优势，因此往往能够提出标新立异的选题思路。

（五）否定谬误型

科研人员通过自己的独立思考和严谨分析，发现了有关领域存在的错误结论，甚至有些是著名科学家得出的结论。但他们仍然以此作为选题进行大胆探索，最终推翻已有的谬误，从而推动科学技术的进步。这种类型的选题要求科学家必须具备大胆怀疑、不惧权威的勇气和精神。

（六）资料启发型

研究人员十分重视前沿科技领域的成果资料的分析和整理工作，从而发现有较高学术价值和科学意义的选题，最后经过努力获得重要成就。这一类型的选题启发人们，应该高度关注本专业领域最新的科技发展状况，时刻注意收集相关的学术资料。

（七）合作参与型

我国一些科研团队参与世界重大科研项目或博士研究生参与自己导师正在研究的课题中，进行联合探索和攻关，最后获得成功。这些课题往往是从本学科的前沿领域里选择的未解决的重大问题。如中山大学等高校组成团队参与诺贝尔奖获得者丁肇中教授负责的由56个国际科研机构合作承担的国际性大型科研项目——ASM实验，目的是寻找宇宙太空中的反物质和暗物质等。

（八）市场引导型

根据市场需求和技术发展趋势而研发的新技术。如格力电器研究院研究的"无稀土压缩机"等多项变频空调关键技术的研究和应用成果等。

（九）自由选择型

一些科研项目是自由选择的，如美国普林斯顿大学普林斯顿高等研究院的研究人员，没有什么硬性任务，其课题都是自由选择的。但往往这类选择会产生重大成果。如牛顿万有引力定律的发现、王选激光照排系统的发明等，都是自由选择型课题。

三、科研选题的基本原则

（一）需要性原则

选择科研课题时必须考虑科学技术自身发展的内在需要或社会某领域提出的应用需要。一般而言，满足需要性原则的科研课题才具有较高的学术价值或应用价值。

（二）科学性原则

科学性原则即选择科研课题应该具有必要的科学依据和一定的科学事实基础。充足的科学依据往往能够从理论层面保证所选课题的科学性与合理性，同时有助于研究人员取得预期的科研成果。而具备一定科学事实基础的选题，对数据的整理与分析及相关的理论构建有重要作用。

（三）创新性原则

科研选题的创新性原则有两层含义：一是指所选择的课题是世界上首次提出来进行研究的新课题；二是指课题具有较高的创造性和价值性，如独特的科学问题、全新的研究方法、巧妙的实验设计等。

（四）前沿性原则

前沿性原则即选题应该首先到科学技术的最新研究领域、最新探索热点中选择待解决的问题。一般来说，符合前沿性原则的科研课题往往具有较高的新颖性和创造性，其最终成果的学术价值也往往较高、科学意义也较大。

（五）价值性原则

价值性原则即选择课题时应该考虑到需要性的同时，也要考虑到问题的学术价值或应用价值。

（六）可行性原则

可行性原则即选择课题时必须考虑科研人员个体或科研团队整体的知识结构、科研水平、研发能力以及客观的科研辅助条件能否支撑课题的研究,如资料数据、实验设备、经费来源等。同时,有些科研选题,还必须考虑国家法律或国际条约的相关规定等问题。只有符合可行性原则的选题才可能经过努力获得成功。

(七) 自由性原则

自由性原则即尽量自由选题,做创新者自己想做、喜欢做的任何事情。这样才能激发创造的欲望。

四、基础研究的选题原则

基础研究是为了探索自然和社会现象的内在本质和规律,发展学术,增加人类对客观世界的认识与了解而进行的创造性活动。基础研究最显著的特点是不考虑特定的应用目的,只为了把握研究对象的客观规律。因此,在选题时应该特别关注创新性、前沿性、价值性和可行性原则。绝大多数基础研究的课题对智力要求是很高的。

五、应用研究的选题原则

应用研究是为了针对某些特定的实际应用目的而进行的探索性研究活动,如围绕特定目的而获取新的知识,为解决实际问题提供科学的依据,为确定基础研究成果应用的可能性,探索新的技术原理,等等。因此,应用研究的成果具有明确的应用目的和应用前景,它往往是针对具体的领域而提出的。选择应用研究课题时,应该注意选题的针对性和应用价值性,同时还要考虑前沿性。

在实际科研中,有些研究机构往往将基础研究和应用研究结合起来进行选题,提高科研效率和科研成果的转化速度,促进科学技术化和技术科学化。

六、开发研究的选题原则

开发研究是运用基础研究和应用研究的成果,从事技术发明、产品开发方面的研究。开发研究的特点是直接面向生产、军事、生活等领域的现实需要而进行专门设计、研发,目标十分明确。同时,这类研究往往有时间上的要求和科研成本方面的制约,因此,自由度比基础研究和应用研究要小得多。

由于开发研究需要较高的经费投入,加之其最终成果往往具有法律上的财产权,所以,此类研究大多由工业企业或独立的技术开发机构承担。

在选择开发研究课题时,应该着重考虑选题的需要性、价值性、创新性和可行性。

七、科研管理和政策直接影响科研选题

许多重大科研项目（如我国的"两弹一星"项目和美国的信息高速公路计划等），往往是基础研究、应用研究和开发研究统筹布局、协调发展。如美国2008年全国的科研总经费是3976亿美元，基础研究、应用研究和开发研究分别占总经费的17.4%、22.3%和60.3%。聂荣臻元帅当年在领导"两弹一星"项目过程中，提出了"科研三步棋"的管理思想，其核心是将开发研究、应用研究和基础研究紧密结合起来构成一个完整的科研系统，相互联系，相互促进，最终达到加快科研速度、提高科研水平的目的。这一管理思想被实践证明极为科学有效。美国、日本等发达国家所实施的科研选题战略也很值得我国的借鉴。

案例一

采取有力措施加快基础研究步伐

科技部、国家发展和改革委员会、教育部、中国科学院和国家自然科学基金委员会2019年联合印发《加强"从0到1"基础研究工作方案》（以下简称《方案》）。《方案》从优化原始创新环境、强化国家科技计划原创导向、加强基础研究人才培养、创新科学研究方法手段、强化国家重点实验室原始创新、提升企业自主创新能力、加强管理服务7个方面提出具体措施，共23条。

《方案》提出，在重大专项和重点研发计划中突出支持基础研究重点领域原创方向，持续支持量子科学、脑科学、纳米科学、干细胞、合成生物学、全球变化及应对、蛋白质机器、大科学装置前沿研究等重点领域，针对重点领域、重大工程等国家重大战略需求中的关键数学问题，加强应用数学和交叉研究，加强引力波、极端制造、催化科学、物态调控、地球系统科学、人类疾病、动物模型等领域部署，抢占前沿科学研究制高点。

《方案》还提出，面向国家重大需求，对关键核心技术中的重大科学问题给予长期支持。重点支持人工智能、网络协同制造、3D打印和激光制造、重点基础材料、先进电子材料、结构与功能材料、制造技术与关键部件、云计算和大数据、高性能计算、宽带通信和新型网络、地球观测与导航、光电子器件及集成、生物育种、高端医疗器械、集成电路和微波器件、重大科学仪器设备等重大领域，推动关键核心技术突破。

加强"从0到1"的基础研究，开辟新领域、提出新理论、发展新方法，取得重大开创性的原始创新成果，是国际科技竞争的制高点。2018年出台的《国务院关于全面加强基础科学研究的若干意见》提出，突出原始创新，促进融通发展。近年来，中国致

力于自主创新，尤其在科技方面。在5G基建排名前五的品牌中，便有两个为中国品牌，而中国公司拥有的5G标准必要专利数量更是美国公司的两倍。不过，我国基础研究仍然面临缺少"从0到1"原创性成果的问题。

案例二

加快突破医疗健康关键核心技术

2019年12月，一场突如其来的新型冠状病毒感染肺炎疫情首先在武汉被发现，由于对这种新型疾病有一个认识过程，刚好又是春运期间，故其很快就在全国蔓延。由于一些国家防控疫情的理念不同或没有引起重视，耽误了防控的最佳时机。甚至有的国家把新冠病毒与流行性感冒相混淆，从而造成中国的疫情被有效控制住了，但疫情却迅速蔓延到世界200多个国家和地区的状况。这不仅是中华人民共和国成立以来在全国发生的传播速度最快、感染范围最广、防控难度最大的一次重大突发公共卫生事件，也是百年以来最严重的全球性疫情。进入21世纪以来，人类已多次受到冠状病毒的严重危害，如2003年的SARS疫情和2014年的埃博拉疫情等，这次疫情再次给人类敲响了警钟。中国人民在党中央的坚强领导下，坚定信心，众志成城，科学防控，精准施策，经过数月的艰苦努力，终于取得了战胜这次疫情的阶段性胜利。但只有全球疫情防控真正胜利了，中国才言最终成功。

这是人类前进道路上遇到的又一次生命安全、生物安全危机。在人类的发展史上，病毒导致的烈性传染病对人类的危害曾相当严重，如天花、鼠疫、疟疾等。要将新型烈性传染病对人类的危害降低到最低限度，我们一要积极预防，二要有效治疗，根本要依靠科学技术水平的提高，依靠多学科的协同攻关。中国在抗击疫情的过程中，已积累了丰富的成功经验。如党和政府高度重视；集中全国资源统一调配；早发现、早隔离、早治疗；打断病毒传播链；中西医结合；采取"四集中"，即集中患者、集中专家、集中资源、集中救治；采取有力措施在短时间内分别建立重症医院和轻症医院（方舱医院）；用恢复期患者的血浆治疗重症患者；医院和社区作为疫情防控的两个主要战场；等等。疫情发生后，不到一周就确定了新冠病毒的全基因组序列并分离出病毒毒株；迅速筛选了一批有效药物和治疗方案；构建了多个动物模型，为药物、疫苗研发提供了重要支撑。并在加快补齐我国高端医疗装备短板，加快关键、核心技术攻关，突破技术装备瓶颈，实现高端医疗装备自主可控等方面加快了研发步伐。2020年3月16日，由军事医学研究院陈薇院士领衔的科研团队研制的第一针新型冠状病毒疫苗问世，中国率先取得了新冠肺炎疫苗的原创成果。

另外，加强防控疫情的物资和生活必需品的生产和调配，如口罩、医用防护服、医用防护口罩、呼吸机等。其中仅广东，截至 2020 年 3 月中旬，日产口罩就达 2300 万只。

全国许多省份均力求充分发挥自身优势加强防控疫情关键核心技术的攻关，其中，广东提出要充分发挥广东的科研优势、产业优势，加大科研投入，加强多学科集中攻关，努力攻克疫情防控的重点难点问题，不断提高广东省应对重大突发公共卫生事件能力和水平。并着重从以下四方面去努力。

（1）加强特效药物、医疗设备研发和治疗技术创新，坚持临床研究和临床救治相协同，研发和筛选更多更有效的药物，扩大恢复期血浆、干细胞、单克隆抗体等先进治疗方式的临床应用研究，以科研攻关推动一线临床救治。

（2）加强病毒溯源及其传播途径研究，充分利用人工智能、大数据等新技术开展流行病学和溯源调查，尽快搞清楚病源来龙去脉等关键特性。

（3）加快推进多种技术路线疫苗研发，支持科研机构、高校、企业和医院联合攻关，力争早日取得突破，为疫情防控提供治本之策。

（4）加大卫生健康领域科技投入，整合科研、临床、生产等多方力量，加强生命科学领域基础研究，加快突破医疗健康关键核心技术，掌握更多具有自主知识产权的硬核产品，筑牢生命安全和生物安全的科技防线。

2020 年 9 月 8 日，习近平总书记在全国抗击新冠肺炎疫情表彰大会上发表重要讲话，"尊重科学"成为伟大的抗疫精神的重要内容。

案例三

创新：从"颠覆"到"开辟"

作为当代最伟大的管理学大师之一，哈佛商学院教授克莱顿·克里斯坦森于 1997 年写就《创新者的困境：为何新技术让大公司失败》，提出"颠覆式创新"的概念，这本书也被《经济学人》评为最重要的六本商业书籍之一。

一直以来，"创新"是一个带有神秘色彩的词，人们从这个词窥见企业发展、经济增长、国家振兴等一系列事业的未来和可能性，但是这一过程究竟如何发生？为什么会有不断涌现的新技术和新市场？他们又如何被连接，并最终带来人类文明繁荣？

克里斯坦森毕生致力于回答这些问题。在他看来，作为一种企业行为和一种人类动作——"创新"不是一种灵感迸发，而是具备某种特定规律的动作。

一、创新：从"颠覆"到"开辟"

"颠覆式创新"与"渐进式创新"相对，后者是根据市场主流客户的反馈，修订和提升产品性能。从名称便能看出，颠覆式创新更加野蛮、更具有侵略性；利用现有的零件群，提供比旧方案更简洁、更价廉的方案，这种创新瞄准了遥远的新兴、非主流市场。

20世纪50年代，硬盘在IBM的实验室中诞生，在之后的半个世纪中，硬盘行业急速发展，共发生了110次持续性创新，但仅有5次颠覆性创新，使得硬盘的尺寸和价格大幅度缩小，适应计算机对存储容量的需求。而这5次打破竞争格局的创新统统来自小公司，却不是处于行业领军地位的大公司。

颠覆式创新不仅冲击过往的产品形态，还有大型企业的运作体系。克里斯坦森发现，市场上颠覆性技术的出现，还导致了领先企业的失败，因为企业内部良好管理的强大力量，反而阻碍了颠覆式创新的出现。

继"颠覆式创新"之后，克里斯坦森又提出"开辟式创新"的概念。如果说前者强调低价替代市场，后者则关注主流之外的市场，这些用户苦于找不到满足自己需求的产品，或者负担不起现有的产品和服务。

20世纪90年代，英国电信公司的技术总监伊布拉欣计划在撒哈拉沙漠以南的非洲地区建造无线通信网络。在投资者眼中，非洲是一片创业盐碱地，这种"未消费"的情况是传统商业机会的评估指标探测不到的。而伊布拉欣则觉得，非洲人民有极其强烈的远程沟通需求，只是苦于没有负担得起的解决方式。

于是，伊布拉欣还是坚持做了这件事，他带着5名员工建立了Geltel公司，建立覆盖全非洲的无线网。在6年的运营时间中，Celtel在非洲13个国家正式运营，2004年营业收入达到6.14亿美元，2005年Celtel卖出了34亿美元的高价。同时，Celtel还创造了数千个工作岗位，雇用了大量的非洲本地员工。

克里斯坦森将这种在极度困难的情况下，开辟出新的市场，共同形成一种解决方案，即在最不可能出现繁荣的地方创造繁荣，称为"繁荣的悖论"（Prosperity Paradox）。此模式一方面能够满足市场需求、带来企业效益增长，还有可能开辟新的行业，拉动经济增长，进而实现国家发展。

"开辟式创新"将创新放在更为宏观的语境中，探索创新行为如何将企业家、投资者、市场、经济发展、国家建设融合在一起。在这其中，市场起到无与伦比的作用。借用已故诺贝尔经济学奖获得者米尔顿·弗里德曼的话说："自由市场最大的好处在于，它让人们实现了经济上的合作。"

二、边缘：可能是一个褒义词

无论是颠覆式创新，还是开辟式创新，都能总结出一个关键词——"边缘"。

新的商业颠覆者往往是小公司，他们在没有技术的基础上，创造出性价比更高的产品替代主流产品，从而实现弯道超车，他们的"边缘"体现在创新实践者所处市场位置的边缘性。这应验了科技作者凯文·凯利的判断："颠覆性技术发生在底层，它接近毁灭、破产和失败，大多数创业公司被迫待在这些阶段。"

新的消费市场往往是被遗忘的"边缘"人群。在成熟大企业中，这些需求很难被职业分析师所洞察，也未必有业务负责人甘愿为不成熟甚至看起来价值不大的市场承担风险，克里斯坦森判断颠覆性创新很难发生在成熟企业中，更准确地说，很难发生在核心业务中。

创新的动力，克里斯坦森认为是"市场"，那么，寻找市场便成为撬动创新的起点。对于创业公司来说，技术是将技术能力连接到合适的市场才是真正的题中之意。这很像今天互联网产品不断提出的问题：五环外的世界是否具有商业潜力？至少在克里斯坦森看来，答案是肯定的。

——摘编自 2020 年 7 月 30 腾讯研究院公众号，有删改。余潜倩/文

第六章 影响创新成功的主要条件

第一节 人才、项目与资金

一、人才

根据本书对创新的定义,无论是科学研究活动,还是从研发、成果、孵化到产业这个大创新链过程,每个环节都需要许多各类人才。创新驱动实质上是人才驱动。人才是高素质的、可以做出较大贡献的人。这些人往往有重要成果并且这些成果可以成为某个地区发展的项目之一。人才主要是通过高等院校、职业技术学院等渠道培养出来的,成果往往是通过科研、研发等工作产生的。而由于目前我国与发达国家在教育和科研水平方面的差距,高水平的成果相当部分主要是由海外归国人才创造的,如中国科学技术大学潘建伟被誉为"量子之父"等;也有一部分主要是国内本土人才的贡献,如马化腾等创办腾讯;更多的是本土人才与海外人才亲密合作所取得的成果,如在深圳等城市,相当部分企业都有海归人才。

人才有核心人才、非核心人才、研发人才、生产人才、管理人才、销售人才等类别之分。人才既是创新的关键,也是创新的重要成本。故从事创新事业,一定要尽可能物色到更多的"一专多能"的精干人才。作为创新创业者本身,应该重事业、重贡献、重提高自己的综合素质。

二、项目

项目是人们通过努力,运用新的方法,将人、财物等资源组织起来,在给定的费用和时间约束规范内,完成一项独立的、一次性的工作任务,以期达到由数量和质量指标所限定的目标。项目也指为创造独特的产品、服务或成果而进行的临时性工作。如开发一项新产品等。

我们所说的人才不仅指其有学历、有经历,更重要的是有成果有项目,特别是有发展前景可观的项目。如在广州南沙自贸区和广州黄埔开发区等落户的许多项目。

项目一定是先进的、能带来更高效益、符合新的工业革命发展趋势和本地发展战略重点的，如当地高新技术产业项目、战略性新兴产业项目等。如广州将现代生物医药作为创新产业发展的重点，符合这个战略需求的项目特别是大项目自然会受到重视。

三、资金

资金是一切工作正常运作的重要基础和"血液"。科技与金融、资本如何更紧密地联系，是更有效促进创新的迫切需要解决的问题之一。创新创业资金的取得，主要靠市场和政府。市场又包括国内市场和国际市场。"众筹"方式就是政府和市场共同解决创新创业资金来源的重要形式。

（一）市场渠道

对于广大初创中小企业者来说，最需要的是资金。在创业最艰苦的时候，往往很需要投资人的扶持。这个"投资人"更多的应该是银行或民间投资人。自己先垫付钱甚至垫付巨款的民间发明人和创业者很常见，如马云和马化腾，在他们创业最艰苦的时候自己都曾经垫付了不少资金。这里的关键是投资人要有"识货"的眼光。美国旧金山金门大桥是世界上最著名的桥梁之一，以1280米的巨跨雄踞世界第一长达27年，代表了那个时代工程技术的最高峰。然而大桥在设计和建造之初遇到了重重阻力，受到很多非议。但最终其于1937年建成通车，其中重要原因之一是当时有金融家对桥梁工程师约瑟夫·施特劳斯的成果"独具慧眼""力排众议"所促成的。深圳的创新十分活跃，其中表现之一就是经常举办投资人与成果持有人之间的洽谈会，如"前创汇"等。中国证券公司的"上市公司""科创板"等制度也是这方面的重要渠道。各种民办企业、民办学校、民办医院等的运作资金就是来自市场。充分利用银行、外资等也是解决资金来源问题的重要渠道。

（二）政府渠道

目前无论是中央还是地方，其资金扶持政策大部分不仅看人才，更看项目的意义、发展前景和回报率，各级政府的投入是国家和地方项目投入的主要渠道。如港珠澳大桥项目、国家重点科研项目、部分大学中央和地方共建项目以及部分大学生创新创业项目等。

四、三者的关系

人才、项目、资金是紧密相连的。人才是关键，项目是基础，资金是条件。如政府有不少扶持资金是通过项目下达，而项目又必须具有副高级职称以上人才才能申报。另外，通过中国留学人员广州科技交流会（海交会）等多种渠道物色的海外人才，一看学历二看经历三看成果，有了符合时代发展趋势和当地需求的成果，政府或企业自然会有一笔扶持资金。

我国民间活跃着一支数量可观的发明人队伍，仅广州、深圳和上海等城市就有几千人。这些民间发明人从事发明创造完全是凭个人兴趣，没有任何官方背景，成果有大有小，他们是我国创新驱动发展的"地方军"或"民兵"，他们也是不可忽视的创新型人才。如何将这些发明人进一步组织起来，争取将他们的成果尽快转化为生产力，值得社会的进一步关注。对于许多创新者来说，最需要的往往不是智慧而是资金，政府和社会如果能对这类人也能给予更多关心，多做"雪中送炭"的工作就更好。

人才与资金、教育科研与产业一定要形成良性循环，投入到创新的资金才能源源不断并且比例不断提高。

第二节 技术创新与工艺创新

一、技术

技术是解决问题的方法及原理，包括理论知识、操作经验、技能技巧和手段等，具体体现在工艺、工具、设备、设施和标准等。技术有一般技术和关键技术之分。创新从创意到产品，需要解决一系列技术问题，在一定条件下是技术决定一切。当年莱特兄弟发明飞机、瓦特改良蒸汽机都是在解决了一个又一个技术难题之后才成功实现了突破。今天，"超级工程"港珠澳大桥的成功建成，也是在解决了一系列特别复杂的问题之后才取得成功。港珠澳大桥总工程师林鸣曾说过，假如没有国家日益强大的工业体系所提供的各种条件，要建成港珠澳大桥是不可能的。

各行各业都有技术问题，如根据生产行业的不同，技术可分为农业技术、工业技术、通信技术、交通运输技术等。根据生产内容的不同，技术又可分为电子信息技术、生物技术、机器人技术等。

现代技术具有复杂性、依赖性、多样性和广泛性等特点。技术主要解决"做什么"和"怎样做"的问题。创新的竞争，往往体现在技术的竞争。只有研究、设计而没有制造等也是无法实现创新的。"大国工匠"所不断突破的"极致"精度，为我国有竞争力的高端产业如航天工程、高铁、第五代信息技术等的发展创造了重要条件。

我国各类产业的转型升级，一个重要内容就是用先进技术改造传统产业。如"互联网+""人工智能+"等。广东省佛山市炜科达自动化设备有限公司黎剑章认为,成功的创新要有三大条件:一是家庭支持,二是用户支持,三是技术支持。其中,技术支持包括自身拥有或通过创立平台凝聚人才所获得。

二、技术创新

技术创新是从创新理念到创新真正实现的桥梁,即应用新知识、新工艺、新技术,采用新的生产方式和经营模式,通过提高质量和数量、创新产品、创新服务,占领市场并实现市场价值,在这基础上不断提高市场占有率的经济技术活动。企业是技术创新的主体,技术创新是企业生存和发展的重要内容,也是实现创新驱动的重要环节。其中,新知识、新技术是企业进行技术创新的首要因素。而科学进步又是技术创新的源泉。

技术创新的基本特点是技术经济因素统筹考虑,不是技术越先进越好,而是用更先进的技术、更低的成本来不断满足市场的动态需求。

技术创新的特点主要有创新性、实践性、方式多样性、成本性等。

技术创新的关键要素主要有机会、环境、资金、技术、工艺、研发等支持系统和创新人才等。其中,创新人才指善于把市场需求与先进技术有机结合起来,产生新创意、新机会、新价值的人才。

技术创新的模式多种多样,如原始创新模式、赶超创新模式、局部创新模式、市场创新模式、引进与自主创新相结合模式、合作创新模式等。在众多技术创新中,关键核心技术创新具有全局性、关键性的重要意义。技术创新的特点主要有新颖性、科学性、高难度性、高投入性、高风险性、高回报性等。

三、工艺创新

(一)工艺

工艺是指劳动者利用各类生产工具对各种原材料、半成品进行加工或处理,最终使之成为成品的方法与过程,工艺是创新实现的重要条件。创新需要科学家、研发人员、领导者、技术人员、技能人员等共同努力才能实现,在一定条件下,创新的实现往往关键是技术问题和工艺问题。如仅仅是关键工艺的不同,同样的茶叶就可以产生红茶、绿茶、白茶等类茶。

制定工艺的原则是技术上的先进和经济上的合理。有些产品特别是手工产品,工艺并不是唯一的,允许有一定的精度误差范围。

（二）工艺创新

工艺创新，指企业采用了全新的或有重大改进的生产方法、工艺设备或辅助性活动，是生产过程的创新。它包括：①围绕提高产品质量等级品率的工艺创新；②围绕提高工业产品销售率的工艺创新；③围绕提高新产品产值率的工艺创新；④围绕节约资源、降低成本的工艺创新；⑤围绕有益于环境的工艺创新。

工艺创新主要有市场导向、技术导向、资源导向、政府导向和综合导向等。工艺创新的途径主要有自主创新、引进模仿、复合灵活等方式。

第三节 关键核心技术

一、定义

关键核心技术主要指具有稀缺性、要害性、周期长和有独特价值等优势的技术。如核心的基础零部件或中间品、先进的基础工艺、关键的技术材料、关键的产业基础技术和技术标准等。

二、意义

关键核心技术是"国之重器"，是国家或企业核心竞争力的重要内容，在一定条件下甚至起到关键作用，如高端芯片等。掌握更多的关键核心技术对于中国企业的高质量发展和"转型升级"具有关键作用。事实证明，产业基础高级化、产业链现代化是中国走向强大的必由之路。谁牵住了掌握关键核心技术这个"牛鼻子"，谁走好了科技创新这步"先手棋"，谁就能占领先机，赢得优势。

随着时代的发展，对企业利润影响最大的是研发端和销售端。如果我们企业产品的核心技术是长期受制于人，在整个产业链中，我们只能赚取利润低微的加工费，这样我们就很难成为制造业强国。习近平总书记曾说："核心技术受制于人是最大的隐患，而核心技术靠化缘是要不来的。企业必须在核心技术上不断实现突破，掌握更多具有自主知识产权的关键技术，掌控产业发展主导权。国家需要你们在这方面加快步伐。要下定决心，保持恒心，找准重心，加速推进信息领域核心技术突破。""具有知识产权的核心技术，是企业的命门所在。""核心技术是国之重器。""大国重器必须掌握在自己手里。要通过自力更生，倒逼自主创新能力的提升。"故我们要下定决心，早日起步，抓住重点，持之以恒，通过与高校、科研院所以及企业自主研发等多种途径，走自力更生和开放合作相结合的道路，让核心技术牢牢掌握在自己手里，让更多的企业在国际上实现领跑。

"发展未来的核心技术"也是西方国家的发展战略之一。

要发展好关键核心技术，一定要有战略眼光，坚信关键核心技术是买不到的。要积极创造条件，选准目标，早日起步，敢于投入并做长期的努力。

三、种类和层次

（一）种类

关键核心技术对技术含量较高的中高端产业十分重要，涉及基础研究、应用研究和技术开发等方方面面。如关键共性技术、前沿引领技术、现代工程技术、颠覆性技术等。这些关键核心技术有的以专利的形式呈现，有的不一定以专利的形式呈现。如军事机密、商业秘密等。

核心技术又可分为技术核心和设计核心。技术核心是在基础理论的基础上在确定技术路线情况下支撑产品实现的技术选择中的关键部分，完成这条思路的技术和工艺就是核心技术。其特点是不可复制但开发成本高。

（二）层次

关键核心技术根据对人类或某个国家、某个企业的影响大小分为世界级、国家级、地方级、企业级。

四、部分专家论关键核心技术

2019年5月27日，中国工程院院士倪光南在"2019数博会数字孪生城市建设与产业创新全球论坛"上说，核心技术是我们最大的命门，核心技术受制于人是我们最大的隐患。改革开放之初，我们可以学习人家的技术，引进一些技术，消化吸收再创新。现在这种情况，不要说核心技术，就是一般的技术恐怕你也很难拿到。一句话，中兴和华为事件反复告诉我们，关键核心技术是买不来、要不来、讨不来的。所以，我们要以"国产化替代"，实现"安全可控"。

五、加快关键核心技术攻关的有效途径

（一）发挥好制度优势

党的十九届四中全会指出，构建"社会主义市场经济条件下关键核心技术攻关新型

举国体制"。集中力量办大事是我们的制度优势之一。从"两弹一星"到新型冠状病毒疫苗的攻克,均是我国集中力量办大事的生动事例。

(二) 产学研用政融紧密合作

历史上多次工业革命的成果,都是产学研紧密合作的结果。在新时期我们更要进一步发展,更紧密促进产学研用政融的结合。大学要在助力政府或企业攻克"关键核心技术"的过程中积极创办"世界一流学科""世界一流大学";要引导更多的大学毕业生投身到创新创业洪流中去;在校大学生也要尽早参与一定的科研活动,接受一定的研发训练。

(三) 在开放中创新

自主创新是在开放环境下的创新,绝不能关起门来搞。别人已经有的我们就要尽量"站在巨人的肩膀上",尽量避免重复研发。要加强信息交流,及时了解先进国家的发展动态。

(四) 人才是第一资源

要继续加紧"立德树人",培养更多更高水平的创新型人才。中国总体上仍是追赶型国家,不可能像西方国家那样,仅靠"高薪"去吸引人才。在适当提高待遇的同时,爱国主义、理想信仰也很重要。要积极构建具有国际竞争力的人才制度,将"聚天下英才而用之"的工作做得更好。

(五) 营造良好的创新氛围

积极营造以创新为荣、以创新为责以及敢于冒险、敢于担当、宽容失败的良好氛围。社会对于各类创新者要给予更多关心,多做"雪中送炭"的工作。

(六) 有所为有所不为

任何一个国家、任何一个企业的资源和能量都是有限的,对待关键核心技术的攻克,更需要大量资金投入。我们不可能面面俱到,而要像华为集团那样,早日明确主攻方向,持续努力,集中优势兵力打好关键核心技术攻坚战,像"激光""针尖"一样首先在某一小领域取得突破,有了"根据地"之后再不断扩大战果,积小胜为大胜。

(七) 充分调动一切积极因素

"统一战线"是我们的一大法宝,其核心就是充分调动一切积极因素,并且将消极因素转化为积极因素,使"朋友圈"尽可能大。在关键核心技术攻关上同样要这样做。

第四节 产品创新和孵化器

一、产品创新

(一) 定义

产品创新是指从创新构思产生到产品实现,直至产品投放市场后改进创新的一系列活动及其逻辑关系。具体来说,创新过程是新产品(改进产品)的营销或新工艺(改进工艺)的首次商业应用所涉及的技术(创造与获取)、工程、设计、制造、管理和商业活动。创新是一个将知识、技能、物质转化成顾客满意产品的过程,是追加价值实现和竞争优势获得的过程,是一个信息交流和加工的过程,也是关键资源的成长过程。

(二) 特点

产品创新源于市场需求,源于市场对企业的产品技术需求,也就是技术创新活动以市场需求为出发点,明确产品技术的研究方向,通过技术创新活动,创造出适合这一需求的适销产品,使市场需求得以满足。在现实的企业中,产品创新总是在先进技术、市场需求两维之中,根据本行业、本企业的特点,将市场需求和本企业的技术能力相匹配,寻求风险收益的最佳结合点。

(三) 意义

产品创新是企业创新的核心。企业的生存和发展就是通过自己生产的产品满足社会需求,并在这过程中实现利润目标,争取利润最大化。企业所有的创新均围绕这个核心来运作,即企业是否有适销对路、价格合理的新产品,产品是否顺利销售从而实现新价值。

(四) 原则

产品创新的原则有:①与众不同;②适销对路;③高附加值;④相对最佳;⑤超前开发;⑥系统工程;⑦量力而行;⑧市场检验。

二、孵化器

孵化器原指人工孵化禽蛋的设备,后来人们把这个概念引入经济领域,用来指代一种新型的社会经济组织。其职能是通过提供研发等场地、办公等共享设施,以系统培训与市场推广等方面的支持,降低创业企业的风险和成本,提高企业的成活率和成功率,促使科研成果、项目等尽快成为产业。其本质是帮助"蛋"尽快成为"小鸡",即帮助创新成果或创意尽快成为产品、成为可以独立生存和发展的企业。孵化器是大创新链的重要环节,从科研成果或创意转化为产业需要解决很多问题,这个孵化过程本身也包含许多小创新链。

成功孵化器的要素有:共享空间、共享服务、孵化企业、孵化器管理人员和扶持企业的优惠政策等。

企业孵化器能为创业者提供良好的创业环境和条件,帮助创业者把发明成果尽快商品化,帮助新兴的小企业迅速发展成为一个成功的企业。

孵化器现已成为一个涵盖众创空间、科技企业孵化器、科技企业加速器等多种形态孵化载体的统称,是科技企业孵化链条中的重要组成部分,是引导各类人才创新创业、满足企业不同成长阶段需求、加速科技成果转化、培育新兴产业、以创业带动就业的重要平台。

众创空间以创业者、创业团队、初创企业为服务对象,主要功能是通过提供工作空间、网络空间、社交空间和资源共享空间以及低成本、便利化、全要素、开放式的孵化服务,帮助创业者把想法变成产品、把产品变成项目、把项目变成企业。

科技企业加速器(简称"加速器")以高成长科技企业为服务对象,主要功能是通过提供满足企业加速成长的发展空间,配备小试、中试等专业技术平台,提供企业规模化发展的技术研发、资本对接、市场拓展等深层次孵化服务,加速科技企业做大做强。

科技企业孵化链条是以孵化器为核心,向孵化器的前端和后端延伸,通过为不同发展阶段的创业企业和团队提供全过程、针对性的专业化孵化服务,逐步实现从团队孵化到企业孵化到产业孵化,形成"众创空间—科技企业孵化器—科技企业加速器"一体化的科技企业孵化链条。

科技企业孵化载体要善于集聚创新要素与产业资源,构建完善的创业孵化服务体系,提升孵化绩效,向国际化、专业化、链条化、生态化方向发展。

市场占有率不断提高是新兴产业成功发展的重要标志。价值分析理论告诉我们,客户愿意花钱买你的商品首先是你的商品提供的功能满足了客户某方面的需求,其次是价格可以接受。这包括同类商品中,你的质量更好、价格更低。或你的商品所提供的功能和价格之比让客户可以接受甚至很满意。客户采购的原则主要是这样,企业生产商品的原则也应该是这样。故孵化器一定是孵化功能更先进、更适应市场需要、成本更低的产品和产业，而不是闭门造车、仅追求技术先进的甚至过度开发的产品和产业。

第五节　工作条件与生活条件

一、工作条件

任何工作的展开都是有条件的。人是生产力的最活跃的因素，但不是唯一因素。有劳动能力的人只有与生产资料相结合才能形成生产力。生产资料又分为劳动工具和劳动对象。故生产资料就是人开展工作的条件。随着时代的进步，人对工作条件的要求也越来越高了，如实验室内的仪器设备等就是科学家或研发人员的"劳动工具"，实验材料就是围绕研究课题的"劳动对象"。对于各行各业来说，水、电、网络、建筑物、启动资金、计算机、家具、图书资料和信息等就是最基本的工作条件。

人是社会的人，是在一定生产关系下工作的人，并受一定生产关系的制约。故是否有良好的体制机制和管理也是很重要的工作条件。

人要高效率地工作，不仅需要物质条件，而且需要精神条件。要营造团结向上的文化氛围，需要一个相互理解、相互尊重、相互关心、相互支持的人际关系，而不是"人言可畏"，这也是一种重要的工作条件。任何一个人都有自己的弱点、缺点，一个社会能否搞"五湖四海"、发挥每个人的最大长处是一个社会是否文明先进的重要标志。

作为一名创新工作者，能否将自己的大量时间都用在创新上，是衡量工作条件是否良好的重要标志。

人与人的差别主要在于对业余时间的态度上。对于不少事业心很强的创新工作者来说，其不仅在工作单位工作，在家里也经常工作。故是否有一个文明和谐的居住环境，也是不能忽视的"工作条件"。

二、生活条件

人类必须首先解决衣食住行等生活基本问题，才能进行其他活动，特别是从事更高层次的发明创新活动。如果不能有效解决好创新人士的"后顾之忧"，则难以促进创新。如有些民间发明人为了事业不仅付出了自己的许多精力和资金，而且还牺牲了家庭。面对重重困难，有的人因此而不得不放弃对创新事业的追求。

另外，对于许多人来说，工作好的主要动力也是为了得到更多收入，使生活更幸福。美国著名心理学家马斯洛的需求层次理论也将满足人的生理需求放在第一位。满足人的最迫切需求就能激发人不懈奋斗，而满足人民的生活条件问题就是民生问题。

今天，民生问题已经有了很大改善，我们不仅早已告别了短缺经济，而且对物质文化的需求已由"有没有"转变为"好不好"。但在食品安全、住房价格、交通安全、医疗水平、教育公平、社区管理、生态环境、公共卫生等方面仍还有不少新问题，如癌症患者明显增多、一些地方空气污染比较严重等。不断创造更高水平的生活条件，是激发人民对创新持有更大热情、有效促进创新的重要保障。

第六节　体制和机制

体制与机制可以看作生产关系的范畴。在社会主义条件下，中国应该能够比旧中国更快促进生产力发展、早日实现国家强大的目标。但在前三十年，由于经验不足，对社会主义的本质有误解，没有将发展生产力作为第一要务。同时，生产关系过于超前，脱离了生产力发展水平，反而不利于生产力的加快发展。故中华人民共和国前三十年，社会主义的优越性还没有充分体现出来，中国人民的生活水平总体上还比较低。党的十一届三中全会以后，通过拨乱反正，以实践作为检验真理的唯一标准，以发展生产力作为社会主义的根本任务，积极推进改革开放，充分利用资本主义发展的一切积极成果去发展社会主义，不断改革不适应生产力发展的体制机制，从而极大地解放和发展了生产力，促进了创新成果的大量涌现，也明显缩小了与发达国家的差距。

创新驱动实质上是人才驱动。而人才是在一定体制机制下的人才。如果这个体制机制不合理，不仅会压抑人才的工作积极性和创造性，而且也不利于人才的成长。为什么近代科学和工业革命没有发生在中国？为什么中国与世界发达国家在科学大师方面的差距这么大？这固然有历史原因，但现有体制机制仍有不少缺陷也是重要原因。我国的创新事业，一方面需要更多更好的科研成果特别是原始创新成果和关键核心技术。另一方面需要加快转化为生产力的步伐。没有一个良好的体制机制，这些目标是很难实现的。

人才是生产力中最活跃、最重要的因素，他们对现有体制机制的利弊也看得比较清楚，对体制机制如何改革也最有发言权。要建立一个良好的体制机制，除了注意"顶层设计"之外，一定要注意经常倾听工作在第一线的创新人士和管理干部的呼声，并将合理的意见尽快转化为改革的实际内容。"从群众中来，到群众中去"在先进合理体制机制的建设方面也是适用的。

虚心学习发达资本主义国家特别是创新型国家的先进经验，也是构建高效合理体制机制的重要方面。无论是美国、德国,还是日本、以色列、瑞士等,都有自己独特的创新发展经验,值得我们永远尊重和学习借鉴。

"体制机制",贵在合适,超前不行,落后也不行。对其根据生产力发展的要求利用政府的力量主动去调整也是社会主义制度的一大优势。

第七节 依法创新

依法创新指创新要尊重法律、尊重客观规律才能事半功倍。"依法"也包括尊重有关领域的规章制度和国际的"游戏规则"等。

涉及创新方面的法律法规很多,如创新不能违反宪法,不能违反社会公德等。

尊重知识产权是"依法创新"的重要内容。知识产权是智力劳动产生的成果所有权,具体形式很多,如专利、商标、著作等。知识产权对于创新十分重要。我国创新氛围与美国等发达国家相比还有一定距离,是否切实有效尊重知识产权是主要原因。近年来,一些国家借"维护知识产权"的名义对我国一些企业进行打压,也从反面说明了这一点。不尊重国际"游戏规则",就难以行稳致远。

尊重知识产权应注意如下四个方面。

(1)发明创新成果一定要及时申报专利,争取自己的成果受法律保护。

(2)对别人的发明成果和专利,可以先采用购买的形式,再通过引进、消化再创新的渠道实现赶超。我们的创新是在开放条件下的创新,不是什么都要自主研发,都要自力更生。市场上已有的技术和产品,我们就应该敢于"拿来"、敢于借鉴、敢于尽快"站在巨人的肩膀上"。

(3)坚持研发,早日起步。同时,关键核心技术一定要自己研发或以自己为主的合作研发才能主动。

(4)"勿以善小而不为,勿以恶小而为之。"对违反知识产权法律法规的事情,自觉做到不做,社会要坚决打击侵权盗版行为,切实维护创新者的合法权益,共同营造有利于创新的良好氛围。

第八节 创新文化氛围

创新文化氛围也称创新土壤，对于创新发展具有十分重要的作用。我国与国际上创新型国家的差距，很大程度上是创新文化氛围的差距。有了一个良好的创新文化氛围，人民以创新为荣、以创新为乐，创新成果就会如雨后春笋般涌现。

所谓创新文化是指在一定的社会历史条件下，在创新及创新管理活动中所创造和形成的具有特色的创新精神财富以及创新物质形态的综合，包括创新价值观、创新准则、创新制度和规范、创新物质文化环境等。创新文化是一种培育创新的文化，这种文化能够唤起一种不可估计的能量、热情、主动性和责任感，来帮助组织达到一种非常高的目标。创新是第一动力，以崇尚创新，宽容失败，支持冒险，鼓励冒尖等为重要内容的创新文化已成为高校、科研院所和企业的重要核心竞争力。1970年4月24日，我国第一颗人造地球卫星发射成功。从2016年开始，我国将每年的4月24日作为"中国航天日"，以鼓励全国人民敢于战胜一切艰难险阻、勇于攀登航天等领域的科技高峰。有关单位组织撰写著名科学家传记，《广州日报》开辟"广州创新英雄"栏目等，均是很好的创新文化氛围。

美国原来是英国的殖民地，1776年一建国就很重视发明创造、重视知识和人才，有浓厚的创新文化氛围，故美国在第二、第三次工业革命中独领风骚，仅爱迪生就有发明成果2000多项。特别是在第二次世界大战后，美国一跃成为世界最强国并且一直引领世界，美国硅谷还成了世界创新的典范。事实说明，一个国家是否强盛，主要不在于国土面积的大小，而在于国民的创新能力和创新水平。

从2006年中国提出建设创新型国家以来，中国在创新驱动方面付出了许多努力，也取得了很多重大成果，如高铁、大飞机、航天工程、微信和移动支付、第五代信息技术等。但发展很不平衡。尽管党和政府再三强调创新是第一动力，尽管深圳在短短四十年创新发展所创造的奇迹已让世人震撼，但还有不少地方只对"短平快"项目感兴趣，甚至连"创新"是什么都很模糊的大有人在。这样的"短视行为"很难涌现出更多的创新成果，甚至直接影响到"中国梦"的早日实现。

创新的重要任务之一就是将先进理念和科研成果尽快转化为生产力，故营商环境、技术交易市场等也是创新文化氛围的重要组成部分。

第九节　主观条件

　　唯物辩证法认为，事物的发展变化，外因是条件，内因是根据，外因通过内因起作用。内因就是主观条件。在一定条件下，是主观能动性决定成败。如"大庆铁人"王进喜所说："有条件要上，没有条件创造条件也要上。"而顺势而为、热爱、勤奋、专注、坚持、灵活机动和善抓机遇等就是主观能动性的表现。

　　中华人民共和国成立后，一穷二白、百废待兴。但以钱学森为代表的一大批科学家却毅然回国，在党的领导下，他们和国内科技人员等一起，克服了许多困难，奋起直追，顽强奋斗，很快在多个领域明显缩短了我国与世界科学技术发展的差距。改革开放以后，以黄大年为代表的一大批科学家刻苦攻关，取得了一个又一个成果，为中国由跟跑世界到部分领跑世界做出了突出贡献，他们都是顺势而为的榜样。

　　"热爱是最好的老师"，创新是伟大的，创新意味着突破、意味着领先，但创新也是艰苦的，而且不一定成功。如果对人生没有志气，对创新事业没有兴趣，不愿为此付出更多的时间、精力和金钱，更不可能愈挫愈奋。而"热爱"又与价值观有直接关系。在人的一生中，每个人每天的时间都是24小时，所不同的只是寿命，有的还输在了起跑线上，但人与人之间最后的人生结果往往有很大差别。关键是自己的时间花在哪里，这与自己的志气和兴趣爱好有很大关系。

　　勤奋、专注和坚持都是创新人才的基本素质。勤奋就是将更多的时间用在工作上、用在创新上。华罗庚说过："聪明在于勤奋，天才在于积累。"雷锋同志也说过："在工作上要向积极性最高的同志看齐，在生活上要向水平最低的同志看齐。"我们不是提倡"苦行僧"，但"有所不为才能有所为"，事业上很有成就的人，往往在生活上是比较随便的，过得去就行了。如"两弹一星"功勋奖章获得者之一的邓稼先在业务上非常专注，但在生活上的要求非常低。

　　要勤奋，首先要在人生的起跑线上勤奋，争取起好步，尽量到国内外更好的学校接受正规教育，尽早走近学科的最前沿，尽早结识本领域最高水平的导师。其次，尽早取得创造性成果，如聂耳创作《义勇军进行曲》时仅有23岁。取得创造性成果的途径多种多样，有的是在本职工作岗位上取得的，这是主流，如屠呦呦等科学家和许多"大国工匠"；有的是在业余时间取得的，如爱因斯坦、亚当·斯密等。

　　勤奋要持久甚至终生。俄国著名化学家门捷列夫说过，什么是天才？终身努力就是天才。创新事业是终身的事业，有成果特别是有大的成果固然可喜，但也要不懈努力，不断扩大战果。但终身努力也不一定能获得成功的例子也很多。失败的教训同样很宝贵。

勤奋一定要建立在坚持德、智、体全面发展基础上。同时，有工作单位的人，尽量实现组织安排与个人兴趣爱好相统一，干一行、爱一行、专一行。如果不能实现统一，也要首先服从组织安排，认真做好本职工作，在这基础上再从事自己更有兴趣爱好的事情，待条件成熟，争取将副业变成主业。同时，家庭是否温馨和谐对一个人是否能持久勤奋同样有很大影响。

在创新征途上善于抓住机遇也很重要。如不少知识青年平时注意在劳动之余抓紧时间学习，1977年恢复高考又抓住了机会从而脱颖而出，既为国家做出了贡献，也改变了自己的命运。而且，奋斗不分年龄，也有一些人虽然错过了一些机遇但能亡羊补牢，失之东隅，收之桑榆，最终大器晚成。

毛泽东在《论持久战》一文中有一句很精辟的话："战争指挥员活动的舞台，必须建筑在客观条件的许可之上，然而他们凭借这个舞台，却可以导演出很多有声有色、威武雄壮的戏剧来。"人民军队从无到有、从小到大、由弱到强的发展历程，就是在一定客观条件下充分发挥主观能动性的生动范例。理想信念、革命精神等，在中华人民共和国从一穷二白走向繁荣昌盛的过程中起到了非常重要的作用，这是我们的优势之一。今天，创新驱动也是一场持久战，既需要闻鸡起舞、日夜兼程、只争朝夕，也需要"十年磨一剑"、久久为功的毅力。只要充分发挥我们的优势，尽快弥补我们的短板，中国一定可以后来居上，早日成为世界创新强国。

案例一

美国高技术发展历史路径

第二次世界大战后发展起来的令世人瞩目的高技术，是美国的优势，包括计算机、半导体以及后来的互联网、生物技术与医药，并影响至今。美国的高技术发展，是一个多层次、多角度、相互交叉的历史故事，是在一个充满活力的创新体系中发展而成的。

（1）计算机领域。在"二战"期间，英国和美国就开始为军事目标支持计算机研制。1945年11月，世界上第一台电子数字运算的计算机——ENIAC诞生于美国宾夕法尼亚大学。战后，美国联邦政府不仅资助了国家早期数字计算机的大部分发展，而且持续支持这个领域的突破，且范围广泛。联邦政府的投资还为计算机前沿研究以及大学生、研究生教育所必需的物理基础设施建设提供支持。联邦政府资助发展起来的计算机科学技术后，也带来了私营企业发展成熟。

（2）半导体技术。该技术的起源与计算机不同，是由私营企业主导发展。1947年，

AT&T公司的贝尔实验室发明了晶体管，带来了半导体技术的关键发展，建立了美国半导体工业。半导体技术所有的重大突破都来自私人部门的发展。但是，美国联邦政府在半导体产业的发展中起了非常重要的作用。在晶体管发明早期，由于价格昂贵且缺乏市场需求，正是军方的采购使半导体工业在20世纪50年代得以存活下来，并得到进一步发展。联邦政府将采购合同更多地给予了那些新成立的专业化半导体生产厂家。靠着政府采购和公司的创新投入，美国在半导体工业占据了世界领先地位。

（3）互联网。互联网的发展则是一个传奇。由于应对设想中受核打击下的指挥问题，美国国防部资助了与互联网和各种协议的研究。国家科学基金会（NSF）也投入了大量相关资金来支持大学相关的研究。20世纪80年代，NSF开始建立连接全国大学计算机系的网络，并建立电话拨号上网的能力，这样可交换电子信件，这是阿帕网不具有的能力。1986年，NSF启动超级计算中心项目，将全美5个大的超级计算中心连接起来，建立NSFnet，成为互联网的主干网，并最终取代了阿帕网。1991年，NSF建立的互联网向社会开放。

从上述可知，公共投入与私人投入相配合，促进了高技术的持续发展。一方面，国家经济和技术发展的前景让私营企业乐观地估计到投资研发会获得利润，因此私营企业大力投资高技术研发，R&D经费也相应地大幅增长；另一方面，国防部、国家航空航天局、能源部等在国家战略上和国防重要领域持续投资，促进了重要领域的进展。公共和私人投资两者形成了良性互动；政府资助那些无法马上进行商业化的研究，私营企业会很好地权衡风险与回报并进行商业化研究；政府通过相关政策支持，确保企业发展，为企业持续创新提供了条件。

——摘编自《中国科学院院刊》2018年第5期，樊春良/文

案例二

瑞士成功的真正奥秘

2014年的一天，酷爱网球的工程系学生维克多·柏雷和马丁·霍夫曼因由一场比赛发生了争执。"马丁说我的球压线了，但我认为他在耍赖。当时，我们就想，要有个监测器该多好。"两人就开始在家研究如何给地板装上传感器，以记录人和球的运动数据。

这个名为Technis的智能地板项目很快大获成功，包揽了包括"2015年瑞士初创大奖"在内的多个创意大奖。

瑞士的体育创新还有很多。但瑞士的创新实力并不仅仅体现在体育产业上。《2017年全球创新指数》报告显示，瑞士连续第七年位列全球榜首。而《2016—2017年全球

竞争力报告》显示，瑞士连续八年夺冠。瑞士工业凭借超强的创新能力将其技术优势发挥到极致，在许多领域占据世界领先地位。

瑞士的创新秘籍是什么？Venture Kick主任周蒂认为，瑞士建立了极具活力的生态系统，能够把科研成果转成商业应用，同时，尽早地把初创企业推向国际市场。在这个过程中，他强调，私营企业发挥了重要作用，不仅慷慨地为创业者提供资金支持，还在他们的创业过程中充当了导师和引路人，调动个体的创新积极性是瑞士成功的真正奥秘。

瑞士只有600万人口，国土面积仅4万多平方公里，而且矿产资源匮乏，也没有出海口，但瑞士确是全球经济最发达的国家之一，人均财富高达6.5万美元。这背后的动力就是瑞士强大的科研和创新实力。

为了捍卫科研强国的宝座，瑞士每年对科研的投资将近国内生产总值的3%，在经济合作与发展组织（OECD）中位列榜首。其中，应用研究占经费的40%，基础研究和实验开发各占30%。

在资金来源方面，私营机构对科研和创新活动的贡献比重最大。据统计，大约60%的研发开支由私营部门承担，25%的研发开支来自政府补贴，其余的则主要由国际上的投资者提供。也就是说，瑞士境内大多数的研究创新活动是由企业界完成的。对于瑞士的创新模式，瑞士驻华大使戴尚贤认为："事实上，公共部门不强行引导创新或过度干预行业规则，可能是瑞士成功的真正奥秘所在。企业界的创新思维擅长将想法和发现转化为产品和服务，因此创新活动得以在企业界逐渐兴起并蓬勃发展。"

"瑞士的创业环境与生态环境有相似之处。"瑞士联邦教育、研究和创新国务秘书处国际关系部副主任比阿特丽斯·费拉里指出，瑞士几乎所有的水域都干净得可以游泳，这是因为每个公民都自觉地尊重并爱护环境；创新也是如此，关键要看个体的积极性能否被调动，而政府的作用并不是决定性的。

谈及瑞士政府的角色，戴尚贤指出，瑞士联邦政府致力于为创新主体提供有力的发展环境，包括瑞士一流的教育体系、很多优秀的科研机构、高校的推广和融资途径、有利的公私合作伙伴关系等。

据了解，瑞士联邦政府主要通过两个联邦机构——瑞士国家科学基金会和瑞士创新促进机构——提供科研经费，此外，也向联邦理工学院附属研究机构和30家非大学性研究机构提供资金。各州政府则负责管理和向州立大学以及应用科学大学提供资金。费拉里强调，瑞士联邦政府既不制定产业政策，也不直接向私营企业提供资金。"只有在国内维持激烈的竞争氛围，才能让瑞士在国际上保持竞争力。因此，我们坚持'由下至上'的原则和高度的自治，研发和创新只有经过竞争才能获得联邦机构的资金。"

——摘编自2017年9月25日《21世纪经济报道》 郑青亭/文

案例三

以色列创新社会治理

在社会学意义上,一个社会的发展能够兼顾活力与秩序,即可以说其生成了一定程度的"社会韧性"。以色列尽管国土面积不大,但位居世界科技强国,他们在面对复杂矛盾问题时创新社会治理的做法颇具特色,尤其在科技创新与社会生活相互融合方面对智慧社会建设有着重要启示意义。

把增强社会韧性与聚合确立为创新社会治理的基本理念。作为一个移民国家,生活在以色列的 500 多万犹太人中,有半数以上是第一代和第二代犹太移民及其后裔,其余来自 80 多个国家。在这些人中,有受过高等教育的银行家、科学家和艺术家,也有来自穷乡僻壤且目不识丁的游牧民;有基本不信仰任何宗教的世俗主义者,也有大量极端虔诚乃至狂热的犹太教信徒。目前,以色列虽然人口不多,但是社会结构复杂,是一个多种族、多文化、多宗教和多语言的国家。在发展战略层面,以色列推动社会治理秉承的核心理念即"增强社会韧性与聚合",主要有两方面内涵:一是将社会矛盾和冲突控制在可承受的安全范围内,不至于引发民族国家的动荡崩溃;二是促进不同的种族和阶层之间相互帮助、和谐共处。以色列对潜在社会冲突的不确定性有充分的估量,同时也在积极探索如何在不确定性中把握确定性,以促进社会的和谐发展。实现社会韧性与聚合,是一种兼顾活力与秩序的理想状态。

在福利国家建设的过程中充分彰显平等的价值理念。以色列政府十分重视福利国家建设,由中央的社会事务和社会服务部牵头,地方上共有 250 多个社会事务及社会服务部门具体负责以色列各地的民生和社会事业。这些政府机构领导着以色列的福利国家建设,他们的目标是保护和帮助以色列的公民、家庭、社区在危机状态下免受侵害,他们服务的对象主要涉及残疾人、贫困者、失业人群。所要解决的问题包括剥削、暴力、歧视以及社会排斥等多个方面。社会事务和社会服务部借助相应的规划项目和法律措施来实践平等、正义价值观念,以此抑制任何形式的社会歧视,在人们生活的各个领域积极推动机会平等。以色列政府的积极作为不但促使国民在任何可能的危机面前有了充分的保障,更重要的是改善了民众的生活质量,促进了人的全面发展。

政府、企业、社会三方联动,广泛合作。以色列认为社会组织同政府之间的关系是积极的合作者,它可以为政府的政策制定提供参考咨询,以此来提高政府决策的质量。为了更有效地促进社会的发展进步,以色列政府与企业、社会组织建立了广泛的合作关系。在以色列的社会事务和社会服务部的 5 个分支机构中,有一个"个人与社会服务部",该部门主要负责与非政府组织打交道,由政府出资向社会组织购买服务,以满足不同社区居民的各种需求。以色列政府不但善于动员社会力量服务于民生和社会事务,而且十分重视开展广泛的协商民主，以提升决策实施的效率。其一，由总理办公室协调各个政府部门的沟通合作；其二，相关政府部门领导定期到基层社区走访，了解民意；其三，政府与公共政策咨询公司建立紧密的合作关系，在民间智库的协助下完成科学的政策制定。

促进科学技术创新与社会事业之间的融合发展。促进科学技术创新的民生转化对社会治理意义重大，从以色列的经验来看，主要有三点：其一，通过科学技术的普及和应用，改变落后地区的贫穷面貌，缓解区域发展不平衡的矛盾；其二，实现信息共享，让人们更加有效地使用公共资源，以此来缓解城市公共空间紧张的难题；其三，广泛运用科学技术，为人民的生产生活提供各种便利。此外，犹太人向来重视教育事业，视教育为一生必须奉行的最重要的义务，将教育作为社会财富的源泉和富民强国的关键。以色列政府还注意扬长避短，积极推动教育与科技相结合，所以能够用较短的时间进入世界科技强国行列。教育是社会事业的基础工程，以色列高质量的人力资源又为科技发展奠定了坚实基础；由知识创新、技术创新、科技投融资和成果转化等体系组成的国家创新体系为以色列科技发展提供了强大动力和保障。这样一来，以色列就实现了教育科技与社会事业的良性循环和健康发展。

——摘编自 2019 年 11 月 22 日《学习时报》，徐浩然/文

第七章 加快创新成果转化

第一节 创新创业

一、创业

创业是发起、维持和发展以利益为导向的有目的性的行为。狭义的创业指企业以利润为导向,通过提供满足市场某方面需要的优质产品赢得利润,利润不断提高是创业成功的主要指标。广义的创业指各行各业从无到有、从小到大、由弱到强、从低级到高级的发展过程。

二、现代创业的主要规律和特点

众创、众包、众扶、众筹、众智、众育相结合。①众创。即"大众创业,万众创新",可以理解为"人人参与创造、创新、创业"。②众扶。意指众人相互帮扶。众扶平台指通过政府和公益机构支持、企业帮扶援助、个人互助互扶等多种途径,共助小微企业和创业者成长,构建创业创新发展良好生态的创新形式。③众包。指一个公司或机构把过去由员工执行的工作任务以自由自愿的形式外包给非特定的(而且通常是大型的)大众网络的做法,即把"外包"发挥到极致。在这个平台上,用户也可以参与到产品的设计中来,民间创新愈发成为主流。④众筹。即以民间为主筹集资金的新方式。⑤众智。即民间智库。⑥众育。通过多种形式多种渠道积极发展创新创业教育,培育更多的创新型人才和适应时代需要的"T"字形复合型人才,或"专业+通才"型创新创业人才。

三、创业的主要条件

我们倡导的创业主要是指将知识转化为财富,特别指创新成果实现企业化、产业化。故其主要条件有:①敢于创业,善于创业;②与创新的主要条件类似,即需要人才、资金、技术、房子、设备等;③申办某公司或加盟某公司;④根据市场需求进一步将创新成果孵化成市场需要的最好是人无我有或人有我优的商品，积小胜为大胜并逐步做大做强；⑤追求产业链、创新链、资金链、服务链的协调配合。实现从创新成果、产品、批量生产到大批生产并实现利润不断提高。

四、努力提高创业的成功率

（1）使主观和客观相符合，有所为有所不为，正确分析自己的优势、劣势、机会和威胁因素。

（2）有独特的与众不同的科研成果或产品，技术不一定都要自己研发，可以引进、拿来等，争取做到人无我有、人有我优。

（3）成果与市场需求相结合，尽快使之产业化。

（4）研发、生产与销售协调，其中研发和销售越来越重要（参考"微笑曲线"）。先求生存再求发展，主要向市场向客户要资金，也争取政府的支持。

（5）虚心向成功的企业学习，如华为、格力和海尔等。

（6）了解、清晰有关行业标准甚至国际标准。

五、努力实现创新创业互动

创业就是从无到有，从小到大，这与创新的要求是一致的。但创业不是一般的创业，更指知识、技术转化为财富的过程。具体有以下四方面的含义。

（1）我们倡导的创业是更高附加值、更高效益的创业，在创新基础上的创业，是将创意变成新价值、先进科技成果尽快转化为生产力的实际步骤。

（2）创业中处处有创新，不仅是产品创新，还有销售创新、商业模式创新、技术创新、管理创新等。完整创新链也包含创业。

（3）创业是完整创新（实现新价值）的接力棒，是创新成果的继承和发展。

（4）创新和创业是相辅相成、相互促进的。

创新的目的就是更好地认识世界和改造世界，为了更快解放和发展生产力，加快创新成果转化为生产力，是完整创新链的必然要求，也是创新能否成为第一动力的重要体现。人才（教育）、科学、技术、产业这几方面可以看作创新创业，他们必须实现良性循环，经济社会发展才能更快发展。而目前这恰是我国创新链的薄弱环节。美国斯坦福大学早就提出了"知识与财富的统一"，并由此催生了著名的硅谷。如果当年美国著名发明家爱迪生所拥有的电灯等发明成果不去尽快实现商业化、产业化，不仅对人类社会没有带来更有意义的进步，而且他也难以持续从事发明事业。因此，除了基础研究，如果其他创新成果不能转化为生产力，就不能真正实现创新作为"第一动力"，整个社会也不能实现良性循环。因此，我们要高度重视做好创新链每个环节的工作并及时转到下一个环节，让整个创新链的过程进展顺畅而不能中断。

要实现创新创业互动，必须做到以下两点。

（1）高度重视科学研究、学科发展。科学研究是人类对客观世界规律和本质的永无止境的探索，它需要一代又一代人去奋斗，需要超前布局、尽早起步。如果教育领域不能培养出更优秀更高水平的人才，无疑不利于更多更尖端科学堡垒的不断攻克。同时，创新链的任何环节，都需要许多高素质人才。科学研究领域的任何成果都是创新。

科学研究的团队有国家级、省市级、企业级等大团队的，也有"创客""民间发明人""大学生创新创业"等小团队甚至个人的。国家要在政策上充分调动各方面的创新积极性，早日形成创新的历史洪流。近年来，教育部更加重视在大学生中开展各类创新创业活动，这无疑将有力促进我国创新洪流的形成和向前发展，这对早日实现"中国梦"将具有重大意义。

（2）高度重视科技成果转化工作，让科研成果形成有产业前景的项目，这是创新链的必然要求。无论是基础研究还是应用研究的成果，都是人类认识世界的成果。其中有不少成果是可以直接或间接转化为生产力的。如果没有更多的科技成果转化为生产力，"科教兴国"就要大打折扣，创新也难以成为"第一动力"，政府和社会也难以持续增加对科学研究的投入。政府可以为"畅通"创新链做很多工作，企业也要积极主动与高校、科研院所建立联系，争取有更多的科研成果实现转化。

第二节　积极培育更多的孵化器

一个完整的大的创新链，应是基础研究、应用研究……研发（创意）→发明→样品→孵化→产业，是创客、创造、创投、创业的统一。孵化器在这个链条中扮演着不可或缺的作用。

"孵化"是借鸡蛋在母鸡的孵化下变成小鸡的过程来形容创新样品通过孵化成为适应市场需求的产品并发展成为产业的过程。这是我国创新成果实现产业化的短板之一。样品不仅是产品的样品，也包括服务的样品和创意的样品等。

发明成果获得了专利，这是创新的很重要一步，但不是创新的全部。获得了专利只是代表了发明成果的新颖性等受到法律承认和保护，并不代表专利成果可以全部转化为市场所需要的产品。马克思在《资本论》中所论述的商品转化为货币是"惊险的一跃"，这同样适用于专利产品。专利产品只有转化为适应市场需要的商品并尽快变成货币，才能实现社会价值，从而实现良性循环。而市场需求的产品与专利是不能画等号

第七章 加快创新成果转化

的。市场需求不一定都要求技术很先进，同时还要考虑成本、体积等。如电子计算机刚问世时虽然技术先进但由于体积过大、成本又高，难以普及。海水淡化本来在技术上是不成问题的，但由于成本过高，难以实现产业化。

一切有利于将专利等发明成果和其他先进技术转化为产业的过程都是孵化过程，把这个过程进行专业化和企业化就是孵化器的作用。它包含场地、资金、设备、技术、工艺、人才、市场调查和分析等重要内容。

第三节　促进更多创新成果产业化

习近平总书记提出，科技创新要"面向世界科技前沿、面向经济主战场、面向国家重大需求、面向人民生命健康"。由于市场已在资源配置中起到决定作用，创新成果的转化，还需面向市场需求。

一、面向世界科技前沿

要实现创新成果转化，首先要有成果，这个成果不是一般的成果，而是高水平、高效益的成果，甚至是走在世界科技前沿的成果。如当年的互联网技术、计算机技术，今天的人工智能、机器人、量子通信等。创新驱动实质上是人才驱动。故对于高水平成果的创造者和持有人来说就十分重要了。我国一方面加大力度千方百计在海外引进更多的高层次人才，聚天下英才而用之，构建具有全球竞争力的人才制度。另一方面，加快建设世界一流大学和世界一流学科的步伐，力求实现从国外引进高层次人才与国内培养高层次人才、使用好高层次人才的协调发展。

二、面向经济主战场

经济的主战场主要包括现代农业、先进制造业和现代服务业。经济主战场也是创新成果转化的主战场。如广东的人工智能产业、现代生物医药产业的快速发展等。只有更多创新成果的不断转化，才能促进经济主战场的转型升级，才能真正促进生产力的更快发展。

三、面向国家重大需求

国家重大项目如航天工程、雄安新区建设、粤港澳大湾区建设等，这些项目的建设必须体现世界一流。因此也是高水平创新成果转化的首选目标。如第五代信息技术首先在中央广播电视总台等单位应用等。

四、面向人民生命健康

2020年新冠肺炎疫情在全球肆虐，给人类上了深刻一课。生命健康和平安，是人类生存和发展的基础。尽管世界范围内医疗卫生事业得到了长足发展，但仍有短板，人类仍面临生命安全的威胁。肺结核等旧的传染病被人类攻克了，但又产生了新的甚至毒性更烈的传染病。除了传染病、癌症、心血管病等严重威胁人类生命安全的疾病之外，近年来，抑郁症、自闭症和青少年近视率等威胁人类健康的疾病又有上升趋势。故"面向人民生命健康"，加强医学、公共卫生等领域的科学研究成了我国科技创新的又一重要使命。

五、面向市场需求

市场在资源配置中已起决定性作用。我国许多企业特别是民营企业的生存和发展都是面向市场的结果。"大众创业，万众创新"也主要是面向市场的创业和创新。每个企业在转型升级的过程中都会遇到这样那样的问题，都需要产学研融等密切合作去有效解决。市场需求就不一定都要高水平的成果，有时一些"土办法"也可以解决问题。所以，创新成果转化也必须坚持"土洋结合""大中小成果结合"，我们既要充分发挥中国科学院、研究型大学和著名企业等在科技创新、技术创新方面"野战军"的作用，也要进一步发挥"地方军"和"民兵"在各类企业和乡村振兴等方面的作用，才能形成创新驱动"万马奔腾"的局面。

第四节 积极培育智力成果市场

要创新发展，首先要有创新成果，并尽快转化为生产力。创新成果均是智力成果。智力成果可以自己研发，也可以通过采购的方式引进，或采购后在消化的基础上再创新。然而，由于种种原因，我国智力成果市场仍有较大发展空间，供需直接见面的条件仍不完善。表现在企业转型升级急需更多的创新成果，但许多发明专利成果等均停留在样本的层次上，许多有创意的硕士、博士学位论文仅停留在理念上。近几年来，这方面的状况有了明显改观，如以国家层面每年在广东举办的规模较大的智力成果交易会就有"中国创新创业成果交易会""国际发明成果交易会"等，但还不够，还应举办智力成果交易会，通过积极发展各类智力成果市场，通过供需直接见面，促使各类发明人更好地了解市场需求，也使企业能尽快找到转型升级所需要的新技术、新工艺等。

第五节 "产、学、研、用、政、融"紧密结合

一、"产"即产业

产业是现代人类生存和发展的基础,是人类生产力发展水平的重要标志,也是社会物质财富和精神财富的创造区域,国民生产总值的创造均来自产业。产业发展了,人类的生活资料和生产资料才有来源,劳动者也才能有更多就业机会和获取更多收入的可能。产业分第一、二、三产业,随着时代的进步,第二、三产业对国民生产总值的贡献率会提高,但和第一产业不能相互替代。产业的发展特别是第二、三产业的发展是随着资本主义的发展,特别是工业革命、科技革命的发展而发展的。创新型国家人均国民生产总值处于世界的前列,主要是这些国家的产业发达,劳动生产率高。随着时代的发展,由科学技术的进步和创新所引领的新型产业比重越来越高,第四次工业革命已扑面而来,催生了不少新产业、新业态。

二、"学"即教育、培训

随着产业的不断升级,必然要求有更高素质的劳动者才能适应现代产业的发展。故对劳动者接受教育的年限,特别是对专业知识和专业技能的要求、创新意识和创新能力的要求以及德、智、体、美、劳综合素质的要求会越来越高。现代国民教育一般包括学前教育、小学教育、初中教育、高中教育、高等教育,类型分为普通教育和职业教育,其中出国教育是现代国民教育体系的重要补充。各类教育也为更高水平的各类科学研究和创新提供了人才来源。

"学"包括学历教育和非学历教育。培训是非学历教育的主要形式。尽管我国各类教育取得了很大成绩,如在校大学生规模、博士生规模等已跃居世界第一等,但仍存在不少薄弱环节。如一些大学毕业生创新意识和创新能力薄弱,加强高校和职业技术院校在校学生的创新创业教育和在社会上普及创新知识技能刻不容缓;国民看书的习惯远不如以色列和欧美国家,甚至看手机信息的时间远多于看书学习的时间。乡村振兴的一大困难是许多农业一线工作者的学历偏低。随着我国高等教育的迅速发展,我国农业院校培养了大量的毕业生,但这些大学毕业生真正流向农业产业的比例偏低,如有的农业院校只有20%左右。

要作好"学"这篇文章,建议进一步注意以下四个问题。

（一）继续根据创新需求大力培养各类创新型人才

我国人才供给方面存在的问题主要是结构性问题，有的过多有的过少。特别是对于创新型人才和高精尖特等人才的培养以及技能型人才、农村职业农民的培养等。同时，高质量高水平人才问题也很突出。我国逐步走上高质量发展的道路，指的是全行业、多领域，当然包括人才培养等方面。

（二）内外因协调

关于人才培养，外因是重要的，但关键还是内因。自我培养、自我教育也很重要，当代青年要学会借鉴中外杰出人才成长的经验教训，自强不息，顽强奋斗，真正做到一代更比一代强。

（三）构建具有全球竞争力的更完善的人才制度

作为用人单位，要吸引更多更优秀的海内外人才为己服务，真正做到聚天下英才而用之。如有的高校或企业直接到美国著名高校招聘优秀毕业生等。

（四）继续注意用好现有各类人才

"用"与"学"密切相关。同时，人才的作用主要是看贡献、业绩和发展潜力。学历、职称、年龄等虽重要，但不是最重要的。只要我们有"不拘一格用人才"的胸怀，有"慧眼识英雄"的眼光，不仅用好大学毕业生，而且用好每一个人，就一定可以早日形成浩浩荡荡的创新型人才大军。

三、"研"即科学研究和技术开发

"研"是创新的起点。无论是基础研究、应用研究或企业的研发和创业的创意等，都是创新的起点，关键是研究什么以及如何才能早出成果、快出成果。除了基础研究和部分应用研究之外，大量的研究或研发必须面向产业一线，面向国民经济主战场，面向市场需求。广义的"研"还包括任何一个工作者对本职工作规律的研究。"行行出状元"，许多劳动模范、"大国工匠"就是结合工作进行技术革新、精益求精而取得成绩的。对于研究，一要思想重视；二要组织落实；三要配套措施到位，如资金、场所等。"用手不用脑，工作做不好；用脑不用手，工作做不了；用手又用脑，才能有创造"，这是以前小学课本的内容，但已经很清楚地表明了我们任何工作都只有用手用脑又用心才能做得更好。

四、"用"即使用

消费是构建国内大循环这一新发展格局的关键。产业所生产的产品是否符合消费者需求,最终看消费者的评价。消费者是产业能否真正实现价值的唯一决定者。价值工程原理告诉我们,消费者购买一种商品主要是考虑其功能是否符合消费者需求,同时考虑价格、售后服务、产品质量稳定性等因素。如果一个产品消费者不接纳,产品销不出去,该企业就不能实现资金回笼和良性循环,就无法实现再生产和扩大再生产。故与客户友好合作是产业发展的重要渠道。一是很多创意是来自客户的抱怨和建议,不满往往是创新的起点;二是无论是研发还是创意所产生的产品,一定要接受客户的检验。实践也是检验创新水平的唯一标准。为什么苹果手机、华为手机等可以普及得这么快这么广,主要原因是它们所提供的功能先进,性价比又让消费者可以接受。故企业不断研发新产品是对的,但新产品是否能被市场所接受,采用新技术是一个重要条件,但更重要的是根据消费者的需求来设计和研发,坚持客观是第一位的,主观是第二位的,就是坚持客户需求是第一位的。

五、"政"即政府的宏观调控和指导

我国实行的是社会主义市场经济体系,即宏观调控下的市场经济体系。处理好政府与市场的关系十分重要。市场在资源有效配置中起决定性作用,但也要更好地发挥政府的作用。"看不见的手"与"看得见的手"必须共同起作用,才能确立更先进、更有效率的管理体制。市场经济有其优势,也有其不足。对于一些与国计民生很重要但效益不明显的产业,如第一产业,其资源配置作用就欠缺些;如中西部和东部地区协调发展、强有力推进垃圾分类等,都需要政府的宏观调控。如果没有发挥政府的重要调控作用,"围绕产业链部署创新链,围绕创新链布局产业链"这个要求也是很难实现的。

六、"融"即金融、财政、资金等

资金被誉为经济发展的"第一推动力"或企业运作的"血液"等。没有一个项目的启动是可以没有资金投入的。资金投入一般有几种形式:①政府"带帽"下达(财政的作用);②多类银行贷款,如低息、无息贷款等;③外资投入;④合资(如政府、企业、社会合资、中外合资等);⑤民间投资;⑥各种形式的借款;⑦通过股份制,股民有福同享、有难同当;⑧通过上市发行股票债券。

有业内人士说,产业发展一靠实业,二靠金融,实体经济和虚拟经济并重。一些国家之所以"发达",发展金融是很重要的手段。国家也多次强调要防控金融风险。如何充分发挥金融对于创新的重要作用,确实值得不断探讨。

"产学研用政融"这几方面必须协调配合,创新事业才能更快发展。

党和政府早已明确,经济建设必须依靠科技进步和劳动者素质提高,科学技术发展的一个重要面向就是必须面向经济建设。历史已经充分证明,产学研用政融诸因素的密切结合,是创新发展并实现良性循环的必要条件。如果我们的产业发展不依靠"学"和"研",就难以实现转型升级并实现更好更快发展;如果"学"和"研"不能与产业密切结合,知识就难以转化为财富,创新就不能促进生产力的发展。"用"是产业的最终目的和生存之源。只有用得好,客户才愿意花钱买,企业产品销售顺畅,价格合适,产业才能生存和发展。另外,在这个过程中,"政"和"融"也可以发挥重要的促进作用。

第六节　企业是技术创新的主体

各行各业都有自己的社会角色。在众多创新中,企业必须是技术创新的主体。就相当于中国科学院、研究型大学等是原始创新和促进科学发展的主体、高等院校是知识创新的主体一样。企业是通过自己提供给社会的合适产品和服务而生存和发展的,企业是社会财富的直接创造者,也是大创新链的终点和持续创新链的主要对象。只有不断结合本企业的实际进行研发,才能开发出更先进更能满足市场需求的产品,企业才能获得更多利润。产品创新或服务创新是企业最基本最主要的创新发展。而产品创新与技术创新密切相关。无论是腾讯研究院发明的微信,还是港珠澳大桥的建成等巨大成就的取得,主要还是技术创新在多方面取得了重大突破。因此,企业一定是技术创新的主体。

著名的"微笑曲线"也形象地告诉我们研发在企业发展中的地位和作用。一些著名的企业如华为技术有限公司、格力集团、海尔集团等,他们均设立了研究院,研发投入比例一直走在时代的前列,从而为所在企业的创新发展源源不断地提供专利等新技术,确保这些企业的产品不断走向中高端,走向国际市场。但也有一部分企业不大重视研发,研发队伍力量比较弱,也不与高校、科研院所有更多联系。这直接影响企业的转型升级和高质量发展。许多事例都说明,企业只有真正体现技术创新主体的地位,才能做到高质量发展和可持续发展。谁能早日重视研发,谁就能够在竞争中处于主动地位。

企业要切实采取措施努力推进技术创新。要做到思想重视、组织落实、资金到位、创新切入点明确。每个中小微企业至少有1人专职或兼职负责创新。大中型企业更应有创新小组甚至研究院。每个企业的创新负责人和研发人员均应接受创新的培训并持证上岗。

第七节　努力提高创新的成功率

创新是走前人没有走过的道路，具有探索性、风险性是创新的重要特点。故鼓励冒险、宽容失败是创新文化的重要内容。但不能由此得出结论，创新失败肯定会发生。创新失败，不仅造成人、财、物的许多损失甚至是重大损失，而且对于实现创新的良性循环、鼓励更多的人勇于走创新之路是不利的。

提高创新成功率，实际上就是提高解决问题的能力，提高取得创新成果特别是大突破、大成果的效益，特别是提高掌握核心技术的能力。

要提高创新成功率，要做到下面几点。

一、任何时候都要有必胜信心

信心是成功的重要条件，在奋斗的征程上，无论是顺境还是逆境，我们都要有"永不言败""愈挫愈奋"的心理状态。在战略上藐视困难，敢于创新；在战术上重视困难，善于创新。在具体行动上，做最坏的打算，往最好的方向去努力。多做未雨绸缪的事，少做亡羊补牢的事，尽量杜绝痛心疾首的事。遇到挫折和失败，要通过及时总结，找出失败的原因，努力将坏事变成好事，争取最终获得成功。

二、端正思想路线，力戒主观主义

正确的思想路线就是实事求是，一切从实际出发，使主观符合客观，在实践中检验真理和发展真理。要尊重客观规律，不能重犯"人有多大胆，地有多大产"的错误。

三、正确选择创新目标，不犯战略性错误

选择创新目标，要善于抓主要矛盾，坚持必要性和可行性的统一。同时要有远见，不要只热衷于追求"短平快"。这方面任正非创办华为集团的经历和理念值得创业者借鉴。

四、目标一经确认，就要坚持不懈

从某种意义上来说，成功=方向+持久的努力。在创新的道路上，我们不能一遇到困难就打退堂鼓，要有"以毅力终"的韧性。

五、讲究创新方法

方法犹如达到目的必要条件和最好途径,方法好可以做到事半功倍。具体方法是多种多样的。当年红军是"有什么武器打什么仗""在什么地方打什么仗"等,从而实现了"由小胜到大胜"。今天,创新的道路上未知因素很多,我们也要有这样的理智,重视方法,灵活选择具体方法。如当年爱迪生采用"试错法"从事发明活动,仅为探索灯丝用什么材料最好,在三年的时间里就试验了几千次。今天,我们有 TRIZ 理论、创造技法等创新理论和方法和可拓学,可以少走很多弯路。

案例一

国际上最大的孵化器

位于美国旧金山大区的 Plug & Play 公司在办公场地规模和创业公司数量等方面,都可以称为世界上最大的孵化器和加速器公司,累计孵化、投资超过 2000 家初创企业。

Plug & Play 公司创始人赛义德·阿米迪是伊朗伊斯兰革命后滞留美国的伊朗学生。其家族后来移民美国之后,最早做的是波斯挂毯和桶装水生意,后来进入硅谷的房地产市场,成了谷歌、PayPal 等公司的房东。伴随着谷歌等这些顶级创业公司的成长,赛义德也因为投资早期的谷歌、PayPal 等公司获得了几百倍的回报,长期浸润在硅谷创业文化中的赛义德也正式进入孵化器和创投领域,而 Plug & Play 公司的商业模式也是在实践中摸索出来的。

这一模式主要是通过举办行业间活动,创业团队培训、创业夏令营等形式帮助创业团队建立公司,通过导师指导、搭建业界人脉帮助创业团队迅速成长,并为其对接大企业资源,扶持创新企业最终走向成功。

Plug & Play 公司的核心竞争力来源于两个方面:一是能够迅速提升中小型创业公司运营管理能力;二是能够服务足够多的大型企业会员,充分对接大企业的创新需要。其收入来源除了创投之外,还来自对大企业的服务费收入。

目前,Plug & Play 公司的硅谷总部每年入驻 350 多家创业公司,创业公司获得超过 200 笔的早期项目投资,组织超过 100 场项目投融资路演。

案例二

美国的创新国际化发展

未来一段时间,将是全球新一轮科技革命和产业变革的关键时期。世界经济复苏与增长的主要动力源于创新,创新驱动新兴产业发展逐渐引发国际分工和国际贸易格局重构。创新经济全球化发展进入新时代,发达国家仍扮演着世界经济领跑者的角色。

一、科技研发投入领先其他行业,海外研发投入占比较高

很多先进的科学技术都源于美国,这与美国巨大的研发投入是密切相关的。据美国国家科学研究委员会的报告显示,美国的年研发投入已经达到了4960亿美元,占据全球总研发投入的26%。美国的科技企业研发投入已领先于其他行业,在研发投入中占据较大比重。

同时,美国企业加大了对海外的研发投入。早在2001年在国外的美国企业研发支出就已达到197亿美元,占美国跨国企业研发支出总额的12%,在欧盟的美国企业研发支出占比达9.4%。2017年欧盟委员会的统计数据显示,从国际研发投入排名前100位的企业按国家和地区来看,美国占36家,位居首位。可见,美国不仅在国内研发投入较高,在国际研发扩张中,研发投入活动明显向海外国家转移。据资料显示,美国占经济合作与发展组织(OECD)成员国研发能力的45%,在20世纪90年代后期一直是研发复苏的主要贡献者。

二、国际专利申请优势显著,科技期刊论文发表数量较大

美国企业很早就增加了"寻求知识"方面的国际活动,并越来越多地从国外市场获取创新动力。根据PCT(《专利合作条约》)提交的一件国际专利申请,申请人可以同时在全世界大多数国家寻求对其发明的保护。2017年,PCT使用量继续增长,PCT申请量约达243500件。其中,美国的国际专利申请约占1/4(23.3%),自40年前PCT开始运作以来始终处于榜首。

从科技期刊发表的论文数量来看,美国在世界范围内发表论文所占比重较高,国家科学基金会科学工程统计指标显示,科技期刊发表的文章领域主要包括物理、生物、化学、数学、临床医学、生物医学研究、工程和技术,以及地球和空间科学。科技期刊文章数量是基于科学引文索引(SCI)和社会科学引文索引(SSCI)整理所得。其中,包括与合作单位来自各个国家和经济体的文章,足以体现科技期刊发表的国际性。

三、数字经济领域就业率较高,高科技出口产品比重下降

目前,数字经济领域逐渐成为美国社会经济发展与创造就业的重要领域。这一领域促使美国经济环境和经济活动发生了根本变化。生产、分销和销售都依赖数字技术,企业、消费者和政府之间通过网络进行的交易迅速增长。美国经济分析局的数据显示,2016年美国数字经济领域的就业人员达500万人,占总就业人数的3.9%,高达88.2%的数字经济就业者从事服务行业工作。其中,187万人投身于计算机系统设计和相关服务,98.4万人主要从事电子商务等其他零售行业,86.9万人从事广播和电信行业。据统计,美国2011—2016年在整体经济就业年均增长1.7%的情况下,数字经济领域年均增长率达到3.7%。可见,美国注重技术创新,与技术相关行业对经济发展贡献较高。

案例三

核心技术研发与国家实验室

一、美国贝尔实验室的帅才

现代科技的摇篮之一——美国贝尔实验室,从1940年到1979年,40年历经4位总裁,他们分别是巴克莱、凯利、菲斯克和贝克。这4位总裁在不同时期根据当时的形势,都提出了自己的管理理念,领导该实验室近万名工作人员和几千名科学家与工程师为世界和美国的科技发展做出了重要的贡献。

贝尔实验室从基础研究成果到产品开发,一直到推向市场的周期特别短,这就是美国高科技发展的生命力所在。这个过程是一个巨大的系统工程,这不是少数科学家或工程师所能做到的,而是许多科学家、工程师,还有各级管理人员特别是总裁共同协作、努力的结果。

这几个总裁的特点是:

(1) 巴克莱时期的特点是,科学研究和技术发展的关系不应分开或孤立地理解。

(2) 凯利时期的特点是,使实验室成为"创造性的科技研究所"。

(3) 菲斯克时期的特点是,进行卓越研究需具有洞察力和有相关才能的人。

(4) 贝克时期的特点是,保证基础研究必需的环境、气氛和条件。

二、美国阿贡实验室

作为美国"最老牌"的国家实验室,已有近70年历史的阿贡国家实验室如何保持它在创新领域的活力和吸引力?答案是不断瞄准新问题。

4500名员工,包括约1700名科学家和工程师;研究项目领域覆盖从原子核到全球气候变化。每年有超过5000位科学家从世界各地来到阿贡做实验。

阿贡实验室对全球科学家的吸引力从何而来?"给他们改变世界的机会。"利特伍德所说的改变世界,有一套"方法论",想要改变世界就要创新,想要创新就得有发明,要有发明就得有发现。

数以千计的科学家如何通过分工协作实现创新呢?利特伍德打了个比方。他们给一个新能源电池团队制定了一个"555"的目标,即性能提高5倍、价格下降1/5,使用年限增加5年。"目标提出来后,就让他们自己干吧。"利特伍德说,有时为了鼓励创新,甚至会把目标提得"不可思议"一点。

在阿贡实验室,经常根据课题临时组成项目团队,由科研带头人根据项目需求和经费资助情况选择、聘用外部流动人员,待课题结束后,团队即解散。这一机制有效地保障了实验室科研人员的灵活流动性,避免了组织僵化。为了保证团队中拥有领域内最顶尖的科学家,实验室尝试与大学、科研机构共同聘用科研人员,特别是前沿领域领军人才。

宽松的另一面，阿贡实验室也实行严格的科研评价，科研项目每年都要接受外部专家进行的第三方评价，对于顾问委员会提出的意见，项目组必须在一个月内做出回应或改变。

以核能研究起家的阿贡实验室正变得"面目全非"，几百人的团队仍在研究核能，而其他更多人则开始关注新能源、量子科学、新材料乃至信息技术。仔细分析你会发现，这些看似旁逸斜出的领域仍然与能源相关，是产业应用中亟待解决的新问题。

利特伍德说："大家至今仍未注意的一个问题是，信息技术正在给能源带来越来越大的负担，目前全球计算机的能耗占比只有百分之几，不过到2040年，信息技术将耗掉世界50%的能源。"

这是阿贡实验室瞄准的新问题。他们正以降低计算机能耗为目标进行科学研究。在全球创新网络中，他们也与其他国家合作解决新问题，比如与中国合作建立清洁能源研发中心，目标是电动汽车；在考虑到新一代核能反应器的设计成本过高时，他们找到了韩国。

"做出改变是很困难的，不过想要继续存在下去，就必须要改变，这也是创新的一部分。"利特伍德说。

三、英国国家实验室

英国的国家实验室历史悠久，拥有一批世界著名的重点实验室，如卡文迪什实验室、国家物理实验室、分子生物学实验室等。英国的一些老牌国家重点实验室之所以能抵得住时间的历练，在日趋激烈的科技竞争中取胜，关键在于它们以变革创新支撑科技进步。

（一）因势利导变革研究方向

变则通，通则久。翻开享誉世界科学界的卡文迪什实验室的发展史册，可以明显看到自1871年成立以来，在140年的历程中，该实验室历练多次主要研究方向的重大转变，而且每次转变都带来了许多重大的原始科技创新成果。

（二）与时俱进改革体制机制

20世纪80年代英国开始私有化浪潮，英国公共研究机构私有化改革也随之开始。

经过调整和改革，英国的国家实验室建立了一套高效的管理机制，尤其是在监督与评估方面形成了独特的"英国模式"；英国的国家实验室的评估一般由专家评估委员会实施。评估委员会独立于被评估的国家实验室。评估种类包括事前评估、过程评估。通过事前评估，减少资助盲目性；对正在进行中的科研活动进行跟踪评估；对学术方向、学术水平等难以定量的评估内容，采用同行评议的方法。评价发起者只参与评价方案设计工作，具体评价业务，包括综合评价结论和建议等则委托给专业评价人员。

（三）兼容并蓄集聚各方人才

英国的国家实验室非常注重人才队伍建设，不拘一格地吸引、培养和集聚全球的科技人才。以英国剑桥分子生物学实验室（以下简称LMB）为例，迄今为止60多年历史中有12位诺贝尔奖获得者，其中11个获奖者的工作完全是在LMB进行，1个是在LMB工作的继续，还有一个两度获奖。

LMB起源于1947年，由当时的卡文迪什实验室主任布拉格牵头。LMB虽处于英国上流教育中心，但它兼容并蓄，不拘一格收罗人才。因此，在LMB里面，赫胥黎这样的传统科学精英家族后代，与佩鲁兹这样由奥地利流亡到英国的犹太人，克鲁格和布勒呐这样由东欧流亡到南非的穷犹太人，在实验室里也能各就其位，各得其乐，相处融洽。

——摘编自2020年7月29日《中国科学报》等　夏建白等/文

第八章　创新型人才

第一节　定义、层次和种类

一、定义

创新型人才是指具有较强的创新意识、创新精神、创新品质和创新能力，通过从事创新性活动取得创新成果的人。也是面向未来走在时代前列的人。简单地说，就是想创新、敢创新、能创新、善创新的人。

广义的创新型人才包括一切促进时代进步的人，也包括那些具有良好创新素质，具有取得创新成果和更高价值潜在可能的人。

按照人才学对人才的定义，人才是在一定的历史条件下，具有一定的知识和技能、以其创造性劳动为社会发展做出较大贡献的人。简单地说，人才就是高素质、高才能、高价值的人。在人才这个名词的前面再上一个形容词，可以理解为创新意识、创新能力和创新成果更突出的人才，是创新时代对人才的更高要求。

二、层次

与一般人才一样，创新型人才分为顶尖、高级、中级、初级等层次。在国际舞台上取得世界级创新成果的人才就属于拔尖创新型人才，仅在国内取得了初级创新成果的人才就是初级创新型人才，以此类推。

三、种类

创新涉及各行各业，故行业不同，创新型人才的类型也不同。

按照大类来分，可分为知识创新人才、管理创新人才、领导创新人才、企业创新人才、技术创新人才、技能创新人才等。

按行业来分，各行各业都有自己类型的创新人才，如农业、先进制造业和现代服务业方面的创新型人才以及军队、政府、事业单位方面的创新型人才。

按创新的性质来分，可分为创造型人才、创新型人才和创业型人才。

第二节 创新型人才与创造型人才、创业型人才的异同

本书对创新、创造与创业的异同进行了论述。在创新多层含义中，第一层含义与创造同义，更多地指从 0 到 1 的创新。在这个层面上，创新型人才与创造型人才是同义的。比如，从事原始创新、知识创新的人，他们既是创新型人才，也是创造型人才。对于创新的第二层含义来说，通过新变化、新组合、新理念，不仅应该具有新颖性、独创性和进步性，而且应该具有效益性和价值性。对于技术创新和企业创新来说，更要讲究市场性和更大的价值性。不仅有大量的颠覆性创新、改进型创新，同时强调所有创新成果必须转化为新价值、新效益、新产业。这个层面上的创新，更多的是靠创业型人才去完成的。完整的创新型人才，既有发明创造的成果，也实现了商业化、市场化，如爱迪生、诺贝尔、袁隆平等，但更多的是有的仅擅长于基础研究和原始创新，其应用研究、开发研究和创新成果市场化由另一类创新型人才和创业型人才去完成。他们都是创新型人才，有所区别的是，既有重要发明创造成果也善于将成果市场化的创新型人才是复合型人才，其他的仅是某方面的专才。要实现创新链的良性循环，需要多类的创新型人才团队密切合作才能完成。根据这个原理，产生新价值、新效益是创新的"惊人一跃"，作为追赶型的国家，更应该着重在这方面下功夫。比如，与欧美国家相比，日本虽然比较缺乏基础研究成果（原始创新），但他们却长于集成创新和引进吸收后再创新，靠移植他人的发明成果而创造了经济大国的奇迹。这说明了高科技不一定能变成创新经济，而创新经济可以在没有新的科技成果的情况下实现，现有要素的不同组合也可以形成创新经济。

创新可分为根本性创新和渐进式创新，其中以 1 到 N 的渐进式创新居多。故创新的前提不一定都是有专利的发明创造、工作的新思路和新改进等，只要提供了新价值、新效益，都可以视为创新。

显然，完整的创新 = 创造 + 创业或创意 + 新价值，故创造型人才和创业型人才均属于创新型人才，但侧重点不同。创造型人才的主要贡献在发现发明、原始创新和知识创新等方面，创业型人才的主要贡献在科技成果的市场化、商业化。凡是在工作中运用创造力和丰富知识，取得了具有新颖性、独创性、进步性成果的人，均可称为创造性人才。如果再加上效益性和价值性，就是一个完整的创新性人才。同时，创新型人才不仅指那些取得卓越成就的社会精英，也指能够在平凡的岗位上不断精益求精、做出不平凡成绩的人。

党和政府已经明确指出,我们已经进入全面建设社会主义现代化国家和坚持创新核心地位的新时代。在这个时代,对人才的要求就更高了,它要求我们要永葆"闯"的精神、"创"的劲头、"干"的作风。不仅要成为能提供更多创造性成果的创造性人才,而且要成为善于将创造性成果转化为生产力的创业型人才,即完整的创新型人才。这个"转化"不仅必要,而且要求尽快。德国就认为,未来工业制胜的秘诀在于如何在提高生产率的同时尽量缩短产品从创意到上市的周期,及如何满足更复杂、个性化的产品需求。

在实际工作中,创新型人才,不仅指个人,更指一个团队,靠创造型人才和创业型人才等多类创新型人才的密切配合。

随着我国现代化的不断深入发展,中国更需要可以取得高水平原创成果特别是重大发明创造和颠覆性技术成果的世界级拔尖人才甚至顶尖人才,如具有国际水平的战略科技人才、科技领军人才、青年科技人才、高水平创新团队和企业家群体等。

第三节 创新型人才的主要特征

简单地说,创新型人才=创造性思维+创新性人格。其中,创造性思维指思维新颖(前所未有)、独特(与众不同、别出心裁、不同凡俗)等;创新性人格指有良好的创新精神、旺盛的求知欲、良好的工作习惯、较好的智力、较强的创新能力、坚强的毅力等。许多专家学者都从不同角度对创造型人才或创新型人才的特征进行了深入研究。

美国心理学家吉尔福特把创造型人才的人格特征归纳为八个方面:①有高度的自觉性和独立性;②有旺盛的求知欲;③有强烈的好奇心,对事物的运动机理有深究的动机;④知识面广,善于观察;⑤工作中讲求理性、准确性与严格性;⑥有丰富的想象力、敏锐的直觉,喜欢抽象思维,对智力活动与游戏有广泛兴趣;⑦富有幽默感,表现出卓越的文艺天赋;⑧意志品质出众,能排除外界干扰,长时间地专注于某个感兴趣的问题之中。

北京师范大学发展心理研究所博士生导师林崇德教授等总结出拔尖科技创新型人才有以下重要心理特征:①内部驱动的动机(有理想有抱负、积极进取、内在兴趣、成就取向等);②问题导向的知识构架(专业素质与功底、研究技能与策略、知识广博、愿意尝试、发现问题的能力等);③自主牵引性格(勤奋努力、乐于合作、有毅力、独立自主、自信等);④开放深刻的思维与研究风格(开放性、思维独特新颖、思维灵活变通、洞察力等);⑤强基础智力(一般智力强、分析思维能力强等)。

我国著名的创造教育家、武汉大学原校长刘道玉认为,创造型人才就是尖子人才,就是思想活跃、勇于开拓,在解决重大的科学和技术问题上表现出突出的创造才能的人才,创造性人才有以下主要特点:①有鲜明的个性,包括独立性和自主、自立和自强的精神;②要有好奇心;③内涵充实,想象力丰富;④头脑开放,对新事物很敏感;⑤勤学多疑,不失时机地抓住创造性的思想火花;⑥不受传统观念的束缚,敢于向权威挑战;⑦有执着的精神;⑧不知足。

华东交通大学朱晓妹教授认为,创新型人才有以下个性特征:有强烈的好奇心、有丰富的想象力、有敏锐的洞察力、有批判精神、有渊博的知识、有远大的理想和坚韧的意志力。需求特征:有较高的成就动机、渴求良好的创新环境、重视工作的自主性,重视个人的专业成长、重视公平的回报、重视工作—家庭的平衡。工作特征有:核心工作是创新、工作难以监控、工作绩效难以评估。

江苏某高校曹伟教授在其专著《诺贝尔科学奖成果的方法论研究》中认为,顶尖创新型人才有以下特点:①有极高的创新意识、独特的创新思路。这是顶尖创新型人才成功的关键。②兴趣浓烈、好奇心强。只有对科学探索有着十分浓厚的兴趣和非常强烈的好奇心,才能有强大的、内在的驱动力量长期从事在外人看来枯燥乏味的科学研究工作,并从中感受到不同寻常的乐趣。③深入前沿,选题新颖。所选择的科研项目具有深入前沿、选题新颖的突出特点。要想做出世界一流的科技成就,必须在前沿科技领域进行探索,步人后尘是没有价值的。而科学家必须时刻注意国际科技发展动向。④思路独特、注重分析。创新型研究的最大特征是科研思路独特,这样才能做出重大的科技成就。⑤重视应用、关注推广。主动寻找自己的获奖成果在工业和军事领域的应用。⑥多产高产、研究不辍,奋斗不息。这是许多创新型人才的人生选择。

我国著名人才学家王通讯研究员认为,人才工作将走向智能化新时代。故人才工作者要学会大数据思维。大数据思维主要有四个特征:①定量性。认为一切均可测,故能描述。②相关性。认为一切皆可连,故能相知。③实验性。认为一切皆可试,故能开拓。④推测性。认为一切皆可预测。

在多个专家学者的研究基础上,结合自己的观点,笔者认为,创新型人才有以下主要特征。

(1)有良好的成才基础,即德、智、体、美、劳全面发展,智力因素和非智力因素协调发展,有合理的知识结构。

科学文化知识主要通过接受教育和自学来实现。一般情况下,通过素质教育和创新教育,受教育程度越高,科学文化知识越丰富,则理解问题的能力越强,逻辑思维和判断能力也比较强,取得创造性成果的可能性也越大。

创新通常都是在前人的知识和成果基础上完成。没有较好的知识基础,就很难有所

第八章 创新型人才

创新、有所发展。

（2）有强烈的创新意识和动机，包括具有崇高理想和进取心，对创新活动有浓厚兴趣，具备探索与创新的三要素（有强烈的好奇心、独特的兴趣和爱好、追求真理的精神）。

（3）对成功有坚定不移的信念，包括自信心、独立思考能力和强烈的事业心。

（4）有良好的科学态度，具有理性怀疑精神。不受传统观念的束缚，敢于向权威挑战。

（5）面向未来，有明确的创新目标（如瞄准关键技术、核心技术或身边问题等），并且为了实现这个目标长期积极实践，敢想、敢干、敢闯。

（6）有顽强的创新意志与坚忍不拔的毅力，有极强的专注力和抗外界干扰的能力。

（7）有独特的创新思维，在一定的条件下是思维决定一切，甚至有"天才仅是以非习惯性的方法想象或成就了一件事情"的说法。

（8）有较好的创新能力。如爱因斯坦认为他所取得的成就得益于他的丰富想象力，达尔文则认为他的观察能力在许多人之上。

（9）有良好的工作作风和工作方法。有专家指出，创新成果＝创新欲望＋创新思维＋创新方法。创新往往始于问题，而问题的解决需要科学方法。

（10）正确对待挫折和失败。挫折和失败是人生不可缺少的重要方面，对于具有风险性的创新更是如此。如何正确对待各种误解、偏见和人生道路上的各种挫折与失败是创新型人才的重要必修课。

（11）比较专一。任何创新成果都是比较专一的奋斗甚至"一生只做一件事"才有可能。任何的浮躁、只热衷于"眼前效益"是不利于创新型人才特别是高水平创新型人才的成长。创新型人才一定要"像深井常流水"，而不能"像流星闪即失"。

（12）善于与人合作。一个人的能力是有限的，在现代社会中，要善于"借势""借力"，善于与别人合作，做到个人与团队的有机结合，故要有民主作风。

（13）有大智往往有大愚。有山峰必有山谷。创新型人才往往具有与众不同的特点。如牛顿误将手表当鸡蛋、陈景润生活上的不讲究等。

（14）永不知足，永远进取。

（15）敢于及时将合适的成果实现产业化。

第四节　创新型人才成长的主要条件

影响创新型人才成长的基本条件有素质、教育、环境、实践和主观能动性这五个方面。

素质包括先天素质和后天素质。先天素质主要是遗传，后天素质主要是"德、智、体美劳"或"德、识、才、学、体"五个方面。我国唐代著名历史学家刘知几就对"才、学、识"进行了详细的论述，他认为，作为史学人才，才、学、识三者缺一不可，是一个统一体。学好比是学问的依托和工具，才好比是技能、方法，识既是见识，也是理论观点。有学而无才不能有所成就，有才而无学也不能出成绩，而在三者当中，"识"居于统帅地位，在才学兼备的情况下，只有富于见识，才能"如虎添翼""所向无敌"。只有正确地处理好才、学、识的关系，人们才能成为杰出的人才。后人在刘知几论述才、学、识的基础上进一步发展成为"德、识、才、学、体"比较完整的人才结构。

教育包括家庭教育、学校教育、社会教育和自我教育等。学校教育主要指国民教育体系的教育，包括学前教育、基础教育、高等教育、职业教育和终身教育。学前教育是培养创新型人才的起点，但往往容易被忽视。而高等教育在人才成长中具有十分重要的作用，其中有志成为高层次学术人才的争取尽快进入学科发展的最前沿。职业教育对于培养复合型人才、高层次技能人才和一线人才等也具有十分重要的作用。

环境对于人才成长的重要性就好像土壤等对于植物生长的重要性。作为政府和社会，要使创新型人才更多地涌现出来，关键是营造良好的成长环境和创新环境。

实践有很多种，如工作实践、生产实践等，人类劳动的性质主要有重复性劳动、模仿性劳动和创造性劳动。对于创新型人才成长来说，最重要的是创造性劳动的实践。

第五节　人才成长的部分规律和特点

一、综合效应成才规律

综合效应是人才成长的基本规律。

人才成长是以创造实践为中介、内外诸因素相互作用的综合效应。其中，内在因素是人才成长的根据，外部因素是人才成长的必要条件。创造性实践在人才成长中起决定作用。没有创造性实践，就没有人才及其发展，人的发展则永远停留在一般人群的发展水平上。

在人才成长过程中，内在因素和外部条件在其中的地位和作用是不相同的。内部因素是第一位的，外部因素是第二位的，但两者都不可缺少。内部因素主要指成才的综合素质，特别是智力因素、非智力因素和主观能动性等。外部因素包括自然环境、社会环境特别是教育环境等。现代教育在提高人才的综合素质、建立牢固的成才基础、尽快进入创新领域的前沿具有十分重要的作用。

人才成长是内外诸因素通过成才主体活动进行交互作用而引起的。

二、聚焦成才规律

聚焦成才规律是指在依据自己的最佳才能、选准成才目标的前提下，需要过滤信息，集中精力，目标始终如一，才能形成突破性的成才优势。

许多杰出人物认为，他们自己之所以能取得成果是因为能长期集中思考一个问题。而一些人的人生一事无成往往与其精力分散、目标多变有关。

立志成才者一生专心致志，通过坚持不懈的努力，争取取得突破性的成果。如贝聿铭一生专注于建筑设计，袁隆平一生专注于水稻育种等。2020年9月11日，习近平总书记在科学家座谈会上强调："科学家的优势不仅靠智力，更主要的是靠专注和勤奋，经过长期探索而在某个领域形成优势。"美国著名作家马克·吐温说："人的思维是了不起的，只要专注于某项事业，那就一定会做出使自己都感到吃惊的成就来。"徐光宪院士根据自己的人生经历也深有体会地说，人的一生中专业方向最好不改变，这样学术水平就能达到最高峰。"滴水穿石"这个成语充分说明了专注的巨大作用，激光的威力也是来自能量的高度集中。"长期积累，偶然得之"，说明了成功往往是优势累积的结果，是熟能生巧的结果。人一生的成就是一座高山还是多个丘陵甚至碌碌无为，主要取决于方向正确、专注以及勤奋。许多成功人士都有同感，人的差别主要在于如何利用工作八小时以外的时间。这八小时以外如何选择又与其价值观有很大关系。热衷事业的人将八小时以外都投入到他的事业上，终于取得了显著的成绩。

随着时代的发展，国家更迫切需要涌现出更多的世界顶尖人才、一代宗师、杰出企业家、"大国工匠"等高端人才，这需要许多条件，聚焦就是基本条件之一。

三、"根深叶茂"成才规律

"根深叶茂"是一个成语，也反映了人才成长的规律。人才成长与树木生长有许多相似之处，"顺木之天，以致其性"。如果我们将"叶茂"比喻成人一生事业的成就的话，那它的前提是"根深"。而只有志向坚定、用心工作、扎根事业、不断钻研，才能做到"根深"。

"安、专、迷"是许多人才成功的重要途径，它告诉我们，要成就一番事业，首先要安心，其次是专注并逐步达到痴迷的程度，这样才容易出成绩；只有"安、专、迷"，才能更好更快地做到"根深"。

四、勤奋成才规律

天才在于勤奋，奋斗成就人生。勤奋成才规律是最基本的成才规律之一。勤奋指做事尽力，不偷懒，将更多的时间用于成才目标，如勤学、勤思、勤练等。人才学认为，影响人才成长的主要因素是遗传、环境、教育、实践和主观能动性。其中，主观能动性的一个重要表现就是勤奋。

中外许多有成就的杰出人才均对勤奋有许多论述，如著名数学家华罗庚认为，"勤能补拙是良训，一分辛劳一分才"；俄国著名化学家门捷列夫说过："什么是天才？终身努力便是天才！"许多学历偏低的著名人才，经过长期努力在事业上取得杰出成就，主要就是靠勤奋，如爱迪生、华罗庚、许振超、张海迪等。

五、最佳年龄成才规律

研究发现，人的最佳成才年龄区是相对稳定的，各个领域的人才都有一个最佳的成才期。如在自然科学领域取得重要成果的最佳年龄区是25～45岁，峰值为37岁。当然，依专业领域的不同，最佳年龄区也有所不同，特别是随着人类知识的进步，最佳年龄区也会发生前移或后推的变化。但总体来看，人才的成长都要经过继承期、创造期、成熟期和衰老期四个阶段。创造期是贡献于社会的最为重要的时期。

六、最佳知识结构成才规律

知识海洋无涯,人生有限。要在有限的人生取得尽量大的成果,一定要"学而有涯",形成最有利于创造目标实现的知识结构。如爱因斯坦的学习方法是大脑只记住最重要的知识,其他知识尽量通过查阅书籍获得。牛顿的知识结构也只是在数学和物理方面特别突出。

七、扬长成才规律

扬长成才规律告诉我们,人的才能幼芽,具有质的多样性与量(长度)的差异性。这种差别是由天赋素质、后天实践与主观兴趣爱好不同而产生的。如有的人学外语,无论如何勤奋都不如一些语言天分好的人。一般而论,成才者是在最佳或次佳才能得到较充分发展的条件下,扬长避短走向成功的。

扬长,首先需要认准自己才能的长处,即最佳才能。才能是在实践中增长的,也只有在实践中才能得到认识。成才者大多是扬其长而避其短的结果。如杨振宁原来从事实验物理研究,后来他发现自己更擅长理论物理,事业方向调整后不久就获得了很大成功。对于领导者来说,扬长避短,是让其下属做他最擅长、最喜欢的事,有利于提高其工作效率,能在相同时段、相同投入的条件下取得最大成效。

经济学和国际贸易中有"比较优势"的理论,人的成长和发挥作用也需要"比较优势",个人要做自己最擅长、最有效益的工作,领导者要善于"知人善任",发挥下属的最大才能。

八、兴趣成才规律

兴趣是人的一种具有浓厚情感的心理活动。许多科学家都认为,他们能走上科学道路并且能做出成绩,对科学的兴趣是关键因素之一。如诺贝尔化学奖获得者田中耕一就说过:"学问的源头就是兴趣。"美国著名华人学者丁肇中教授就曾经深有感触地说:"任何科学研究,最重要的是要看对自己所从事的工作有没有兴趣,换句话说,也就是有没有事业心,这不能有任何强迫。"兴趣对科学事业的作用是这样,对任何一项事业也是这样,一个人如果想在某领域有所成就,一定要首先对该领域有浓厚兴趣,否则很难在该领域做出成绩。兴趣是创新的起点,也是成才的起点。

兴趣以需要为基础,具有倾向性、广度性、稳定性和效能性等特点。创新者只要对某项创新活动产生了浓厚的兴趣,就会钻进去,不知疲倦地工作,不畏艰险去闯。兴趣又与认识和情感相联系。若对某件事物或某项活动没有认识,也就不会对它有情感,因而不会对它有兴趣。反之,认识越深刻,情感越炽烈,兴趣也就会越浓厚。聚焦成才往往是指聚焦于某种目标、某种兴趣而成才。

九、岗位成才规律

岗位成才是大多数人比较现实的成才之路。岗位成才就是干一行、爱一行、钻一行、精一行，就是在工作中培养新的兴趣、新的特长，把工作看作事业，安心本职，专注本职，甚至痴迷本职，努力在本职岗位上有所作为。

本职工作是组织这部大"机器"所需要的一颗"螺丝钉"，这颗"螺丝钉"是否能闪闪发光，这个环节是否能有效率，取决于在这个岗位上工作的每个人的工作质量。每个岗位都有需要解决的问题，行行出状元，将组织发展目标和个人成才目标结合起来，是最容易得到领导支持、也最容易对社会做出贡献并实现成才的目标，因为这种做法解决了组织或社会所急需的问题。成才之路就在脚下，在本职岗位上也可以大有作为的事例举不胜举，如全国劳动模范、北京掏粪工人时传祥、天津码头工人许振超、许多"大国工匠"和脱贫攻坚扶贫先进人物等。

无数事例说明，人的兴趣可以转移和培养。工作经历是人的一生中的主要经历，无论你是凭兴趣选择工作，还是在工作中培养新的兴趣，职业是你成才的主要阵地。无论一个人小时候产生了什么兴趣，真正的兴趣应该是在工作中培养和巩固的。不是社会适应个人，而只能个人适应社会。在社会需要的工作中，你只有产生兴趣并且热爱它，你才能安心干、专注干并深入钻研，从而早日取得成绩。

十、毅力成才规律

毅力和兴趣一样，属于非智力因素。毅力在人才成长中具有十分重要的意义。毅力即朝着一个既定正确目标不懈努力。"古之立大事者，不惟有超世之才，亦必有坚韧不拔之志"，说明了在取得成就的道路上，毅力比才能更重要。"以兴趣始，以毅力终""顽强的毅力可以征服世界上任何一座高峰"，也是许多科学家的成功秘诀。毛泽东说过，"一个人做点好事并不难，难的是一辈子做好事，不做坏事"。应该说，在青年时代，很多人都有这样或那样的理想，但真正坚持下来并取得突出成就的，往往是少数。在平凡的工作中能够做出不平凡的成绩，也是"以初心始，以毅力终"的结果。如"大国工匠"等英雄模范人物。正如习近平总书记所说的那样："伟大出自平凡，平凡造就伟大。只要有坚定的理想信念，不懈的奋斗精神，脚踏实地把每件平凡的事做好，一切平凡的人都可以获得不平凡的人生，一切平凡的工作都可以创造不平凡的成就。"

十一、累积效应成才规律

累积效应规律指人要想成才，没有一定的量变是不可能有质变的，重要成果的取得都是优势累积的结果。人要成才一定要注意自己优势的累积。聚焦成才是一种优势累积的主要途径。

大凡事业上有建树的人，都勤于积累、善于积累。积土成山，积跬致远，厚积薄发。许多科学工作者认为，要想在科研中取得一点成就，除了需要科学工作者具有较强的"成就取向"之外，必须经过本学科的严格的学习与技能训练，具备本学科的专业素质与技能，必须有十年以上的积累（即"十年规则"）。通过大约十年的努力学习、勤奋工作，具备积极进取的心态，才有可能取得成就。

十二、实践成才规律

人才在实践中成长，这是人才成长最根本、最管用的规律。

实践的观点是马克思主义最为基本的观点。人们要想得到工作上的成就即得到预想的结果，一定要使自己的思想合于客观外界的规律性，如果不合，就会在实践中失败。工作的根本任务就是在实际工作中发现人才，在使用过程中评价人才，在干事创业中培养人才。把以用为本的理念贯穿于工作的方方面面，坚持用当适任、用当其时、用当其才，在实践中发现人才、培育人才、锻炼人才、使用人才、造就人才。

没有理论指导的实践是盲目的实践，任何成功的实践都是理论和实践密切结合的实践。

"猪圈岂生千里马，花盆难养万年松。"艰苦的经历也是一种重要实践，而且往往更有利于人才的成长。人才往往是特别能吃苦的人。有志气的人往往都愿意主动吃苦，有意识地锻炼自己吃苦耐劳的精神。

在众多实践中，只有有效的创造实践对成才具有关键作用。

实践包括动脑又动手，许多有为者与无为者的分水岭就在这里。如哥伦布发现新大陆，莱特兄弟发明飞机，毛泽东很重视调查研究，等等。

十三、人才资本成才规律

人才资本成才规律指人才资本的多少决定成才概率的大小。

美国著名经济学家舒尔茨首次提出人力资本理论，认为穷国和富国最大的差别就在于以教育投入、健康投入等为主要内容的人力资本的不同。人力资本理论是许多国家实行的"技术立国""科教兴国"战略的理论基础。

在这个基础上，有学者提出"人才资本"的概念，人力资源即有劳动能力的人口，人才资源即人力资源的优秀部分。人才资本由显性资本和隐性资本所组成。其中，显性资本主要指一个人受正规教育的年限，隐性资本主要指一个人的自学和从事创新的时间。只有显性资本和隐性资本都尽量大的人才能在自己的人生中取得更大成就。

十四、适应未来成才规律

所谓人才，就是贡献较大的人，就是紧缺的人，就是适应和引领时代发展的人。要成为人才，一定要有前瞻性，着眼未来，适应未来。

人类的发展史就是生产力不断进步的历史。多次工业革命，均是机器部分或全部替代人的体力和脑力，使产出效率效益成倍提高，极大提高了人类改造自然和社会的能力。任何对这个"历史必由之路"做出贡献的人都是人才。把更多的事情交给机器去做，把创造力留给人类，这也是历史发展的必然。

有专家提出，智能化时代人的最重要素质有以下五点。

（1）对VUCA（易变性、不确定性、复杂性、模糊性）的高度适应性；主张容忍并快速适应模糊、复杂、不明朗、难以预测的环境，把控自己的情绪不受影响。

（2）能够高效处理信息。

（3）能够以跨界思维实现持续创新。

（4）要有新型的客户中心的思想，能够实现动态和迅速回应。

（5）要有学习的敏锐度，包括对于应知、应学内容的敏感性以及学习过程和反应的敏捷性。

许多数字经济的"弄潮儿"就是开拓未来的人，也是我们时代的杰出人才。

第六节 创新型人才的培养

创新型人才的培养，就是立德树人，培根铸魂，启智润心。按照创新型人才成长规律，尽快培养出更多、更好的创新型人才，特别是拔尖的创新型人才。

有专家将创新型人才的发展大致分为五个阶段。

（1）自我探索期。以当事人从事各种各样探索性活动为出现标志，以确定自己的兴趣点以及在某一方面有突出表现为这个阶段的结束标志。年龄大约为从出生到小学毕业。

（2）才华展露与专业定向期。在这个阶段，当事人逐渐地将兴趣集中于探索某一方面。年龄大约在中学阶段。

（3）集中学习与训练期。当事人已经发现自己特别喜欢某一学科，或者在某一方面展露出特别的才华，以至于他们决定将这一领域作为自己终生奋斗的方向。年龄大约在大学阶段。

(4) 创造期。以发表一系列高质量的研究论文或研究成果为标志，最后做出了具有代表性的创造性研究成果。在这个阶段，确立正确的研究方向很重要。

(5) 创造后期。大多数人主要把精力投入到培养学生上，或将自己的研究成果转换成实际的产品等。

如何培养更多、更好的创新型人才？良好的教育是培养创新型人才最关键、最基本的途径。在许多领域美国拥有世界上最先进的科学技术、最多的世界一流大学等。中国和美国的教育都各有缺陷和长处，我们应该全面看待和分析并取长补短，并形成更完善的具有中国特色的新型创新型人才培养体系，美国一些顶尖人才也不一定是美国本国培养的。2014年6月9日，习近平总书记在"两院"院士大会上也指出，要按照人才成长规律改进人才培养机制，避免急功近利、拔苗助长。2015年3月23日公布的《中共中央 国务院关于深化体制机制改革加快实施创新驱动发展战略的若干意见》中对如何创新培养、用好和吸引人才机制有了专门论述，比如，要"围绕建设一支规模宏大、富有创新精神、敢于承担风险的创新型人才队伍，按照创新规律培养和吸引人才，按照市场规律让人才自由流动，实现人尽其才，才尽其用，用有所成"；要"构建创新型人才培养模式"；要"开展启发式、探究式、研究式教学方法改革试点，弘扬科学精神，营造鼓励创新、宽容失败的创新文化。改革基础教育培养模式，尊重个性发展，强化兴趣爱好和创新性思维培养"；要"以人才培养为中心，着力提高本科教育质量"；要"分类改革研究生培养模式"，"稳步推进高等教育国际化进程"；等等。这些精辟思想均凝聚了中外许多专家、学者的智慧。

中国教育的长处是重视知识基础和全面发展，但对创造性思维、动手能力等创造能力的培养不足，实验条件和创业等实践条件也比较欠缺。

显然，我国要培养更多的创新型人才，必须在继续保留自己优势的同时，取长补短，因势利导，大胆改革，很好吸收美国等发达国家的先进教育理念，更重视创新意识、创新精神和创新能力的培养，并不断改善实验条件，努力探索一个更好的创新型人才培养模式。

许多教育工作者、科技专家和企业家都对如何更有效地培养创新型人才进行过许多探索。

一、钱学森有关创新型人才培养的部分重要思想

钱学森是世界著名的科学家，也是我国著名的创新教育家。他的成长与两所学校良好的学习和创新氛围密切相关，一是北京师范大学附中，二是美国加州理工学院。他一生所取得的丰硕成果不仅来源于丰富的知识，而且来源于不断创新。关于如何培养创新型人才，他提出了不少精辟思想。

（1）大学的发展一定要办出特色和优势，要有各种类型的学校，要配套。

要有自己的独立思考和深刻见解，并且比较深刻。不管遇到什么情况都不能动摇，要开拓一个领域，总会出现这样那样的困难，甚至失败。你若放弃，就失去了前途，就不会有将来的事情。

（2）一定要不断创新，创办一流大学的关键在创新。办学要创新，教育教学、人才培养模式要创新，学校管理也要创新。

（3）我们一定要有信心和勇气，敢于创办我们国家和世界上从来没有办过的大学。

（4）努力培养在科技前沿勇于攻关突破、有所创造、有所发明的创新冒尖人才。

（5）"创新、拔尖、攻关、突破、瞄准前沿、抢占制高点"是钱学森最为关注的。

（6）要创办马克思主义创新教育学，要深入研究创新型人才的成长规律。

（7）创新是大学办学育人的灵魂和动力，学科建设必须立足科学前沿创新发展，科学研究必须在制高点上攻关突破创新。

（8）紧随现代科学技术的发展前沿，不断地开拓创新。

（9）美国大学的办学理念是"活"的。如加州理工学院是世界一流大学，该校从不追求学生数量，将办学质量放在首位。学生始终保持在2000人左右，研究生比本科生稍多一点；学科只求精，不求全。理工结合，教学与研究结合，是这所大学办学与培养人才的主要模式。他们培养出来的人却是攻关的、突破的。我们要借鉴加州理工学院、麻省理工学院这样的世界一流大学的办学模式，在办学育人上敢于创新。

（10）加州理工学院的发展不面面俱到，但只要有的学科就要在全世界的大学中做到最好。

（11）营造浓郁的创新文化教育是打造创新拔尖人才非常重要的因素。

（12）钱学森说："我一生先后改行八次，早年在交通大学学的是机械专业，到美国又改学空气动力学，后来又搞弹性力学、物理力学、火箭与火箭发动机、工程控制论。回国后搞导弹与航天，现在又在搞系统工程与系统科学。但我每次改行都改得比较顺，根本原因是基础与专业基础打得扎实，多年来我一直注意基础学习。"所谓优秀学生就是要有创新，没有创新，死记硬背，考试成绩最好也不是优秀学生。

（13）培养和衡量优秀学生，主要体现在创新精神和创新能力上。何为培养高质量高水平的尖端技术人才？就是不要将目光盯在高分上，而重在将来能否勇于攻关突破冒尖。

二、由中共中央组织部人才工作局编的《百名专家谈人才》有部分对创新型人才培养方面的重要思想

（一）重视教育特别是大学培养

（1）要真正实行教授治校。
（2）对基础研究人才的培养应该是少而精的精英式教育。
（3）人才培养和使用要注重实际，尊重规律。
（4）安安心心把教育搞好，人才才会被培养出来。
（5）人才培养是从幼儿园开始甚至是从婴儿开始的，在小学和高中阶段就可能形成一个人的性格。
（6）校长应该是有志于教育、适宜于搞教育的人。
（7）要重视本科生教育，名师、教授要上讲台。
（8）创新思维的能力植根于文化，形成于教育，是一个人性格和人生观的反映。
（9）当前一些年轻人追求高学历的主要动机是为了就业于好的单位，谋得更高的职位，具有高层人士的身份，而不是对科学的热爱。
（10）从诺贝尔奖得主和我国"两院"院士的成长看这两类科技拔尖人才的培养主要是通过两段式（有"科教结合"的学习背景）、双通道（国内外两种学习经历）、长周期（从本科到博士生教育）、三因素并重（知识、能力、素质的综合品质）、五步法（"价值教育—通识教育—基础教育—专业教育—实验教育"的成长路线）等路线培养。
（11）要形成科教结合、校所结合、理工结合、理论与实际结合的科技拔尖人才培养模式。
（12）培养人才要讲究高精尖，做学问要做到最高处、最精处、最尖端处，才是了不起的人才。
（13）培养创新型人才，关键是教给学生获取知识的方法，使学生能独立地刻苦自学。"为学能自得师"，自己找到学习的方法，走上自学的道路，才能不断前进。
（14）注意学习西南联合大学的办学经验。
（15）改进博士生培养，提高我国原始创新能力。博士生原始创新能力不强，是我国原始创新能力不足的重要根源；要把"原始创新"作为博士论文的第一标准；博士论文选题在思路上要敢于"超美"；要为博士生导师减负，为博士营造好的学术环境。
（16）不断深化教育体制机制改革。大学如果只能适应社会，而不能引领社会，就永远成不了世界一流大学；人才如果只能适应社会而不能创新，就永远成不了杰出人才。

(17) 世界顶尖级人才的缺乏，是我国建设世界一流大学的瓶颈问题。

(18) 要重视对青年人才的培养。

(二) 高度重视科学研究

(1) 注意打好基础。创新型人才必须具有扎实的知识功底，创新思维应以广博的知识底蕴为前提。只有打好基础才能取得有价值的科研成果。

(2) 要注意理论联系实际。搞科研就要坚持在科研一线去探索。用中国人的办法，解决中国需要解决的问题，就是一种创新。

(3) 学术上的自由思想和自主探索很重要。科学研究要敢于质疑，提出问题比解决问题重要，质疑是解决问题的出发点、技术创新的原动力和获得成功的先决条件；根据每个学生的兴趣和爱好，充分发挥他们的特长，让学生自由思考、自由表达，是培养创新型人才的关键和灵魂。而且，至关重要的是有献身科学、自由探索、追求真理的科学精神和氛围。具有创新思维能力的杰出人才，往往具有特立独行的坚毅性格，提出自己独到的观点，敢于坚持与众不同的意见，甚至会做出一些超越常规之事，敢作敢为，不害怕被孤立或受到家人亲友的谴责。遭遇失败也不会轻言放弃，而是要坚持做出结果。

(4) 要树立正确的思维方法。科研人员要学会用辩证唯物主义哲学指导科学实践，树立正确的思维方法。要做到大胆假设，小心求证。科学假设是一种"逆向思维"。同时，要善于运用直觉思维，把握灵感顿悟；具有自由飞翔的想象力，突破常规的创造力，对于创新型人才十分重要。

(5) 搞科研不能怕失败。

(6) 要注意团队和大协作。

(7) 要站在世界一流起点、参与世界一流竞争、做出世界一流成果。我国现有科研成果是跟踪模仿多，自主创新少，原始创新更少。

(8) 大力倡导甘于寂寞、潜心钻研、严谨治学、乐于奉献的精神。敢于做大学问，出大成果，而不要浮躁和急功近利。科学家的第一个本事就是耐得住寂寞。

(9) 要根据项目组织人才开展研究。通过大工程锻炼人才，培养人才，特别是培养尖子人才。

(10) 大跨度学科交叉，对于激发创新思维具有重要意义。

(11) 要重视社会科学创新人才的培养，建立社会科学成果的评价机制。

(12) 重大创新成果造就科学大师；而大成果产出必须要有一个学术气氛浓厚、宽松的环境，有一个静心搞学问的氛围，宽松、自由的科研环境。只有站在科技发展的最前沿，站在巨人的肩膀上才能出大成果。

(13) 培养科技领军人才的四个关键环节是：①尽早识别和发现科技领军人才，并敢于委以重任；②使科技人才经受长期磨炼，在挫折中成长；③营造良好的传帮带机制和育才环境；④广泛交流，不断激励，打造素质全面的科技领军人才。

（三）正确认识创新与不断改善创新环境

(1) 要培养创新型人才，首先要清楚地认识创新，提倡创新，增强创新意识。

(2) 许多重大科学发现并不都是在国家重大项目、高级实验室和雄厚资金支持下由学术权威完成的。

(3) 其实，创新是一种精神、一种氛围和一种文化现象。一种崇尚科学、追求真理、宽容失败、鼓励争鸣、不畏权威、提倡求异的精神和氛围。

(4) 谋创新之才与营造成长环境并重，"鱼"与"渔"并重。营造创新型人才的成长环境是根本性的百年大计。创新拔尖人才不是培养出来的，是自己冒出来的。

只有创造了宽松的条件，拔尖人才才会成批地茁壮地冒出来。

(5) 国家整体科技水平的提升比获诺贝尔奖更重要。

(6) 对于一个杰出人物而言，创新思维的动力主要不是为自己谋求更好的生活和物质待遇，而是出自对其所从事的事业的热爱，出于这个人对某个现象或不了解的问题的强烈好奇心。当追索事物的本源、深入事物的核心、发现新的现象、开阔新的视野能使他感受最大乐趣的时候，他就逐渐接近了创新思维的境界。这种境界不是在受到外部高压下出现的，也不是为了达到某种功利的目的刻意追求的。而是一个人思维走向内在需求，是他自己所喜欢的行为方式，是人格的体现。

(7) 我们的一些环境基本上是不鼓励、不提倡公开讨论有不同意见的问题。一个人如果对事物发表了与众不同的见解，特别是与上级领导所希望的意见相左，就有可能受到或明或暗的压力。这是一种不鼓励你大声说出与众不同的意见的文化氛围。这与有独立主见、不会轻易附和的创新性格是背道而驰的。

(8) 要鼓励自学成才。但对于自学成才者，一是要建立正规的推荐渠道；二是政策上要保护自学成才者；三是政策对有创造潜能的自学人才倾斜；四是一定要因材施用，把人才安放在他最能发挥作用的岗位上；五是对这些人才要加以教育。

(9) 管好人才、用好人才。①尊才、重才、爱才、惜才的关键，是树立大人才观，不拘一格选人才、用人才，对人才首先要信任。奇才大器者往往个性鲜明、瑕瑜互见。要从主流和大节上去看一个人才。②要有针对性地培养人才，并形成以老带新的氛围。③要用好人才，他适合做什么，就安排他去做什么，避免误用人才。④不要把人才的退休年龄卡得太死。⑤不要随便处理人才。⑥要保护和管理好人才，并大胆地奖励人才。⑦我们的社会要有发现、扶持"偏才"的机制。⑧我们要有一个鼓励人才、引导人才、爱护人才、帮助人才成长的环境和机制。让他们个个都觉得自己的前途有希望。

（10）我们要拥有一支达到世界顶尖水平的庞大科研队伍，以及一批能培养大批创新型杰出人才的世界一流大学和强大师资。

（11）要大力引进海外高层次人才，但引进海外尖端人才要引得进、留得住、用得好。

三、部分诺贝尔科学奖获得者的看法

（1）华人诺贝尔物理学奖获得者李政道认为，培养人才最重要的是培养创造能力。

（2）华裔诺贝尔化学奖获得者朱棣文认为，美国学生的学习成绩不如中国学生，但有创新及冒险精神，往往能创造出一些惊人的成就；创新精神强而天资差一点的学生往往比天资强而创新精神不足的学生能取得更大的成绩。

（3）华裔诺贝尔物理学奖获得者丁肇中认为，成功在于勤、智、趣。"勤"就是勤奋，包括学习专业知识时注重深度和广度，包括广泛涉猎教科书以外的知识。"智"就是独立思考，以智取胜。"趣"就是兴趣和事业心。丁肇中还认为，"天天读书、成绩优秀并不代表在科学上就能取得成就"；"书里写的都是别人做过的事情，科研是要求做别人未做过的"；"我们不能跟在别人后面，要做点别人没做过的事情"。

（4）2011年诺贝尔化学奖得主以色列理工学院教授达尼埃尔·谢赫特曼博士认为："作为大学生，首先，你要选择一个自己真正感兴趣的领域，通过学习和研究，成为这个领域中的一流专家。成为专家还不够，之后你必须进行开创性的研究，甚至成为一个学科的创始人。这要求你要善于跳出传统的框架来思考，尤其要善于提问。"

（5）1992年荣获诺贝尔生物化学奖的费舍尔教授认为，有空间才可能有想象力。他认为，"小时候的经历告诉我，教育应根据两种情形进行，第一种是强迫手段，对孩子强迫灌输信息、知识；另一种就是给孩子很大的空间，选择他自己想关注的事物"。费舍尔认为，"给学生空间"太重要，因为有"空间"，才可以无限想象，才能进行创造。他举了牛顿的例子："牛顿在剑桥大学读书时并不是最好的学生。后来因为有流行病，学校放假两年。这两年，牛顿在英国北部一个小镇进行他的研究，两年后回到学校时，他提出了'万有引力定律'。因为在北部小镇的自由空间里，他的想象力提高了。"费舍尔自己走上科学之路也和"空间"有关。他15岁时，偶然读到一本关于肺结核的书，受到启发，立志成为微生物家。后来他的大部分时间都用在两件事上：弹钢琴、读大量的课外科学书籍。前者是他的爱好，后者则是他的追求。他说，他读书时并不是成绩特别好的学生。他特别强调基础教育时期的"空间"很重要，他说："比较起来，美国的中学教育确实不太好，但学生一进大学就处在研究生学习的状态，这种学习状态比欧洲任何国家都好，主要是中学时期他们的想象力没有被限制，这是中学时代打下的基础。"

四、如何培养创新型人才

如何更有效培养更多适应新时代需要的创新型人才,教育部和各类学校特别是高校均进行了许多卓有成效的探索并采取了许多有效措施,如教育部要求各高校要准确把握高等教育发展大势,超前识变,积极应变,主动求变,积极推进以本科教学改革为重点的质量革命,唤起质量意识,建立质量品牌。并鼓励大胆发展新学科,认为积极发展新学科标志着中国高等教育要从跟随跟跑开始转到并跑领跑。同时,教育部还出台了许多措施,如基础学科拔尖学生培养计划2.0、卓越人才教育培养计划2.0,要求全国大学都要开设创新创业课程,等等。

(一) 进一步明确人才培养目标,不断深化我国教育体制改革

教育战线仍然是培养创新型人才的主渠道。早在20世纪80年代,邓小平就提出了"教育要面向现代化,面向世界,面向未来"的重要思想;习近平总书记曾明确指出,抓创新就是抓发展,谋创新就是谋未来。我国已进入以实现"中国梦"为主要目标的新时代,大力培养更多的高水平的创新型人才是时代对教育系统提出的最紧迫任务,也是衡量教育系统特别是高校培养人才质量的主要指标。因此,"面向创新"不仅是当今落实"三个面向"最重要的内容,而且也应该成为中华民族的一个永恒的发展理念,坚持走中国特色社会主义道路也就是坚持创新。

(二) 加快构建以高水平创新人才培养为核心的大学教育模式

模式指事物的标准样式,也指解决问题方法、经验的升华和理论总结,它可以是一种制度,也可以是一种流程,它反映了人们对某种客观规律的认识程度,并在实践、认识、再实践、再认识的无穷循环过程中不断深化和完善。中国要早日实现"中国梦",一定要在科学总结古今中外优秀教育成果的基础上形成具有中国特色的符合世界发展潮流的高效培养高水平创新人才的大学教育模式。

(三) 遵循创新型人才培养规律

(1) 思想上高度重视,深刻认识到培养更多更高水平创新型人才的紧迫性。

(2) 采取有力措施,真正做到全员育人、全过程育人和全方位育人。

(3) 严格要求学生,如严进严出保持一定比例的淘汰率等。

(4) 切实抓好创新教育。要通过多种途径,让大学生真正树立较强的创新意识,并掌握更多的创新性思维和创新方法,尽早明确人生目标和进入创造阶段;其中创新教育是以培养人们创新精神和创新能力为基本价值取向的教育。创新教育是素质教育的重

点和灵魂，是培养创新型人才的关键。

（5）在本科阶段，引导大学生们早日从事科研工作和其他创新实践，在理论与实践的结合中不断提高自己的创新能力。

（四）加快培养创新型教师的步伐

创新型教师是指那些具有创新教育观念、创新性思维能力和创新性人格，具有丰富知识和合理知识结构，积极吸收最新教育科学成果，善于根据具体教育情境灵活应用各种教育方法，努力发现和培养创新型人才的教师。要培养更多的创新型人才，关键是看能否有更多的创新型教师。

（1）教师是培养人才的主体。要抓紧编写培养创新型人才的专门教材，让教师了解创新教育的重要意义和具体内涵。

（2）提供更多的培养创新型教师的学习、实践和交流机会。

（3）在对教师工作量的评价上，对在积极推动教育创新、培养创新型人才有成绩的教师给予政策倾斜和多种形式的鼓励。

（五）专业设置和课程设置是重点

学科发展和专业设置是高校的基础，发展什么学科、设置什么专业，既要符合国家发展需要和社会需求变化，也要符合本校的定位和特色。一所名校的发展，一定是扬长避短、有所为所不为的。

时代需求是变化的，专业结构也需要不断优化和"吐故纳新"。教育部最近也明确提出要全面推进"四新"建设即"新工科、新医科、新农科、新文科"，对不符合学校办学定位和特色的专业要坚决撤销。

课程教学是高校培养人才的主要形式，努力建设更多的"一流课程""精品课程"，在许多高校已经实施多年。建议适当增加创新学等与创新有关的课程作为选修课或必修课的设置，并在学分上给予体现。让学生们在大学阶段就树立较好的创新意识并掌握一定的创新本领。

（六）理论联系实际是主要途径

如果说课程设置主要是学习书本知识并掌握一定的技能，那积极参加科研实践、发明实践和创新创业大赛等则是创新实践。我们只有将理论与实践紧密结合起来，才能真正培养出更多更好的创新型人才。其中，产学研更紧密结合，是理论联系实际的重要途径。

（1）问题、压力是创新的重要源泉。生产第一线要不断提高劳动生产率，会有许多亟待解决的问题，这是高校培养创新型人才的重要"熔炉"。

（2）对于许多高校来说，要加强产学研更紧密结合，多从生产第一线中要创新课题，并在解决实际问题的过程中取得创新成果。

（3）高校实验室的成果只有与产业相结合，才是更有意义的创新。

恩格斯说过，社会一旦有技术上的需要，这种需要就会比10所大学更能把科学推向前进。顺势成才也是人才成长的重要规律。面向现代化、面向世界一流、面向创新，积极投身"大众创业，万众创新"的伟大事业中去，大批创新型人才就会在这个过程中涌现出来。

（七）多管齐下是重要手段

学校教育、家庭教育和社会教育要多管齐下。有专家认为，影响创新型人才成长的关键因素主要分为系统教育、时代特征、自身因素、人生际遇、文化环境和家庭环境六类。

营造良好的创新环境是社会教育的重要方面，它包括以下7个方面。

（1）营造以创新为荣、以创新为乐甚至以创新作为人生的最崇高目标的文化氛围，鼓励冒险，宽容失败。

（2）创新不仅需要创意、创客，也需要创投和创境才能成功创业。许多发明人缺的是资金和指导；对于初出茅庐的大学生创业者，社会更要多做雪中送炭的工作。

（3）要有创新人才集聚的氛围和条件，如高水平大学、研究机构、实验室、孵化器和加速器以及专业服务机构等。

（4）继续积极鼓励青年人出国留学特别是到创新型国家留学，努力学习国外发达国家的教育理念、方法并尽快进入创造前沿和取得创造成果，但也要引导他们通过多种方式为振兴中华服务。

（5）培养创新型人才，不仅是教育战线的责任，也是整个社会的职责。所不同的是，教育战线的培养主要是学历性培养，是人才成长关键时期的基础性培养。而社会的培养主要是使用性培养，终身教育的培养，是见效较快和出成果更关键的培养。如果没有日本岛津公司珍惜人才和善于使用人才，该公司研发工程师田中耕一也不可能取得突出成就。另外，珠海格力电器集团提出了"全员创新"的重要理念；韩国三星集团等著名企业很重视对员工进行创造性思维和创新方法的培训，培养了一大批创新型人才，为这些企业走在时代的前列发挥了重要作用。社会的培养重点是营造良好的人才成长环境和提供创新事业平台。为了加快创新型人才的培养，各行各业的培训都应该将创新学和人才学的基本知识作为必修课程或选修课程，并积极给予应用。

（6）无论是学校培养还是社会培养，都要遵循创新型人才成长和管理规律，并不断改革不符合人才成长规律的一些旧体制、旧理念、旧模式,如在高校缩短掌握基础知识的时间,增加应用知识和创新理念和能力培养的学分,促使创新型人才更快成长。

(7)政府和社会要继续积极营造创新型人才成长的良好生态环境,不断改革不利于创新型人才成长的各种旧体制旧观念,特别是切实用好人才评价这根"指挥棒",真正做到不唯学历、不唯职称等而主要看成果看业绩。世界上许多顶尖人才的成长轨迹多种多样,固然主要是大学培养的,但也有学历偏低主要靠自学的,有"半路出家"的,有"不务正业"的,有"大器晚成"的。让人的才能充分发展,让人的潜力充分展现,这是西方教育的重要理念,在社会主义中国更应做得更好。"没文凭有水平也行",这是当年《春天的故事》词作者蒋开儒57岁南下深圳应聘时用人单位的观念。这个明智的决定让深圳当年接纳并成就了以蒋开儒为代表的千千万万有才能的深圳创业者。

不断激励各类创新型人才也是营造良好创新生态环境的重要方面。如开展"2020年最美科技工作者"等活动。

(八)自我教育、自我培养、自我激励是根本

创新型人才的成长,外因只是条件,内因才是根本。自我教育、自我培养、自我激励在人才成长中具有关键作用。人才个体的成长也要从小立志创新,将有所创新作为实现自己人生最大价值、为社会作出最大贡献的很重要的途径,扎扎实实从各方面提高自己的综合素质特别是学习力和创新力,并不懈努力,久久为功。

(九)重视对大脑的深入研究

人类的发展潜力和独特竞争力主要在大脑,身体健康特别是大脑更优质是更高水平创新型人才成长的基础。故重视对大脑的基础研究,更深入地弄清人类更聪明的先天后天主要因素,不断向脑科学的广度和深度进军无疑十分重要。可喜的是,这方面的研究国家早已有布局并已形成一定的规模,如云南西双版纳就有一个由留学归国人员领衔并以自筹资金为主的"脑科学"国际科技合作基地。

要成为创新型人才并不是高不可攀,关键是心中要有榜样,要有目标,要坚韧,做到敢于创新和善于创新,即不仅能发现问题、提出问题、分析问题,而且能付诸行动,从而使问题得到解决,在这个过程中实现创新。

第七节　影响创新型人才成长的主要障碍

在任何一项创新中，人们都会不同程度地遇到一些困难和束缚，这些阻碍创新的各种因素，统称为创新障碍。

创新的障碍包括主体障碍、客体障碍和环境障碍。

主体障碍包括基础障碍、思维定式障碍、从众心理障碍、信息饱和障碍、过分严谨障碍、思想障碍和实践障碍，它们主要是来自人本身特别是人的大脑，是主观形成的，完全可以克服和控制。

客体障碍主要是指发明目标或研究客体本身的复杂程度和难度所形成的障碍。研究课题确定的同时，客体障碍也就自然形成了。创新程度越高，客体障碍度也越高。

环境障碍主要是指发明对象的社会背景和现实物质条件所造成的障碍。由于环境障碍的客观性，在选择创新课题时要注意从事某项创新的各项条件是否具备，特别是基本的物质条件。

下面主要讨论主体障碍。主体障碍主要包括以下七种障碍。

一、基础障碍

基础障碍指由于一个人的基础不行而导致无法成为创新型人才。

基础包括一个人的品德基础、知识基础、能力基础、健康基础和动机、毅力等非智力因素。培养创新人才的关键是提高青少年和青年的创造意识和创造能力。当今社会个别大学生学习成绩很好，然而仅与同窗产生一些矛盾就下毒手；大学生自杀问题几乎每年都出现；不少贪官在学历、智力和能力上并不差，却知法犯法，倒在了"德"上面；一些青年人是理想的巨人，但一遇挫折就"看破红尘"或只追求实惠……这些问题都与基础不稳有关。

二、思维定式障碍

思维定式障碍是人们思考问题时的一种思想惯性，主要是人们的思想长期受所处的社会环境熏陶、潜移默化、日积月累而形成的。人们总是根据自己的经验和已有的知识去考虑问题。思维定式有正负之分。如一个人在青年时期就形成了正确的世界观、价值观和人生观，这种正向的思维定式有利于创新型人才的成长。但负向的形成思维定式障碍，如思想僵化、主观固执等，不利于创新型人才的成长。思维定式障碍与人的年龄关联最大。随着年龄的增长,其思维定式障碍也会增长。经验就是积累,人们在不断积累经验的同时,也在不断地建立其扼杀创造性思维的障碍。

三、从众心理障碍

从众心理障碍是指一个人屈从于大多数人的见解,不敢坚持独到见解、畏惧传统观念、害怕担风险的思想障碍。它所表现出来的是一种"趋同"势态,是人们行为盲从的一种反映。

有时候,真理掌握在少数人手里。例如,16世纪以前,"地心说"束缚着人们的思想长达1000多年,很多人从不怀疑"地心说"。科学家哥白尼经过大量的天文观测和推导计算之后,提出了著名的"日心说"。由于当时的宗教神学盛行,很多人怀疑和诋毁他的学说,但他不为所动,坚信自己长期观察得出的结论。当有人说"地心说"完全可以解释天地之间的现象时,哥白尼回答道:"我们看到的日升日落现象,就如同我们坐在船上认为两岸在运动,而不是船在运动一样","宇宙的中心是太阳,而不是地球,地球围绕着太阳转,同时它还在自转,这才形成了太阳东升西落,季节交替变化"。

四、信息饱和障碍

信息饱和障碍是指大脑中装了过多的信息,堵塞了自由思考和想象的途径,影响了创造性设想和方案的产生。信息饱和使人们对各种设想和方案都有一个现成的规则和评价标准,觉得这也不能做,那也用不着做,似乎根本就没有创新的必要性,创新没有用武之地。

在知识经济时代,信息处于大爆炸状态,通过多种渠道蜂拥而至的信息往往使得人们频繁应付甚至无所适从。只有经过筛选和过滤,利用有用的信息,舍弃无用的信息,才能通过信息整理发现突破口,找到创新的关键点。

五、过分严谨障碍

过分严谨障碍是指人们只习惯于非常严格确定的思路,不敢有任何夸大和缩小,不敢有任何想象和自由发挥。

这种障碍自以为实事求是、严格认真、有理有据,须知这种思想只在已有科学知识成果运用时才显得十分必要,而对于创新来说,过分严谨会产生明显的消极作用,它使人们只能在已知领域里转来转去,不能深入未知领域从事创新性的工作。

实际上,科学技术中严格确定的东西都是有一定适用范围的,也都是相对于一定时期人们的认识水平而言的,更何况假说很难十分严格。例如,宇宙大爆炸理论允许有大胆的假设、大胆的想象。如果过分追求严谨,不允许有任何不够成熟、严谨的设想和方案存在，那就会抑制人们的创造愿望和热情，使任何科学技术方面的新生事物无法产生和发展。

六、思想障碍

一些人对创新的重要意义认识不足，存在一定的自卑感。也有一些科研人员对科研热心，但对科研成果转化为生产力不热心……这些现象都反映了社会一些群体对创新的基本知识不了解，并存在许多模糊认识。

七、实践障碍

很多人只是停留在有一个好创意，但没有去实践，最终没有取得创新成果。如1492年哥伦布发现了美洲新大陆。他回到西班牙后，却遭到一些人的嫉妒，那些人说这么简单的事，任何一个人都可以去发现。世上往往有很多看似简单的事情，却只是停留在愿望、理念上而没有去实践，所以荣誉属于哥伦布是当之无愧的。创新不仅要有一个好创意，更要善于"动手"和"笃行"，敢于实践，善于实践。

第八节　时代呼唤更多的创新型人才

党的十八大以来，中国进入以实现中华民族伟大复兴的"中国梦"为主要目标的新时代，党的十九大又进一步明确了到2035年和21世纪中叶的奋斗目标。在中国共产党的领导下，中国人民万众一心，沿着中国特色社会主义道路，向伟大复兴奋勇前进，在国际上没有任何力量能够阻挡中国人民和中华民族的前进步伐。要实现我们的奋斗目标，不断创新发展是关键。故新时代对能否培养更多的高水平创新型人才提出了进一步的要求。

一、全面发展具有中国特色社会主义事业的建设者和接班人

我们所需要的创新型人才，一定是在中国大地上为"中国梦"的早日实现做出突出贡献的人，首先是有良好思想品德和健康身体的人。有才无德是危险品。

我们强调全面发展，不仅是德、智、体、美、劳全面发展，也是"智商"和"情商"协调发展。

二、全面发展具有个性（专长）的人才

新时代需要的人才，全面发展是基础，创新和贡献是根本。只有学有专攻、干有所长、乐于奉献的人才能为社会做出更大贡献。

三、适应面广的T字形结构的复合型人才

新时代所需要的人才，一定是复合型人才，即适应面广但有自己的特色和优势，并在某方面争取有所突破。

四、高精尖缺人才

某行业、某项目的领军人才以及各行各业的高精尖缺人才是我国走向高质量发展的瓶颈问题。高端人才既包括顶尖科学家，也包括大量的技能型人才。

五、德才兼备、追求卓越的高水平人才

追求卓越，是时代的迫切需要，也是创新型人才的人生目标。

六、适应今天和引领明天发展需要的人才

创新型人才一定是适应今天和引领明天发展的人才，也一定是面向当今时代和创造未来相统一的人才。创新型人才不仅需要敢于创新，而且要善于创新。善于创新就是不断提高创新成果的生产力，在有限的人生里，取得更多更大的创新成果。

要使我国尽快拥有更多更好的创新型人才，建议进一步在以下16个方面下功夫。

（1）正确处理好发展、创新和人才之间的关系。社会主义的根本任务是发展生产力。作为生产力诸因素中最活跃的因素，人才是人力资源中的优秀群体。只有创新发展才是更快的发展、高水平的发展。发展、人才和创新三者均是相互依赖、相互促进的辩证关系。

（2）要聚焦"构建具有全球竞争力的人才体制机制"和"聚天下英才而用之"而不断深化改革和扩大开放，通过制定合理的政策不断吸引海内外各类高精尖缺人才的加盟。这个新型的人才体制机制是全方位的，不仅指高水平人才的引进，也包括高水平人才的培养和使用等。

（3）大力发展各类教育是培养创新型人才的主要途径。对于高校，首先要通过创建"双一流"大学等形式，充分发挥这些高校的重要作用，为各地发展培养出更多高层次人才。但也要充分利用国外名校的优势。对于高校专业的设置要有前瞻性，要重视培养未来人才。

（4）青年是创新驱动最活跃的社会群体。要在各类学校中通过选修课、必修课等形式，大力普及创新学和人才学，使在校学生在校学习期间就树立创新意识并自觉增强创新能力，不断提高各类学校毕业生人才资本的质量。

（5）对创新型人才的发现和培养不仅仅靠各类学校特别是大专院校，各行各业都有责任。对用人单位来说，尽量用好每一个人是基本要求，岗位成才仅是成才的主要形式但不是唯一形式，对有主见、有业余爱好的人，我们不应该随便否认。

（6）创新与科研息息相关。要将科研放在更突出的位置上，甚至是以研究为本。我们只有坚持不懈地进行各种科学研究，才能使我国的科学技术有更多的领域从跟跑、并跑转变到领跑，才能使企业拥有更多的核心技术。对科技创新，国家已制定了"面向国家重大需求，面向世界科学前沿，面向经济主战场"的总体要求。

（7）我们不仅要重视高校、科研院所这些创新的主力军，也不能忽视"地方军"和"民兵"等，不少大的创新成果，是来自民营企业甚至是普通创客等。要通过多种形式、多种渠道关心许多未成名的创新人士，为他们多做"雪中送炭"的实事，使"大众创业，万众创新"之火更加旺盛。

（8）企业是技术创新的主体，企业创品牌的过程也是创新的过程，要让更多的企业投身到创品牌特别是创国际品牌的活动中去，在这个过程中实现高质量发展。要创品牌就要研发，就要掌握核心技术，就要有自己的特色和优势。要做到这一点，就要不断开发专业人员和广大员工的巨大创新潜力。

（9）要重视对创新文化的培育，积极营造良好的创新氛围。创新成果往往是在合适的创新土壤中自己生长出来的，如美国能产生这么多世界著名的科学家和发明家，与美国建国初期就很重视发明创造、重视教育、重视专利很有关系。只要我们在这方面及早起步并坚持不懈，一定会取得春华秋实的效果。

（10）创新驱动也要讲究谋略，讲究用最小的代价取得最大的成效，讲究抓好主要矛盾，讲究优化组合、"集中力量打歼灭战"。要继续通过"课题""项目"等形式，科学选择好创新项目，不仅依靠高校和科研院所的科研力量，也可向社会招标，动员社会更多的创新人士积极参与。大力普及全民特别是重点群体的创新基本知识等，也能取得事半功倍的成效。

（11）要经常通过多种形式大力宣传创新的必要性、建设创新型国家的必要性和许多创新型国家的长处，特别是他们重视科学技术、重视全民教育和以技术立国等特点。引导人民正视我们与发达国家的许多差距。

（12）乡村是一个广阔的市场，乡村振兴战略的有效实施蕴藏着创新的巨大潜力，要重视在农村中普及创新基本知识，不断推动农村创新事业的发展，使城乡创新发展相互促进、相得益彰。

（13）要重视革命精神在创新驱动中的重要作用，使物质文明和精神文明相互协调、相互促进。要积极弘扬"长征精神"和"两弹一星精神"，在攀登科学高峰和攻坚克难的过程中，我们既要有"一不怕苦二不怕死"的英雄气概，也要有"保存自己，消灭敌人"的理智。

（14）积极营造良好的创新环境，如创新驱动与知识产权保护是相辅相成的，知识产权保护也是良好营商环境、创新环境的重要内容。

（15）创新驱动也需要进攻和防御相结合，一方面我们需要鼓励更多的人才不断去攀登科学高峰，不断去攻克各种难题；另一方面，也要注意保护他们。创新型人才事业心特别强，他们往往容易忽视健康和家庭，我们应该不断完善各种健康保障体系，积极预防各种危险疾病和安全事故，作为创新型人才本人也要注意自我保护。

（16）教育部门、组织部门和人力资源管理部门均对人才的培养、引进和使用有直接的关系。要不断加强对各类教师、各级组织人事管理部门各类人员的培训，不断提高他们的工作水平，将埋没人才、没有使用好人才等现象降到最低限度。

第九节　不断解放和发展人才生产力

要拥有更多更高水平的创新型人才，必须进一步解放和发展人才生产力。

一、解放人才

解放人才指将束缚和压抑人才成长的各种障碍降到最低限度，让人才潜力充分发挥，让其能量充分释放。它主要包括政治解放、经济解放、思想解放和才能解放这四个方面。

（一）政治解放

政治解放就是在政治上充分信任人才。曾经社会上有过批判"发明创造""成名成家"和"个人奋斗"的痛心历史。就是在今天，"求全责备""枪打出头鸟""冷嘲热讽"等各种形式的压制打击人才的现象还不同程度存在着。社会主义的根本任务是发展生产力，一切有利于我国经济文化发展和社会进步的思想和行动都应是政治上合格的表现。

（二）经济解放

经济利益是促进人才更快成长的助推器。古人尚且懂得对人才要"富之"，西方国家也懂得"专利就是天才之火加上利益之油"。当今时代，我们在大力宣传社会主义核心价值观的同时，也要善于对创新型人才在经济上给予合理的回报，不仅使他们在经济上没有后顾之忧，而且能过上体面的生活，争取实现人才成长、贡献和回报的良性循环，特别是对于长期从事基础研究的创新型人才更要关心。如"家庭联产承包制"就是一个生动的例子。

（三）思想解放

思想解放就是要充分认识到创新的极端重要性，牢固树立发展是第一要务、人才是第一资源、创新是第一动力的思想，在创新发展的过程中，努力发现创新型人才、培养创新型人才、爱护创新型人才并充分发挥创新型人才的作用。

当今社会，影响创新驱动发展的思想障碍仍不少，如认为创新仅是科学家的事，与自己无关；创新是高不可攀、费力不讨好的事情等，并且在行动上表现出说起来重要，做起来次要，或仅热衷于收益短平快的项目。

思想解放，包括对一些创新型人才特点的认识，如有的创新成果是在本职工作上取得的，有的创新成果却是利用业余时间取得的，不能完全否定"不务正业"的作用。"副业"有时可以转化为能取得更大成就的主业。

思想解放，还包括充分认识到积极营造良好创新环境的极端重要性并在行动上给予切实落实。

党和政府提出的"聚天下英才而用之""构建具有全球竞争力的人才体制机制"，以及各地制定的领军人才政策等大力引进国内外优秀创新团队，就是新时代思想解放的生动体现之一。

（四）才能解放

1. 以用为本

要让创新型人才得到才能解放，为社会做出更大贡献，首先要做到合理使用创新型人才，让创新型人才做他最擅长的工作，让创新型人才在更合适的事业平台上去工作。同时，要将使用和培养结合起来，并制定先进合理的激励政策；在职称评审等方面重业绩而不唯学历。

2. 时间解放

时间解放是才能解放的重要方面。创新型人才必须要将大部分精力用在主业上，而由于种种原因，使一些创新型人才不得不浪费了大量时间，如许多事务性的工作、家庭拖累等"后顾之忧"、健康影响等。

3. 大脑解放

创新主要以大脑思维为主，而大脑又分为左脑和右脑。左脑主管人体右侧活动，主要处理文字和数字等抽象信息，具有理解、分析、判断等抽象思维功能，它被称为"文字脑""理性脑"，是进行抽象思维的中枢；右脑主管人体左侧活动，主管音乐节奏、色彩、情感等，侧重于处理随意的、想象的、直觉整体性以及多感官的影像，被称为"图像脑"，是进行形象思维的中枢。但在现实生活中，人们往往忽视了对右脑的开发。如果我们每个人都能善用大脑，加上学习一些创新学的基本知识，接受一定的训练，创新成果会涌现得更多。

4. 人才资本解放

人才资本解放是人才解放的核心。人才资本是体现在人才本身和社会经济效益上，以人才的数量、质量和知识水平、创新能力特别是创造性的劳动成果及对人类的较大贡献所表现出来的价值。也可以理解为"专业化的人力资本"，是高端的人力资本。人才资本包括"显形资本"和"隐形资本"，其中"显形资本"可分为学历资本、健康及迁移资本；"隐形资本"主要是通过人才"自学自研"而增值的，具体分为学习资本和创新资本。人才资本是长期积累所形成的，人才解放实际上就是人才资本能量的充分释放。

二、发展人才生产力

发展人才生产力主要包括个体和群体以及微观和宏观在持有态、发挥态和转化态这三方面。

（一）持有态

创新型人才之所以能为社会提供更大的价值，关键是他们拥有更多的才能，拥有更多的人才资本。高水平的发展要求有高水平的人才持有态。

要扩大人才的持有态，就要进一步大力发展各类教育，特别是要扩大硕士研究生、博士研究生等高层次人才的培养规模。同时，营造良好的读书氛围。纵观世界许多创新型国家，尽量接受更好的教育和喜欢读书是共同特点。

要扩大人才的持有态，就要坚持既德、智、体全面发展又有个性的人才培养目标，特别要强调现代大学生应该在自学能力、独立思考能力、实践能力和创新能力等方面的重点培养。

要扩大人才的持有态，就要将人才的学校培养与自我培养、社会培养等结合起来，国内培养与国际培养结合起来，理论学习与实际锻炼结合起来，用好现有人才和大力引进高精尖缺人才结合起来。

要扩大人才的持有态，就要追求知识和才能不仅要博，更要专、深。

（二）发挥态

有了较好的持有态，如果不能有效发挥，也不能成为创新型人才。要有效发挥自己的才能，必须遵循人才成长规律，并注意以下几个方面：①走历史必由之路；②正确选择创新目标；③围绕目标持续努力甚至终身努力；④善于学习和思考；⑤妥善处理好事业与健康、家庭的关系。

"一枝独秀不是春，百花盛开春满园"，个体的发挥态好不等于群体的发挥态就好，群体如何取得相乘效益而不是相减效果，需要宏观方面给予协调。如盲目引进人才，人才结构方面的失衡等。"不充分不平衡"在人才群体发挥态上也有诸多表现。

（三）转化态

转化态就是经过持续努力取得创新型成果，获得专利并尽快实现产业化或取得其他形式的效益，使自己的才能转化为对社会的积极贡献。如新理论、新思想、新产品、新模式的诞生等。

目前我国许多科研成果、发明专利不能及时转化为生产力，许多有创意的硕士论文、博士论文也仅停留在理念上。这些都可能是我国高质量发展的巨大潜力。

作为各类学校的毕业生都应该将创新作为自己人生的崇高使命，坚持有所为有所不为的人生谋略和一生只做一件事的专注精神，既能顺利就业，也能在自己的一生中至少取得一个创造性成果，争取能面向世界一流、对标最高最好最优而在某领域有所突破有所超越。

转化态还包括知识产权保护等。

案例一

斯坦福大学的创新创业教育

一、独树一帜的专业发展中心

斯坦福专业发展中心（SCPD）隶属于斯坦福大学教务处，是斯坦福大学负责全球教学、培训、资源合作的专门机构，以多样的在线课程形式为身处各地的学员们提供了灵活和便利的学习体验，使所有学习者都能够将所学的知识运用到实际工作当中。

在斯坦福大学，通过和学校教学管理层、教师的深入交流，我们体会到了解斯坦福大学将"设计思维"真正融入所有专业的课程教学。SCPD开放的在线培训课程，其创新课程部分，从该校几乎所有专业中选拔教师来讲授相关章节，且他们讲的这种创新紧密结合了以客户为中心、以需求为导向，也就是用设计思维的理念打破学科惯性，而非站在学科本位的角度为创新而创新；创业课堂上，斯坦福教师则更多地结合自己创业的经历来讲创业，同时特别强调案例教学，实践性高，针对性强，也因此区别于哈佛大学偏重理论的创业教育体系，形成独有特色。

二、开放的实验室

斯坦福大学工程学院直接在其地下室复制了一个当年普惠创始人白手起家时的车库，里面是开放空间，随时欢迎学生进来重温硅谷诞生的故事和前辈的创业精神。

除了工程学院的专业实验室等"高大上"的实验室，在斯坦福校内随处可见的是提供给学生的开放性实验室。实验室装修简单，基本类似于硅谷很多创业公司诞生的"车库"，但配备了基本的绘图设备、手工车床、示波器、3D打印机、激光蚀刻机等工程设备，且完全免费、24小时开放。学生可以随时将自己的创意灵感和想法转化为实物。实物即使不一定是产品的，也可以至少是一个创意原型，开放性的设计和管理全面提高了学生的动手实践能力。

三、"慢创业"状态

"慢创业"就是稳创业，尽量避免创业失败。

美国硅谷的创业服务机构并不是特别在乎何时能够退出、利润多少倍之类的问题。换句话说，比起能够分到多少果子，他们更在乎的是整个生态系统是否能够闭环，以及如何和大企业伙伴一起来助力创业者快速成长，也就是能种出多少大树，并让这些树能够健康成长。像硅谷一些公司所做的，其实远没有国内创投那么复杂的资本运作，主要就是发现大型企业在行业前沿遇到哪些难题，可以由创业团队来完成；有哪些新的技术产品，可以推荐给大企业，让他们通过购买服务、技术转让、股权参与、并购、招募等各种双方满意的形式参与到创业公司的运营中。

同样的，从斯坦福大学走出来的创业者看来很放松，这种"放松"不是说没有拼搏精神，而是他们在面对市场、面对投资人时的精神状态很自然、丝毫没有对资本如饥似渴、顶礼膜拜的感觉。他们好像没有资本的参与也要去发展。创业就是一种人生选择，特别乐在其中。这样的创业人生才是一种自然的理想状态，同时又能够获得更加全面、直接的行业互动和指导，创业者不是盲目地追求风口或者拍脑袋创业。这种创业者不着急、投资人也不着急的"慢创业"状态，反而避免了很多因为模式不合理、技术不成熟但又在资本因素的拔苗助长下越跑越偏，加速创业失败悲剧的发生。

第八章 创新型人才

案例二

拔尖创新人才培养的"华工模式"

最近,中国科学技术协会发布了2019年大众创业万众创新示范基地评估结果,华南理工大学与清华大学、复旦大学、哈尔滨工业大学等高校一同跻身大众创业万众创新示范基地高校类10强。

由中国科学技术协会、国家发展和改革委员会共同发布的《2019年双创示范基地建设与进展情况评估报告》中,对华南理工大学通过打造"一校三区"创新创业生态圈,为师生提供包括工商注册、项目申报、企业管理技能培训、法律咨询、专利代理等全方位的服务,在校外依托华南理工大学国家大学科技园创新园区,成功申请成果产业化扶持专项,搭建起全流程孵化转化链条等做法给予了高度肯定,特别提到机器人创新基地积极引导学生申请专利,推动构建学科竞赛的成果孵化、转化体系,近四年申请335项国家专利,目前发明授权27项,实用新型授权119项。

华南理工大学积极参与广深港澳科技创新走廊、粤港澳大湾区国际科创中心等国家重大战略,共建国家重点实验室及参与港珠澳大桥等重点建设项目,不断发挥创新源头的基础支撑作用。其中,学校"选派科技特派员,深化企业合作"的科技成果转化模式入选全国双创示范基地建设典型案例。

近年来,华南理工大学进一步加强创新创业工作的顶层设计,相继出台20余个"双创"激励政策和举措,加速推进双创体制机制改革和创新,在"三创型"人才培养、创新创业项目孵化及科技成果转化等方面成效显著,形成了特色明显、体系完善、示范引导及辐射作用突出的工作格局。

其中,基因组科学创新班学生迄今已有92人次以并列第一作者和署名作者的身份在《科学》《自然》等国际顶尖级期刊发表论文74篇,被誉为拔尖创新人才培养的"华工模式";在连续五届中国"互联网+"大学生创新创业大赛中共获得5金14银3铜的好成绩,获奖数量居华南高校之首;学生创新创业孵化基地先后孵化项目超过300个,其中有100多个项目已经注册公司进入实际运营,近50个项目成功融资,单个项目融资额达到4.5亿元,基地项目年营业总额达数亿元,上缴利税数千万元。

——摘编自2018年1月22日《中国社会科学报》,刘阳编译

案例三

德国亥姆霍兹的产业化人才培养

德国亥姆霍兹国家研究中心联合会(HAGRC)拥有19个大研究中心,人才布局多

样,现拥有包括科学家、技术工程师、博士生、其他科研人员等员工3万多人,与高校协同培养人才,发挥其众多大科学装置和跨学科解决复杂问题的优势,为装置的运营和产业化夯实了人才基础。

该中心以项目制为导向促进学科交叉融合和技术转移,以科研项目为导向,组织国内外战略合作伙伴共同开展课题研究,创建了虚拟研究所、科研联盟、青年科研团队等实体组织,设立"创新基金"资助创新项目。2015年,制定综合性技术转移战略"亥姆霍兹在创新路上",旨在提高研究成果的社会影响力和显示度,探索基础研究和应用研究相结合的特色路径。

科教结合,深化与高校的协同研究。HAGRC实行科研计划优先模式,通过与高校共建机构,联聘人才等多种形式,深化与高校的协同研究。如在大学内设立虚拟研究所"结构系统生物学中心",成立亥姆霍兹青年科学家研究小组等。此外,在高校园区内设立了亥姆霍兹博士学院和研究学院34所,围绕特定研究方向成立横向合作的虚拟研究所110家、资助亥姆霍兹联盟15个,旨在以开展专题研究或通过学历教育培养高素质科研人才。联合会之下的250个研究所所长及学术带头人都在高校做兼职教授,每年还额外接受4000~5000名客座人员来研究所开展科研实验活动。

设立管理学院,开展培训教育。亥姆霍兹的大科学装置研究中心运营与产业化,离不开关联产业领域中的管理人才。管理学院的合作伙伴包括OSB国际咨询公司、圣加仑大学公共治理研究院等。通过为其中的科研及运营管理人提供一系列组织及管理、市场运营等专项课程,以提升管理运营和成果转化所需的统筹、协调、应变等能力。此外,成立专门的培训机构,为科研人员的职业发展路径提供个性化培训和指导方案,提供学习平台、软件或教材等,打造自身的专业人才培养平台。

——摘自《中国高校科技》2020年第7期,胡元敏、吴妍妍/文

第九章 主要领域的创新

第一节 科技创新

一、定义

科技创新是科学发展和技术创新的总称,是指创造和应用新知识和新技术、新工艺,采用新的生产方式和经营管理模式,开发新产品、提高产品质量、提供新服务的过程。

二、种类

科技创新可以被分成知识创新与技术创新。

知识创新是提出新观点(包括新概念、新思想、新理论、新方法、新发现和新假设)的科学研究活动,并涵盖开辟新的研究领域、以新的视角来重新认识已知事物等方面。原创性的知识创新与技术创新结合在一起,使人类知识系统不断丰富和完善,认识能力不断提高,产品不断更新。技术创新的力量来自科学研究与知识创新,来自专家和人民群众的广泛参与。

从另外一个角度来看,科技创新也可分为原始创新、集成创新和引进消化吸收后的再创新三类,其中原始创新也称为从0到1的创新。

三、意义

科技进步是先进生产力的集中体现和主要标志,是经济社会发展的首要推动力量;科技创新是提高社会生产力和综合国力的战略支撑,必须摆在国家发展全局的核心位置。我国实施创新驱动发展战略,是以科技创新为龙头的全方位的创新驱动。

许多国家都把强化科技创新作为国家战略,把科技投入作为战略性投入,大幅度增加科技投资,并超前部署和发展前沿技术及战略产业,实施重大科技计划,着力增强国家创新能力和国际竞争力。当今,科技创新能力已成为国家实力最关键的体现。在经济全球化时代，一个国家具有较强的科技创新能力，就能在世界产业分工链条中处于高端位置，就能创造激活国家经济的新产业，就能拥有重要的自主知识产权而引领社会的发展。总之，科技创新能力是当今社会活力的重要标志，是国家发展的关节点和"牛鼻子"。

党的十八大以来，中国明显加快了科技创新步伐。近年来，西方一些国家公开遏制中国的发展特别是科技创新和高科技企业的发展，更激发了中国人民不断增强创新自信，敢啃"硬骨头"、敢闯"无人区"，大力推进更高水平的自力更生和改革开放，充分发挥中国"集中力量办大事"的体制优势，通过政策支持、人才支撑、协同配合、产学研深度融合等多种方式，不断加强基础研究等科学研究，早日取得高水平原创成果特别是重大发明创造成果，早日突破更多的关键核心技术特别是颠覆性技术，努力强占以量子科技为代表的国际科技和产业竞争制高点，牢牢掌握发展的主动权。

第二节　管理创新

一、定义和种类

（一）定义

管理创新是指组织把新的理念等新的管理要素引入组织管理的各个方面，在有效继承的前提下对传统的管理进行改革和发展，从而产生新的价值，以更有效地实现组织目标的活动。管理创新的实质是一种新的资源整合方式。

（二）种类

管理创新涉及管理的各个环节和各行各业，其内容和形式也是多方面的，故其种类很多，如新的思想、新的战略、新的制度、新的组织、新的结构、新的模式、新的流程、新的技术、新的产品、新的服务、新的工艺和新的方法等。但主要是观念创新、制度创新、系统创新和方法创新等几方面。当今时代，社会治理创新已成为管理创新的重要内容。

二、特点

管理创新主要有以下特点。

(一) 管理创新是其他创新的主要基础

马克思主义有一个重要的原理,这就是生产关系对生产力、上层建筑对经济基础有重要的反作用。生产关系一定要适应生产力发展的要求,上层建筑一定要适应经济基础的发展要求,社会生产力才能发展得更快更好。如果我们把管理的一部分特别是宏观管理看作生产关系和上层建筑的重要组成部分。那么,它只有不断根据生产力发展的要求而改革创新才能适应和促进生产力的发展。如我国政府的简政放权就是一种管理创新,它明显促进了生产力的发展。

(二) 管理创新与科技创新等相互依存、相互促进

管理创新也是科技创新、企业创新的重要内容,科技创新如果没有管理创新的积极配合也很难成功,科技创新和管理创新相互依存、相互促进。我国对科研体制机制的改革明显促进了科研各项事业的发展;计算机和信息技术的广泛应用,促进了扁平化等许多新管理模式的诞生。

(三) 管理创新的核心是观念创新

观念创新、理论创新往往是管理创新的先导。我国的改革开放是从解放思想起步的。企业管理中"红海战略"和"蓝海战略"等新理论的提出,均明显促进了企业管理创新。

三、主要动力

(一) 时代发展的迫切需要

党和政府提出了建设创新型国家、努力实现中华民族伟大复兴的"中国梦"等战略目标,我国在许多方面与发达国家的差距如何缩小并争取成为领跑者,这些目标的实现对管理创新提出了更高的要求。

(二) 各类组织竞争发展的需要

管理创新的动机相当部分来源于每个组织竞争发展的迫切需要,"不满是向上的车轮",也是创新的源泉之一。例如,有人在企业中对公司现状的不满,或是公司遇到危机,或是商业环境变化以及新竞争者出现而形成战略型威胁,或是某些人对操作性问题产生抱怨。

四、主要步骤

（一）提出问题

根据时代发展要求、组织的现状以及组织所提出的发展战略以及解决主要矛盾的具体工作任务。

（二）分析问题

分析产生这些问题的主要原因并找出主要矛盾即管理创新的焦点。如企业利润率下降，"生意难做"等。

（三）解决问题

解决难题的过程就是创新的过程，而创新的效果如何最终要通过实践进行检验。

1. 从调查研究中来，从群众中来，从实践中来

解决问题的方法从调查研究中来，从群众中来，从实践中来。这是毛泽东领导中国革命取得胜利的重要法宝。毛泽东认为，正确思想的原料往往在群众中，领导只是正确思想的加工厂。陈云同志也说过，领导要用大部分的时间用于调查研究，只用少部分的时间用于决策。

2. 从其他来源寻找解决问题的灵感

（1）管理创新者的灵感可能来自其他体系的成功经验，也可能来自那些未经证实却非常有吸引力的新观念。如改革开放以后，我们引进了很多发达国家的成功做法，如物业管理等。

（2）有些创新灵感源自管理学者的专著。1987年，Murray Wallace 出任了惠灵顿保险公司的 CEO。在惠灵顿危机四伏的关键时候，Wallace 读到了汤姆·彼得斯的新作《混沌中的繁荣》(*Thriving on Chaos*)。他将书中的高度分权原则转化为一个可操作的模式，这就是人们熟知的"惠灵顿革命"。Wallace 的新模式令公司的利润率大幅增长。

还有些灵感来自背景非凡的管理创新者，他们通常拥有丰富的工作经验。一个有趣的例子是一家公司的经理 Art Schneiderman，平衡计分卡的原型就是出自他的手笔。在斯隆管理学院攻读 MBA 课程时，Schneiderman 深受 Jay Forrester 系统动态观念的影响。加入 ADI 前，他在贝恩咨询公司做了6年的战略咨询顾问，负责贝恩在日本的质量管理项目。Schneiderman 深刻地了解日本企业，并用系统的视角看待组织的各项职能。因此，当 ADI 的 CEO Ray Stata 请他为公司开发一种生产质量改进流程的时候，他很快就设计出了一整套的矩阵，涵盖了各种财务和非财务指标。

管理创新的灵感有时很难从一个组织的内部产生。如很多公司盲目观察竞争者的行为，导致整个产业的竞争高度趋同。只有通过从其他来源获得灵感，另辟蹊径，创造新的经营模式，公司的管理创新者们才能够开创出真正全新的东西。

3. 争取内部和外部的认可

与其他创新一样，管理创新也有风险巨大、回报不确定的问题。很多人无法理解创新的潜在收益，或者担心创新失败会对组织产生负面影响，因而会竭力抵制创新。而且，在实施之前，我们很难准确判断创新的收益是否高于成本。因此，对管理创新人员来说，一个关键阶段就是争取他人对新创意的认可。

在管理创新的最初阶段，获得组织内部的接受比获得外部人士的支持更为关键。这个过程需要明确的拥护者。如果有一个威望高的高管参与创新的发起，就会大有裨益。另外，只有尽快取得成果才能证明创新的有效性，然而，许多管理创新往往在数年后才有结果。因此，创建一个支持同盟并将创新推广到组织中非常重要。管理创新的另一个特征是需要获得"外部认可"以说明这项创新获得了独立观察者的印证。在尚且无法通过数据证明管理创新的有效性时，高层管理人员通常会寻求外部认可来促使内部变革。外部认可包括四种来源：①商学院的学者。他们密切关注各类管理创新，并整理总结企业碰到的实践问题，以应用于研究或教学。②咨询公司。他们通常对这些创新进行总结和存档，以便用于其他的情况和组织。③媒体机构。他们热衷于向更多的人宣传创新的成功故事。④行业协会。

外部认可具有双重性：一方面，它增加了其他公司复制创新成果的可能性；另一方面，它也增加了公司坚持创新的可能性。

五、基本条件

为使管理创新能有效地进行，必须具备以下基本条件。

（一）创新主体应具有良好的心理模式

创新主体（每个组织或每个人）具有良好的心理模式是实现管理创新的关键。心理模式是指由于过去的经历、习惯、知识素养、价值观等形成的基本固定的思维认识方式和行为习惯。创新主体具有的心理模式：一是远见卓识，二是具有较好的文化素质和较科学的价值观。

（二）创新主体应具有较强的能力结构

管理创新主体必须具备一定的能力才可能完成管理创新，创新管理主体应具有核心能力、必要能力和增效能力。核心能力突出地表现为创新能力；必要能力包括将创新转化为实际操作方案的能力，从事日常管理工作的各项能力；增效能力则是控制协调加快进展的各项能力。

（三）组织应具备较好的基础管理条件

现代组织中的基础管理主要指一般的最基本的管理工作，如基础数据、技术档案、统计记录、信息收集归档、工作规则、岗位职责标准等。管理创新往往是在基础管理较好的基础上才有可能产生，因为好的基础管理可向创新主体提供许多必要的准确的信息，有助于管理创新的顺利进行。

（四）组织应营造一个良好的管理创新氛围

创新主体能有创新意识，能有效发挥其创新能力，与拥有一个良好的创新氛围有很大关系。在良好的工作氛围下，人们思想活跃，新点子产生得多而快；而不好的氛围则可能导致人们思想僵化、思路堵塞、头脑空白。

（五）管理创新应结合实际

现代组织之所以要进行管理上的创新，是为了更有效地整合本组织的资源以完成本组织的目标和任务。因此，这样的创新就不可能脱离本组织的实际情况。比如，在当前的国际市场中，短期内中国大部分企业的实力比西方企业弱，如果以刚对刚则会失败；若以柔克刚，则可能是中国企业走向世界的最佳方略。中国企业应充分发挥以"情、理、法"为一体的中国式管理制度的优势和特长。

（六）管理创新应有创新目标

管理创新目标比一般目标更难确定，因为创新活动及创新目标具有更大的不确定性。尽管确定创新目标是一件困难的事情，但是如果没有一个恰当的目标则会浪费组织的资源，这本身又与管理的宗旨不符。

六、努力提高管理创新能力

"群策群力"原则和无边界组织，还拥有很多创新，例如战略计划、管理人员发展计划、研发的商业化等。

七、系统创新

古语说，"不谋全局者不足以谋一域"，在管理创新中也有这样的情况。系统创新是一项创新的组织管理技术，是对组成系统的诸要素、要素之间的关系、系统结构、系统流程及系统与环境之间的关系进行动态的、全面地组织的过程,以促进系统整体功能不断升级优化。

系统创新与协同创新密切相关。如我国能在十分艰苦的条件下在最短时间内实现"两弹一星"的成功,与协同创新息息相关。2013 年 11 月成立的国家安全委员会,既是系统创新,也是协同创新。

第三节　教育创新

一、教育创新的定义和意义

(一) 定义

教育创新即为实现一定的教育目标,在教育领域进行的创新活动。具体的教育活动有具体的教育目标,总的来看,教育的目标就是不断提高国民素质,培养适应不断发展的社会需要的人才,教育创新活动应围绕这一总体目标展开。随着创新型人才在建设创新型国家中的突出作用,创新教育对于满足社会需要方面具有更加突出的作用。

(二) 意义

在当代社会,科学技术的迅速发展、创新社会的到来,迫切需要高素质的、具有创新能力并全面发展的人才,为此,世界各国都十分重视教育创新,以及现代教育的发展。

尽管我国的各类教育取得了历史性的突破,如在校大学生和博士生的数量均已位居世界的前列,但我国的创新型人才特别是杰出的创新型人才还比较缺乏,与建设创新型国家的要求还有一定的距离,这说明我国的现代教育从体制、观念、手段等方面还有很多不适应时代要求的薄弱环节,"钱学森之问"应该让我们经常警醒,教育创新仍然任重道远。

二、教育创新的历史和范围

(一) 历史

历史上,许多发达国家不仅将发展教育作为立国兴邦的关键要素,而且十分重视教育创新，如美国在1776年建国前后实行的创新时代教育观、全面吸收欧洲教育经验、创建伦塞勒理工学院、创办州立大学、开展三大技术教育运动、普及公共免费教育等。后来又不断进行教育创新如创立工农学院、创办研究生院制、创办初级学院、创建市场主导政府辅助的教育体系、教育制度创新、中等教育大众化、新教育运动风起云涌等，这些都对美国后来居上起到了很重要的作用。德国在教育创新方面的突出贡献是实现了现代大学的时代转变，创立和全面实践了一种新的大学观；首次推行学术与国家政治分离、大学自治；倡导"学术自由、科研之上""教学与科研统一"等，使大学获得发展的巨大生命力。另外，德国在教育方面的创新还有：建立系统的职业教育体系；建设师范教育，培养优良师资，德国师范教育成为世界典范；创建幼儿园，发展幼儿教育；等等。

（二）范围

教育创新的范围很广，包括教育体系、教育结构、教育观念、教育方法、教育手段、课程教材以至教育的时间和空间等，几乎涉及教育领域的方方面面。今天，教育创新依然天地广阔，比如：①推行一种新制度、新体系或新教育模式；②采用一种新的教育观念或新理论；③开发新的教育形式和教育领域；④发现并应用新的教育组织方式和管理方法；⑤发现或推行新的教学方法或技术手段；⑥建立一种新的教育投入体系；⑦积极实行创造教育，并做到学生为创造而学，教师为创造而教；⑧积极推动产学研一体化；⑨教育与经济实现良性互动。

三、教育创新的内涵和地位

（一）内涵

教育部"长江学者"特聘教授、华南师范大学粤港澳大湾区教育发展高等研究院院长卢晓中提出，"产教融合和科教融合是大学培养人才，尤其是培养创新人才的关键一环"。

（二）地位

自主创新能力是第一竞争力。创新教育就是以培养人们创新精神和创新能力为基本价值取向的教育，是教育创新的重要内容，是素质教育的重点和灵魂，是培养具有创新精神、创新能力和创新成果的创新型人才的关键。其核心是为了适应创新时代的要求，在全面实施素质教育的过程中，着重研究与解决在各类教育领域如何培养更多的创新型人才，特别是杰出创新型人才的问题。

四、教育创新的主要特点和内容

(一) 主要特点

（1）教育创新是面向全体学生甚至全体公民的教育。
（2）教育创新是全方位的教育，不仅包括学校教育、家庭教育和社会教育，也包括教育的所有环节。
（3）教育创新是终身教育，即创新教育从少年儿童时期起，贯穿人的一生。
（4）教育创新是培养全面发展又有个性的"完人"的教育。

(二) 主要内容

1. 转变教师观念，培养教师的创新意识

教师观念的转变是实施创新教育的关键和前提。首先，要认识课堂教学中教师与学生的地位和作用，发挥教师的主导作用和学生的主体作用，充分调动学生的学习主动性和积极性，使学生以饱满的热情参与课堂教学活动。在学生的学习过程中，教师应是组织者、指导者、帮助者、评价者，而不是知识的灌输者，教师不能将个人的意识强加于学生；而在教学活动中，学生则是参与者、探索者、合作者，学生的学习动机、情感、意志对学习效果起着决定性作用。其次，在教学方法上也要将传统的注入式转变为启发式、讨论式、探究式，学生通过独立思考，处理所获起的信息，使新旧知识融会贯通，建构新的知识体系，只有这样才能使学生养成良好的学习习惯，从而进一步激发他们内在的学习动机，增加创新意识。

2. 营造教学氛围，提供创新舞台

课堂教学氛围是师生即时心理活动的外在表现，是由师生的情绪、情感、教与学的态度、教师的威信、学生的注意力等因素共同作用下所产生的一种心理状态。良好的教学氛围是由师生共同调节控制形成的，实质就是处理好师生关系、教与学的关系，真正使学生感受到他们是学习的主人，是教学成败的关键，是教学效果的最终体现者。因此，教师要善于调控课堂教学活动，为学生营造民主、平等、和谐、融合、合作、相互尊重的学习氛围，让学生在轻松、愉快的心情下学习，鼓励他们大胆质疑，探讨解决问题的不同方法。亲其师，信其道，师生关系融洽，课堂气氛才能活跃，只有营造良好的教学气氛，才能为学生提供一个锻炼创新能力的舞台。

3. 训练创新思维，培养创新能力

创新思维源于常规的思维过程，又高于常规的思维。它是指对某种事物、问题、观点产生新的发现、新的解决方法、新的见解。它的特征是超越或突破人们固有的认识，使人们的认识"更上一层楼"。因此，创新思维是创新能力的催化剂。提问是启迪创新思维的有效手段。因此，教师在课堂教学中要善于提出问题，引导学生独立思考，让学生在课堂上始终保持活跃的思维状态。通过特定的问题使学生掌握重点，突破难点。爱因斯坦曾说：想象比知识更重要，因为"知识是有限的，而想象力概括着世界的一切，推动进步并且是知识进化的源泉"。

想象是指在知觉材料的基础上，经过新的配合而创造出新形象的心理过程。通过想象可以使人们看问题能由表及里，由现象到本质，由已知推及未知，使思维活动起质的飞跃，丰富的想象力能"撞击"出新的"火花"。因此，在教学过程中，教师要诱发学生的想象思维。

4. 掌握研究方法，提高实践能力

科学的研究方法是实现创新能力的最有效手段，任何新的发现，新的科学成果都必须用科学的方法去研究，并在实践中检验和论证。因此，教师要引导学生掌握科学的探究方法，其基本程序是：提出问题—做出假设—制订计划—实施计划—得出结论。课堂教学中主要通过实验来训练学生的实践能力，尽量改变传统的演示性实验。验证性实验为探索性实验；另外还可以向学生提供一定的背景材料、实验用品，让学生根据特定的背景材料提出问题，自己设计实验方案，通过实验进行观察、分析、思考、讨论，最后得出结论，这样才有利于培养学生的协作精神和创新能力。有时实验不一定获得预期的效果，此时教师要引导学生分析失败的原因，找出影响实验效果的因素，从中吸取教训，重新进行实验，直到取得满意的效果为止。这样不仅提高学生的实践能力，而且还培养学生的耐挫能力。

五、创新教育的主要原则

创新教育要注意掌握以下原则。

（1）创新教育的成败关键在于教师。

（2）创新教育应具有全体性，应面向每一个学生。

（3）创新教育应具有全域性，应面向每一门学科。

（4）创新是整个教育模式、教育制度和教育观念的全局性改变，它应贯穿于课堂教学、课外活动和日常教育生活的方方面面。其中，课堂教学是创新教育的主渠道，也是学校教育改革的着重点。

（5）创新教育包括智力因素和非智力因素。创新教育还具有综合性，是个体生命质量的全面提升。创新是一个人的自我超越和自我发展，是一个人潜能和价值的充分实现。在智力水平相当或恒定的情况下，非智力因素往往起着决定性的作用，许多有创新精神的人并非智力超群，而是非智力的人格特征出众。单纯的智力活动只能培养匠人，

而不可能培养大师。

（6）教育具有两重性，创新教育也具有双重性，创新性必须与进步性、时代性相结合才有意义。

（7）创新教育的重点在基础教育阶段，少年儿童甚至婴幼儿时期是培养创新人才的起点。要坚信每个学生都是可以造就的，解放孩子是创新教育的希望。在"创新"面前，没有后进生与尖子生的差别，关键在于你怎样去挖掘他们的潜质，教师在实践中应善待每一位学生，努力开发每一位学生的创新潜能。

六、创新型教师

教师是创新教育的主体，是培养创新人才的关键。教师要充分认识到培养创新型人才的极端重要性和自己所肩负的责任，不断提高自己的创新意识和创新能力，不断更新自己的知识结构，努力做一名创新型教师。

创新型教师是指那些具有创新教育观念、创新性思维能力和创新性人格，具有丰富知识和合理知识结构，积极吸收最新教育科学成果，善于根据具体教育情境灵活应用各种教育方法，努力发现和培养创新型人才的教师。许多事例充分说明，学生的创新水平与教师有密切关系。

作为创新型教师，必须做到：①树立正确的教育观念；树立正确的教育观念，包括确立创新教育的目标观、人才观、学生观、质量观、课程观和教学观等；②精深的综合素质；③渊博的知识结构；④娴熟的创新能力；⑤高超的教学艺术。

我国许多专家学者均对基础教育和高等教育的创造与创新教育进行了比较系统、深入的研究。其中，陶行知先生是我国创新教育的先驱。改革开放以后，广东人民出版社1988年出版的《创造性教育与人才》一书（刘志光著）是我国第一本运用创造学基本理论比较系统地论述教育问题的专著。武汉大学原校长刘道玉教授所著的《创造教育概论》《创造教育新论》和广西师范大学卢明德教授所著的《创造教育学发凡》等专著也比较突出，其中《创造教育学发凡》一书重点从创造教育课程、创造教育范式、创造教育环境、创造教育评价、创造性教学、创造性学习、创造型教师等方面详细论述了创造教育的意义和具体实施途径。比如，卢明德认为，创造性人才的培养，关键是进行创造性教育。开展创造性教育，必须依托创造性的环境、创造性的教师和创造性的教学方法。其中培养创造力是人才培养的核心，培养创造素质是人才培养的基础，少年儿童是创造性人才培养的起点，创造性教育环境是人才培养的前提条件，创造性教师是人才培养的保证，创造性教学方法是人才培养的关键等。

创造性是人才的本质属性，创新型人才是建设创新型国家的关键。政府应继续推动教育创新，不断深化教育体制改革，切实把提高创新意识和能力摆在素质教育和人才培养的核心位置，各类教育都要体现这个原则。促使教育战线培养出更多的杰出创新人才，促使教育与经济更紧密结合，使"科教"能为建设创新型国家发挥更大的作用，也使"钱学森之问"能早日得到满意的解答。

第四节 制度创新

一、制度的基本知识

（一）制度的定义

"制度"是一个范围较宽的概念，一般是指在特定社会范围内统一的、调节人与人之间社会关系的一系列习惯、道德、法律、规章（包括政府制定的条例）等的总和。

（二）制度的类别

1. 从宏观微观方面来分

（1）宏观方面：①一定历史条件下的政治、经济、文化等方面的体系，如社会制度、经济制度、文化制度、法律等，是国家上层建筑的重要组成部分，也可称为国家治理体系和治理能力，其高低是衡量一种社会制度优劣的主要标准。②党和政府所制定的一定范围内要求其管理对象共同遵守并按一定程序办事的规程，如政府颁布的许多法规、条例等。③一定范围内的标准，如某行业的技术标准等。

（2）微观方面：①在一个社会组织或团体中要求其成员共同遵守并按一定程序办事的规章制度，如章程、条例、管理办法等。②任何一个正式组织和非正式组织要求其成员共同遵守的各种规定。

微观管理制度从性质来分又可分为岗位性制度和法规性制度两种类型。岗位性制度适用于某一岗位上的长期性工作，所以，有时制度也叫"岗位责任制"。法规性制度是对某方面工作制定的带有法令性质的规定。

2. 从性质来分

可分为社会制度、政治制度、经济制度、文化制度、管理制度等。

（三）制度的构成

制度由社会认可的非正式约束、国家规定的正式约束和实施机制三个部分构成。其中国家规定的正式约束的制度主要有法律等；非正式规则是人们在长期实践中无意识形成的，具有持久的生命力，并构成世代相传的文化的一部分，包括价值信念、伦理规范、道德观念、风俗习惯及意识形态等因素，如"社会主义核心价值观"等；实施机制是为了确保上述规则得以执行的相关制度安排，它是制度安排中的关键一环。这三部分构成完整的制度内涵，是一个不可分割的整体。

无论是正式制度还是非正式制度都须有其执行力，只不过差别在于正式制度的执行力由国家、法庭、军队等来保障，而非正式制度的执行力则是由社会舆论、意识形态等来保障的。

（四）制度的特点

1．指导性和约束性

制度对管理对象能做些什么工作、如何开展工作都有一定的提示和指导；同时也明确相关人员不得做些什么，以及违背了会受到什么样的惩罚。因此，制度有指导性和约束性的特点。

2．鞭策性和激励性

如工作制度往往就张贴或悬挂在工作现场，随时鞭策和激励着人员遵守纪律、努力学习、勤奋工作。

3．规范性和程序性

制度对实现工作程序的规范化，岗位责任的法规化，管理方法的科学化，起着重大作用。制度的制定必须以有关政策、法律、法令为依据。制度本身要有程序性，为人们的工作和活动提供可供遵循的依据。

4．科学性和效率性

制度往往是反映客观规律要求的规定，如安全制度等。制度对于提高科学管理水平，努力实现"无为而治"等均有重要作用。

（五）制度的作用

没有规矩不成方圆，没有规则（即制度）的约束，人类的行为就会陷入混乱和倒退。马克思主义揭示的人类社会发展规律，就是社会发展是在生产力和生产关系、经济基础和上层建筑的相互矛盾运动中向前发展的。经济基础决定上层建筑，生产力决定生产关系。同时，上层建筑对经济基础具有重要的反作用，生产关系对生产力也具有重要的反作用。只有生产关系适应生产力的发展，上层建筑适应经济基础的要求，才能促进生产力的发展。制度是上层建筑和生产关系的重要组成部分，无论是落后于生产力发展要求的制度还是超越生产力发展要求的制度，都不能对生产力起促进作用。故没有制度不行，但没有适应生产力发展要求的制度也不行。只有体现科学性、时代性和执行力强等要求的制度，才能对生产力的发展起促进作用。中国近代的落伍不是没有制度，而是没有先进的制度。故制度一要建立，二要根据时代发展的要求而不断更新。如果政治制度长期落后（或超前）于生产力发展要求就必然会引起政治革命等。

改革开放是中国实现现代化发展、赶上时代潮流的关键一着，改革是现代中国的第二次革命。而改革主要是改革不适应生产力发展的体制机制和各种具体制度，如建立社会主义市场经济体制的改革等。

二、制度创新的定义

制度创新是指在人们现有的生产和生活环境条件下，通过创设新的、更能有效激励人们行为的制度、规范体系来实现社会的持续发展和变革的创新。所有创新活动都有赖于制度创新的积淀和持续激励，通过制度创新得以固化，并以制度化的方式持续发挥着自己的作用，这是制度创新的积极意义所在。

三、制度创新的重要意义

制度创新与科技创新一起被誉为推动时代进步的"双轮驱动"。科技创新作为各类创新的龙头，要实现自己的历史使命，也十分需要制度创新的积极配合。

生产关系一定要适应生产力发展的要求才可以促进生产力的发展。制度可看作生产关系的重要内容。创新人才能否大量涌现，很大程度上是制度问题；中国制造能否转化为中国创造，很大程度上取决于制度创新，即现有制度是否有利于创新成果的涌现。故制度创新是创新之本，是促进自主创新和经济发展的一个非常重要的动力。所以，制度创新应该是需要优先解决的问题，也是在自主创新上取得突破的关键所在。应当从体制改革、机制完善、政策扶持、人才培养、作风建设等方面形成鼓励和支持自主创新的良好文化和制度环境。

四、制度创新的主要内容

改革主要是对不适应生产力发展要求的体制、机制和制度进行改革。根本性变革必然要求以制度创新作为最高形式，改革的过程归根结底是制度创新的过程。制度创新的核心内容是社会政治、经济和管理等制度的革新，是支配人们行为和相互关系的规则的变更，是组织与其外部环境相互关系的变更，其直接结果是激发人们的创造性和积极性，促使不断创造新的知识和社会资源的合理配置及社会财富源源不断地涌现，最终推动社会的进步。

同时，良好的制度环境本身也是创新的产物，而其中很重要的就是创新型政府，只有创新型政府，才会形成创新型的制度、创新型的文化。

制度创新的内容很广泛。从国家层面来看，我们现在所要做的，就是针对影响发展全局的深层次矛盾和问题，以及国家发展中存在的结构性和机制性问题，努力建立一个既能够发挥市场配置资源的基础性作用、又能够提升国家在科技领域的有效动员能力，既能够激发创新行为主体自身活力、又能够实现系统各部分有效整合的新型国家创新体系；突出以人为本，建立起激励科技人才创新、优秀人才脱颖而出的创新机制，营造出一个鼓励创新的文化和社会环境，以保持经济长期平稳较快发展，调整经济结构、转变经济增长方式等为目标，通过国家层面的制度安排与政策设计，充分发挥各创新参与者（政府、大学和科研院所、企业）在知识的创造、扩散、使用过程中的协调与协同，寻求资源的最优配置以产生创新性技术，并使之产业化且获得商业利益的能力。

五、制度创新的要点

（1）制度创新一定要适应生产力发展要求。要做到这一点，就要清楚时代发展趋势并及时倾听实践的呼声和群众的呼声。因为人是生产力发展中最活跃的因素，科技工作者的呼声是科技能否更快创新的主要呼声。同时，要及时总结实践经验并建章立制。比如，粤港澳大湾区、长江三角洲区域一体化，海南自由贸易港等的设立就是一种顶层设计的制度创新。

（2）制度创新要保持先进性、时代性，又要保持可行性、可操作性。关键是看对生产力发展是否有促进作用。我们既要面向现代化，面向世界，也要面向中国的国情。

（3）正确认识资本主义是我们进行制度创新的基本前提。

（4）当今世界已经进入创新时代，创新驱动已成为世界许多国家发展的主要动力，通过制度创新，进一步不断解放和发展生产力。

（5）在众多制度中，人才制度和促进创新是最重要的制度创新。如塑造具有全球竞争力的中国特色人才制度优势、构建关键核心技术攻关新型举国体制等。

（6）制度一经确定是先进可行的之后，要保持一定的稳定性，不能朝令夕改。

六、中外历史上著名的制度创新

（一）唐代兴盛的制度原因

唐代是中国历史上非常强盛而文明的一个朝代。唐代之所以出现贞观之治等盛世，固然与君主的英明密不可分，如唐太宗能任人唯贤，知人善用；广开言路、虚心纳谏等。但其中关键不外乎制度原因。唐朝较之其他王朝，其制度设计及治理体系更为合理。

从中央层面看，唐代基本沿用隋代的创制，但权力配置与运行更为完善。具体来说，国家权力分配给中书、门下、尚书三省执掌，一并向皇帝负责。中书省是决策机构，门下省是议事机构，尚书省是执行机构。三省运行程序为：中书拟旨出命，门下省审议副署，尚书省负责执行。

唐代的三省长官，实际履行宰相的职权，这意味着唐代宰相为委员制，有别于汉代领袖制。领袖制表现为个人裁决，委员制表现为分权、制衡与集体决策。这样的制度设计，能够保障国家权力规范而有序地运行，从而避免帝王独断专行及重大决策失误。

唐代的官员选拔与任用实行考试制度，面向社会公开选拔。只有通过公开公平的考试，才能进入体制内任职，从而保证官员队伍的素质。此外，官员的升迁也有严格的制度规定。

中国封建体制的主要特征是权力高度集中，地方服从中央，中央又唯皇帝马首是瞻。这种高度集权的政治体制极大地限制了国民的创造性、主动性和灵活性，且极易酿成暴政。但唐朝的三省职权划分则初步体现了现代化政治特征——分权原则。难能可贵的是，李世民规定诏书也必须由门下省"副署"后才能生效，从而有效地防止了他在心血来潮或心情不好时做出有损他荣誉的不慎重决定。中国历史上出了几百个帝王，李世民是少有的拥有如此杰出智慧和胸襟的帝王。这也从一个侧面反映了我国近代落伍的制度原因。

另外，唐太宗十分注重法治，"国家法律不是帝王一家之法，是天下都要共同遵守的法律，因此一切都要以法为准"。法律制定出来后，唐太宗以身作则，带头守法，维护法律的权威和稳定。

(二) 日本的明治维新

日本曾是一个偏僻、落后的岛国，在隋唐时期，还曾是中国的附属国，每年都要向中国皇帝进贡物品。唐朝时期，日本曾派了许多学生到中国学习；日文与中文有近似之处，也说明两国关系源远流长。日本在中国人民面前不仅扮演过学生的角色，还扮演过朋友甚至是老师的角色，在近代，孙中山、周恩来、廖承志、蒋介石等国共著名人物均先后到日本留学过。

19世纪中叶，处在幕府时代的日本还是一个小农经济的封建国家。由于长期闭关锁国和世界列强的入侵，国内外矛盾日趋激化，面临重重危机的日本，急需一场革命来摆脱这种困境。不堪忍受幕府统治和外国侵略者压迫的日本民众纷纷要求"富国强兵"。他们拿起武器，开展了轰轰烈烈的"倒幕"运动。

明治维新，是指19世纪60年代日本在受到西方资本主义工业文明冲击的背景下所进行的由上而下、具有资本主义性质的全面西化与现代化改革运动。这次改革始于1868年明治天皇建立新政府，日本政府进行近代化政治改革，建立君主立宪政体。经济上推行"殖产兴业",学习欧美技术,进行工业化浪潮,并且提倡"文明开化"、社会生活欧洲化,大力发展教育等。明治维新后,日本经过20多年的发展,国力日渐强盛,先后废除了日本与西方各国签订的一系列不平等条约,重新夺回了国家主权,最终进入近代化时期。可以说,"明治维新"是日本历史的转折点。日本从此走上独立发展的道路,并迅速成长为亚洲强国,乃至世界强国。

但"明治维新"也遗留了许多问题,如天皇权力过大、土地兼并依然严重等封建残余现象,与日后发生的一系列日本难以解决社会问题相互影响,使得日本走上了侵略扩张的道路,分别在1895年、1904年击败了昔日强盛的两个大国——大清帝国与沙皇俄国,成为称雄一时的亚洲强国。在第二次世界大战期间甚至妄图和德国法西斯、意大利法西斯一起瓜分世界,给世界人民带来了深重的灾难。在中国、美国、苏联和英国等世界反法西斯联盟的共同打击下,日本终于在1945年8月15日宣布无条件投降。日本战败前,其国民经济已经遭受了毁灭性的打击。但在这样的政治体制下,经过了30年左右的奋斗,日本又一跃成为国民生产总值位居世界前列的世界强国。

(三) 美国知识产权制度的建立和不断创新

知识产权制度是智力成果所有人在一定的期限内依法对其智力成果享有独占权,并受到保护的法律制度。没有权利人的许可,任何人都不得擅自使用其智力成果。实施知识产权制度,可以起到激励创新,保护人们的智力劳动成果,并促进其转化为现实生产力的作用。它是一种推动科技进步、经济发展、文化繁荣的一种激励和保护机制。

知识产权制度是西方文明中两大制度创新之一(另一个为公司有限责任制度),也是一个企业、一座城市、一个国家核心竞争力的制度基础。

知识产权包括专利、商标、版权等,知识产权制度从建立到比较完整是一个不断改革创新的过程。比如,美国是世界上最早实行专利制度的国家之一。1776年美国独立后不久,在1787年的制宪会议上,即讨论了保护发明者及著作者有关权益的事宜,所制定的美国联邦宪法规定:"为促进科学技术进步,国会将向发明人授予一定期限内的有限的独占权。""国会有权借由保障著作人及发明人于特定期限内就其著作及发明享有排他权,以促进科学与实用技艺的发展。"1790年,以这部宪法为依据,又颁布了美国第一部专利法,它是当时最系统、最全面的专利法。美国专利局也于1802年成立。

美国现行的专利法是1952年制定公布的(1953年1月1日起生效),它被收集在美国法典(United States Code)第35卷中。1984年11月美国对专利法做过一次较大的修订。1994年年底,美国国会通过了关贸总协定关于知识产权实施法规的有关议案,美国专利法再作重大修改,并于1995年6月8日生效。

目前,美国基本上已建立起了一套完整的知识产权法律系统。

第五节　企业创新

一、定义和种类

（一）定义

企业创新是企业家向经济中引入的能给社会或消费者带来新价值、给企业带来新效益的东西，这种东西以前未曾从商业的意义上引入经济之中。

美国著名经济学家约瑟夫·熊彼特最早提出的创新理论，主要指企业创新的理论，即通过各类资源的"新组合"实现新的生产方式，从而促进企业向前发展。

（二）种类

企业创新从纵向上来分有理念创新、战略创新、技术创新、产品创新、市场创新、体制机制创新、管理创新、文化创新甚至是企业全方位创新；从横向上（行业上）来分主要有制造业企业创新、服务业企业创新、农业企业创新等，如智能制造业、服务型制造业等就是制造业创新。金融创新、保险创新、智能物流、生产性服务业、建设现代服务业等都是服务业创新；"个性化农业""智慧农业""一、二、三产业融合""机械化信息化规模化融合"等都是农业产业的创新。从性质上来分有根本性创新、颠覆性创新和渐进式创新、局部性创新。"人工智能""机器人"等产业是一种根本性创新，"互联网＋"是一种颠覆性创新，许多企业产品的不断改进和"转型升级"甚至一些商业模式的创新等都属于渐进性创新或局部性创新。

二、企业创新的地位

企业是社会主要经济组织，是产业的基础。其通过运用各种生产要素，向市场提供优质商品或服务，在满足社会需求的过程中获得盈利，以实现自主经营和自我发展。

企业是社会财富的主要来源之一，企业不活，社会就不可能健康发展；企业不盈利，社会财富就不可能增加。

在创新时代，企业的竞争力主要靠拥有关键核心技术，主要靠开放创新，创新是企业的活力之源，企业是创新的主体，华为、海尔、格力等企业为我们树立了典范，专利的拥有量是企业核心竞争力的重要标示。

第九章　主要领域的创新

三、企业创新的目的

确保企业生存和不断发展。具体来说，就是企业生产的产品能在合理价格的条件下销售顺利，从而获得合理利润甚至超额利润。

四、企业创新的过程

企业创新过程是复杂的过程，包括研发、生产、销售和组织等过程，具体包括微观创新、持续创新和另辟蹊径三个过程。

（一）微观创新过程

微观创新过程指一个具体的创新从构思产生经过市场调查、研发、制造到市场销售这一过程中的各个方面，每个环节都需要创新，都需要员工不断提高创新能力，从而提高创新成功率。

（二）持续创新过程

持续创新过程是企业有了初步成果后如何持续发展从而不断取得竞争优势的过程，也是"创新链"的重要内容。

持续创新对企业成功至关重要，它是企业活力和竞争力的核心内容之一。企业生存和发展获得初步成功后，一定要持续创新才能不断发展，并不断做强做大。中国不少企业的寿命不长，与不能持续创新很有关系。

企业要持续创新，需要注意避免走进"技术追赶陷阱"即"引进—追赶—落后—再引进"。同时也要避免误入"伪创新"歧途，企业是否能通过创新获得新价值、新效益也是检验真伪创新的唯一标准。

（三）另辟蹊径过程

中国不少企业属于"追赶型"企业，通过引进、模仿、消化再创新。与国外先进企业处于同一个跑道但追赶得往往很艰辛。"另辟蹊径"就是自己创造一个新行业，如中国的"高铁""微信"和"快递"等产业，做到"人无我有""人有我特"，甚至引领新的工业革命。

五、企业创新的部分模型

"微笑曲线"告诉我们，在现代企业发展过程中，"研发"和"销售"对利润大小的影响力越来越大，广义的"研发"包括"关键核心技术"和基础研究。

（1）技术推动的创新过程模型。该模型即基础研究……应用研究—研究开发（创意）—孵化—生产—营销—创造和满足需求。

（2）需要拉动供给的创新过程模型。即显性、隐性的市场需要—研究与开发—生产—营销。

（3）供给创造需求过程模型。需求拉动供给，供给也可创造需求。"快递""移动支付"等均是由供给创造的需求。中国的经济发展，一是要高质量发展；二是要坚持供给侧结构性改革，让供给不仅满足需求，而且创造新的需求；三是要做好"国内国际两个循环"。充分利用国内市场和国际市场，为中国企业的发展提供了广阔舞台。只要是市场需要的高质量的产品，如果产品销路有问题，主要是结构性问题，如某区域的供过于求等。究竟是以国内市场为主还是以国际市场为主，一切从国际国内形势和企业自己的实际出发。

（4）美国斯坦福大学创新与创业学教授内森·弗尔和杰夫·戴尔在其专著《创新者的方法》中认为，唯有克服不确定性（如需求的不确定性和技术的不确定性），企业创新才能从模糊的想法演变为成功的商业模式。公司要实现将不确定性转变为机会，努力提高创新成功率，公司领导者必须具有四项关键职能：①成为首席试验师而非首席决策者，这是最为重要的职责；②设置重大挑战；③在创新者的方法中构建广博高深的专门知识；④为快速试验清除变革障碍提供工具。他还提出，创新者的方法，意在解决企业创新过程中的不确定性问题，系统地将创新落地。具体包含四个步骤。①洞见，如不断激发创意和珍惜意外发现等；②问题，如理清需要完成的工作；③解决方案，如打造最小化卓越产品模型；④商业模式，如通过验证市场进入策略，找到与产品契合的最佳商业模式，从而不断推动初创企业走向规模化。其中，生成洞见的四种关键行为是发问、观察、交际和实验以及相互联系。珍惜意外发现、广泛搜索、善于捕捉和选择洞见等都很重要。

六、企业创新过程分析

企业创新过程起始于创意的产生，市场、技术的变化，对某种需要的认识以及竞争对手的变化都可能刺激企业的创新。

一般来说，市场因素是引发创新的主要因素。经验表明，出现在各个领域的重要创新，往往有60%至80%是市场需要（需求）和生产需要所激发的，其余的则是新的科学技术进展和机会所引起的。新市场的扩展、各类成本的上升都会刺激企业创新，这些创新大多都是渐进性的，它们产生的风险小，成本低，并且短期利润比较明显，所以企业往往偏爱这些创新。企业基于市场、生产需要和技术进步所进行持续的研究开发努力，常常能创造具有重大商业价值的颠覆性创新或其他创新，从而人人提高创新者的生产率和竞争地位。

顾问、咨询活动和工作任务的多样化,也是产生创新构思的重要源泉。在有些情况下,对技术机会的认识也会激发人们为新技术寻找应用机会。因此,以技术人员为重点的定期再培训、非正式交流、个人流动、工作多样化和咨询机会都是促进创新的有效措施。

成功的创意也往往来自企业外部。参加各类交易会的启发、国际国内同行交流、跨界融合、用户的抱怨、制造商和原料(部件)供应商常常能提供有价值的创新理念。也有不少创新完全是采用他人的构思。如计算机鼠标是施乐公司发明、别的公司把它引入市场。

一些发达国家的经验表明,提出成功创新构思的个人大多数都受到过良好的教育。激发创意的人约40%有博士学位。个人之间的直接接触、教育和经历,为创意的产生组成了一个最大的信息源。教育特别是高等教育往往是科学新发现并转换成工程实践的基本途径。

七、企业创新的要点

对于企业创新来说,有七个角色十分关键。许多企业创新之所以失败,都是因为缺少这七个角色中的一个或几个。

(1)创意产生。需求导向、问题导向和新技术导向,为开发新产品(或服务)、新的技术方法或程序以及改进现有产品和工艺,解决挑战性技术难题等产生了新的创意,其具体方式多种多样。

(2)企业家或其他创新者。即确认、提出、推动或表明一个新的产品创意、技术构思和工艺改进等的重要贡献者。

(3)项目领导。计划与协调好将构思转化为现实创新的过程中所涉及的组织活动。

(4)技术难题解决者。研发人员是技术创新、工艺创新实现的中坚力量。

(5)信息收集员,也称守门人。搜集关于内、外部环境重大变化的信息并将其与创新小组沟通。信息守门人可以集中精力于市场、制造和国际技术发展趋势。

(6)指导。指导或培养关键人物和缺少经验的人员,不断提高各类人员的创新意识和创新能力,并提供尽量充裕的经费支持。

(7)营销人员。没有营销人员的努力,新产品的价值就不能真正实现。

企业创新的各个阶段对这七个角色的要求不同。并且不同的创新项目在各个阶段所要求的角色组合也不同。如果要使创新有效地通过各个阶段,所有这七个角色必须由一人或多人来实现。

上述七个角色是成功的企业创新所必需的。

八、企业成功创新的一般特征

（1）企业创新成功意味着企业通过创新的努力获得了新的更大效益。这是企业各职能部门积极配合和全体员工共同努力的结果，而不只是一两件事做得很卓越。

（2）成功因素具有一定的共性，虽然这些因素的相对重要性在不同部门有所不同，区别成功与失败的因素，有时技术因素最重要，有时与市场有关的因素占主导地位。

（3）成功是"以人才为中心的"。常规的管理技术不能替代高质量的管理水平。创新实质上是一个创新人才驱动过程，简单地利用常规的管理技术来代替管理才能和企业家精神是不可行的，企业创新必须以人才为中心。

九、高度重视创新源

（一）研究开发

研究开发是主要的创新源，国家的繁荣是不断创造的，不是继承来的。创造力是一个国家最为宝贵的财富。如果没有强大的创新能力，任何一个国家、任何一个企业都不可能充满活力。

研究开发能力是企业和国家技术创新能力的关键组成部分和重要衡量指标。国际著名企业都把研究开发视为企业的生命源，无不投巨资于研究开发。在日本，有些企业对研究开发的投资已超过了对固定资产的投资。如何在企业中培养起强大的研究开发力量，以及如何提高企业已有研究开发队伍的创造力，不仅对企业的成败至关重要，而且是国家战略的关键内容。

研究开发对企业和国家技术创新能力的作用主要体现在技术学习能力、开发能力上。研究开发在技术创新过程中担负着创造新技术、获取新技术、解决技术难题、开发新产品和新工艺以及提供创新构思等任务。在市场经济环境下，研究开发活动首先是一种面向用户需求的商业活动，其次才是技术活动。

许多事例都充分说明，导致创新失败的主要原因往往是组织上、管理上的因素而非技术上的因素。

（二）创新源管理

创新源的主体是创新者或创意从何而来这一基本问题。

创新源是多种多样的。有的领域，产品用户开发了大多数创新；另外一些领域，与创新有关的部件和材料供应商是典型的创新源；还有一些领域，市场拉动和技术推动都是重要的创新源。关键是技术机会要与市场需要结合。企业的价值链、成本和效率分析以及技术引进等也是重要的创新源。

十、创新与企业家

创新是企业的活力之源，企业是技术创新的主体，而企业家则是技术创新过程组织的中心人物。企业家是指实现创新的人，企业家概念的实质就是创新。企业家精神及行为是指组织的创新行为。因此，激励企业和企业家创新是使企业或经济充满活力的基本要求。

大量研究表明，个人企业家行为具有一些共性，它们是组织创新能力的重要标志，这些企业家行为存在以下特性。

（1）预见能力。企业家要求不断探索。更新是一种更广泛的团体试验。而"打破框框"的创意，从本质上讲，是整个组织的成功尝试。创新需要企业家要有预见性，并由此承担一定的风险。

（2）超越现有能力的要求。即创新者通过发现更好的资源组合方式，进而获得企业创新的成功。对企业家能力和组织更新一样具有较高要求，这些企业家从不把他们对战略或机会的理解限制在现有资源所界定的范围内，这一特性对追求行业领先地位和企业进步来说具有实质性的含义。

（3）团队导向。领导有责任营造一种支持创新构思产生和个人发挥创造性的组织环境。

（4）解决进退两难问题的能力。企业创新所经受的困难在老眼光看来是不可能解决的。

（5）学习能力和创造能力。它们是创新组织最本质的特征。

十一、努力提高企业创新的成功率

（1）我们要充分认识到企业创新的极端重要性和企业作为技术创新主体的责任，克服畏难情绪，尽量早起步。

（2）制订好正确的发展战略。一个企业不是什么都可以做且什么都可以做好的，要坚持实事求是、主观符合客观，注意分析自己的优势、劣势、机会和威胁等因素，一定要注意"优势导向""扬长避短""有所为有所不为"，要根据细分市场需求和新技术发展趋势，产品先定好位并做专做精，形成优势和品牌，再逐步做大做强。

（3）精心组织，有明确的创新方向和重点，抓住主要矛盾集中力量攻关，以项目为主要形式，争取积小胜为大胜。同时注意领导和群众相结合，专业技术人员和普通员工相结合，群策群力，开源节流，有些创新不一定要花什么钱，如合理化建议等。

（4）营造良好的创新生态，特别是理念创新和经费条件。其中，理念创新是指以新颖独创的方法解决问题的思维过程，通过这种思维能突破常规思维的界限，以超常规甚至反常规的方法、视角去思考问题，提出与众不同的解决方案，从而产生新颖的、独到的、有社会意义的思维成果。

（5）建立良好的内外部沟通交流，特别是与高校、科研院所保持密切联系，及时抓住发展机遇。

（6）创新不仅是某个部门的事，而是以新产品、新项目为龙头的整个企业共同行为。要不断培养创新骨干，做到人员落实、组织落实，经费落实，项目落实，各部门协调配合。甚至做到"全员创新"，企业每个人都要有"主人翁"精神，不仅关心创新，更要积极参与创新。

（7）企业要不断提高研发、生产和营销的效率。

（8）市场是许多企业的生存之源。要千方百计满足用户需要，尽可能让潜在用户也参与开发过程，充分发挥各类用户的作用。

（9）人才是关键。要善于引进和留住有才能的各类人才。不断对企业人力资源进行多种形式的创新能力的开发（如创新工程师）并用好他们。同时注意引进人才。

（10）关注产品的独特性和市场需求的密集性等。

第六节　文化创新

一、文化的定义和种类

文化指人类改造客观世界和主观世界的活动及其成果的总和，是人类社会特有的现象，包括物质文化和精神文化两大类。物质文化是通过物质活动及其成果来体现的人类文化；精神文化是通过人的精神活动及其成果来体现的人类文化，包括政治、思想、道德等意识形态和科学、技术、语言、风俗等非意识形态。狭义的文化专指精神文化。

文化既有积极的也有消极的，积极文化是人类智慧的集中体现。一切有利于人类进步发展创新的文化都是积极文化，如辩证唯物主义等先进哲学思想、科学技术知识等。积极文化又可分不同的层次。如追求卓越与追求进步是不同层次的文化。积极文化在人类认识世界和改造世界的过程中可以转化为巨大的物质力量，对社会发展进步产生促进或深刻影响，如西方文艺复兴，中国的五四运动、雷锋精神等。

二、文化的意义

习近平总书记指出，人民有信仰，国家有力量，民族有希望。人类社会发展的历史证明，物质和精神是相辅相成的。一个民族，只有物质和精神都富有，才能真正屹立于世界民族之林。社会主义的主要特征就是物质文明和精神文明。

马克思主义认为，人们的社会存在决定人们的意识，但意识也有巨大的反作用。社会主义的本质特征是物质要文明，精神也要文明。物质文明和精神文明相互依赖、相互促进。故文化创新在人类的进步中具有十分重要的意义。如近代第一所大学的诞生、欧洲的文艺复兴运动、中国的五四运动和改革开放初期的真理标准大讨论等，均对推动历史进步产生了深远影响。

三、文化创新的定义

文化创新主要指狭义文化的创新，即不断创造有利于生产力更快更好发展和社会更快进步的新的文化形式和文化内容的一切活动。

四、文化的意义和作用

历史唯物主义告诉我们，社会存在决定社会意识，而社会意识对社会存在具有重要的反作用，在一定条件下起决定作用。文化是人类社会发展进步的重要标志和精神动力。一个国家、一个企业的发展快慢与这个国家、企业的文化先进与否息息相关。

中国几千年的历史，创造了灿烂的中华传统文化，在许多方面曾遥遥领先于西方国家。但主要从明代郑和下西洋结束后不久就逐渐落伍了，以致近代科学技术没有在中国发生，工业文明严重落伍并导致一百多年的屈辱史。许多对人类进步具有重大意义的发明创造并没有出现在中国，相当部分自然科学、社会科学等均来自西方国家。而从辛亥革命以来，中国之所以逐步摆脱了悲惨的命运并逐步强大起来，也主要得益于五四运动以来的多次思想解放运动，得益于孙中山、毛泽东、邓小平等革命领袖领导中国人民在拯救中华和振兴中华的过程中所创立的正确理论以及中国人民在这过程中创立的许多可贵的时代精神。

无数事实说明，文化创新可以推动社会实践的发展。文化源于社会实践，又引导、制约着社会实践的发展。推动社会实践的发展，促进人的全面发展，是文化创新的根本目的，也是检验文化创新的标准所在。

文化创新能够促进民族文化的繁荣。只有在实践中不断创新，传统文化才能焕发生机、历久弥新，民族文化才能充满活力、日益丰富。文化创新，是一个民族永葆生命力和富有凝聚力的重要保证。

五、主要创新途径

(一) 发展理念的创新

改革开放初期的"真理与标准大讨论"就是一种决定中国前途命运的思想大解放,也是一种发展理念的创新。企业国际化发展、动漫产业发展、互联网文化等也是一种发展理念创新。

(二) 表现形式的创新

仅文化领域表现形式的创新就有很多,如大合唱中无指挥合唱、舞蹈与合唱结合的合唱等,美食文化中的中西方美食文化结合,网络时代的网络文化等,都是表现形式的创新。

(三) 文化内容的创新

随着我国改革开放的深入,不断吸收其他国家和民族的优秀文化,中西文化交融必然促进我国各类文化的内容创新。同时,不断挖掘我国传统文化,也会促进我国有关文化的内容创新,如海上丝绸之路文化、"南海一号"宋代商船的考古文化、对岭南文化产生重要影响的珠玑文化、客家文化等。

(四) 文化管理体制的创新

不断解放文化人才,解放和发展文化生产力,是中国特色社会主义的本质要求。而文化管理体制改革对于实现这个目标意义重大。如党和政府提出的文化产业的发展理念,将许多文化部门的产品和服务与市场形成互动关系,实践证明,这是加快繁荣文化事业的可行之路,也是文化创新的成功之路。

(五) 文化产品的创新

文化产品的创新包括质量、数量、结构和效益的创新。

1. 质量创新

文化产品首先必须讲质量,讲究社会效益。莫言获得了诺贝尔文学奖,既为中华民族争了光,也体现了其文化产品的质量。文化产品也必须有品牌,如中央电视台主办的"星光大道"等节目,就是品牌节目。

2. 数量创新

文化产品在确保质量的前提下,数量越多越好。如我国的各类出版物、影视作品等。

3．结构创新

文化产品的结构必须适应国家发展需求和市场需求。如大学生就业难问题，原因很多，但结构性问题是主要的，即大学所设置的专业与市场需求不很适应，高等教育与职业教育的结构与市场不很适应，大学生本人的就业观念和能力与社会需求不很适应。

4．效益创新

任何事业的发展都必须有效益才能发展。效益性也是创新的必然要求。只有不断创新社会效益和经济效益，文化事业才能健康发展。如我国著名科学家袁隆平不仅培育了许多水稻优良品种，而且取得了十分可观的经济效益和社会效益。他既是科学家，也是企业家。

六、文化创新

（一）理论创新

1．定义

理论创新是指人们在社会实践活动中，对出现的新情况、新问题，做新的理性分析和理性解答，对认识对象或实践对象的本质、规律和发展变化的趋势做新的揭示和预见，对人类历史经验和现实经验做新的理性升华。简单地说，就是对原有理论体系或框架的新突破，对原有理论和方法的新修正新发展，以及对理论禁区和未知领域的新探索。

2．意义

理论是重要的，科学理论是行动的指南，但无论是社会科学理论、人文科学理论还是自然科学理论，只有随着人类认识世界和改造世界能力的不断提高而不断创新才能得到发展。马克思主义尚且要结合中国的实际才能显示出它的威力，我们学习西方各种理论也必须结合中国的实际，故理论创新具有十分重要的作用，甚至被誉为技术创新、制度创新等的核心和灵魂，属于元创新。

3．马克思主义的诞生本身就是创新

马克思主义主要由辩证唯物主义、政治经济学和科学社会主义这三部分组成。其中辩证唯物主义是马克思、恩格斯批判了黑格尔唯心主义辩证法的外壳，而保留了其辩证法的"合理内核"，批判继承了费尔巴哈的唯物主义，从而形成了科学的辩证唯物主义并在这个基础上创立了历史唯物主义。在政治经济学里，马克思从分析资本主义社会的细胞——商品入手，详细论述了商品的特性和内涵，论述了商品的使用价值和价值，个人劳动和社会劳动以及价值规律等，并批判吸收了西方政治经济学中的合理养分，使马克思的政治经济学建立在更科学的基础上。在马克思之前，社会主义只是人们的美好愿

望，是空想社会主义。马克思通过分析生产力和生产关系、经济基础和上层建筑之间的矛盾运动，在充分肯定资本主义具有历史进步性的同时，也指出了随着生产力的发展，随着生产资料私有制和社会化大生产之间产生越来越尖锐的不可调和的矛盾，用公有制替代私有制就成为历史的必然，社会主义的到来也成了历史的必然。这些科学思想在马克思之前是没有的，马克思主义的发展是不断创新的结果。

4. 发展马克思主义也必须要创新

应用马克思主义的基本原理，结合俄国的具体实践，列宁所领导的俄国布尔什维克在1917年成功建立了世界上第一个社会主义国家——苏联，并在这基础上迅速发展经济和文化，在比较短的时间里把一个比较落后的俄国变成了一个社会主义工业国，并在第二次世界大战期间经过艰苦卓绝的努力，成了世界反法西斯联盟最主要的国家。如果当年的苏联沿着社会主义道路继续前进，苏联将很有可能成为当今世界最强大的国家。可惜苏联在1991年解体了。这不是马克思主义的错误，而是恰恰证明了没有坚持马克思主义所带来的恶果。

应用马克思主义的基本原理，借鉴俄国十月革命的成功经验，结合中国的实际情况，不仅诞生了中国共产党，而且在中国共产党的领导下，中国经过28年的艰苦努力，走出了一条与俄国十月革命道路不同的新民主主义革命道路，不仅创建了一支新型的人民军队，而且创建了中华人民共和国并且走上了社会主义道路。历史证明，正是由于中国共产党的卓越领导，才彻底摆脱了中国人民的悲惨命运并开创了中华民族走向繁荣富强的康庄大道。这个过程充满了创新。中国共产党的历史充分说明，不是马克思主义不正确，而是教条式对待马克思主义不正确。只有科学对待马克思主义，努力实现马克思主义中国化、时代化，让马克思主义活起来，才是真正的马克思主义，才能发挥马克思主义的巨大威力。正如江泽民同志所指出的："注重理论创新，是党的事业前进的重要保证。什么时候我们紧密结合实践不断推进理论创新，党的事业就充满生机和活力；什么时候理论的发展落后于实践，党的事业就会受到损害，甚至发生挫折。""一是必须坚持马克思主义的立场、观点、方法，坚持马克思主义的基本原理。这一点，要坚定不移，不能含糊。二是一定要贯彻解放思想、实事求是的思想路线，坚持勇于追求真理和探索真理的革命精神。这一点，也要坚定不移，不能含糊。这两个'坚定不移'、两个'不能含糊'，始终是检验我们是不是真正的马克思主义者的试金石。""用发展的观点对待马克思主义，在坚持中发展，在发展中坚持，这就是按规律办事，也是对待马克思主义唯一正确的态度。"

5. 各类理论必须创新才能得到发展

对于中国人来说，虚心学习国外特别是西方的各种先进理论是很重要的，因为我们落后的根本原因之一是闭关自守，中国没有经历资本主义充分发展的历史阶段，马克思

第九章 主要领域的创新

主义也是来自西方。但我们的学习必须注意结合中国实际,并在这种结合中寻求创新,只有这样,我们才能真正实现后来居上,这方面钱学森等海外归来的著名科学家为我们做出了榜样。美国、日本等发达国家尚且很注意学习中国传统文化的精华,如《论语》《孙子兵法》等,我们更要传承和弘扬传统文化。今天,中国的成功发展与努力学习西方先进科学和理论并结合中国实际运用是分不开的。对待西方先进科学和理论的正确态度是:一是虚心学习;二是注意结合和扬弃;三是敢于创新,并力求创造出新的理论、新的学科,特别是获诺贝尔奖级别的、具有世界影响的新理论。这才是我们对待理论创新应有的态度。

(二) 知识创新

知识创新是文化创新的重要组成部分,知识创新实质上就是学科发展,就是通过科学研究等途径,使得人们对自然、社会和人类本身的客观规律的认识更加深化,各类学科在深度和广度上的不断发展。知识创新的目的是追求新发现、探索新规律、创立新学说、创造新方法、积累新知识。知识创新是技术创新的基础,是新技术和新发明的源泉,在创新经济时代,知识的继承率、生产率和应用率是促进人类更快进步的最主要、最重要的因素。而要提高新知识生产率和应用率,又必须充分调动政府、知识分子和企业家等的积极性和创造性。只有知识生产率和应用率处在良性循环的状态下,知识创新才能健康发展。

(三) 观念创新

观念创新与思想创新、理念创新、精神创新近义,也是文化创新的重要组成部分。人的观念属于意识形态,人的任何有意识的行为都受思想支配,故正确的观念对有效改造客观世界、促进创新型人才的成长具有十分重要的作用,甚至在一定条件下起关键作用。

创意也是一种观念创新。而创意对各类创新具有十分重要的作用。如马云"用别人的钱赚钱"就是一种观念创新,贵阳创客喻川以及他的Flexbot团队让突发奇想变成了现实,发明了迷你飞行器并获得了可观的经济效益,他提出的"迎接个人制造时代的到来"就是一种观念创新。改革开放被誉为强国之路,最近,深圳人又提出应将创新与改革开放并列,这又是一种观念更新。

(四) 艺术创新

艺术包括音乐、美术、戏曲、文学、小说等,是上层建筑的重要组成部分,艺术创新具有重要意义。如毛泽东提出文学艺术为工农兵服务是一个重要的创新;徐悲鸿注重

211

中西文化融合，形成了自己独特的绘画风格等。著名的京剧"四大名旦"梅兰芳、尚小云、程砚秋和荀慧生之所以能成为"百年巨匠"，重要原因是他们既能较好地传承古老京剧的许多精华，也能大胆摆脱传统的一些禁锢，与时俱进，兼收并蓄，大胆改革创新。如荀慧生大胆对剧本、人物造型和演出服装等进行创新，并吸收了国画的一些长处等，从而推动了京剧的发展和进步。

第七节 品牌与高质量发展

品牌、高质量发展与创新的关系十分密切。创品牌的过程就是创新的过程，品牌发展是高质量发展的重要内容。2014年5月，习近平总书记明确指出，要积极推动"中国制造向中国创造转变，中国速度向中国质量转变，中国产品向中国品牌转变"。党的十九大以来，中国进入高质量发展的新时代，党的十九届五中全会更是强调开启新征程要聚焦高质量发展。

一、品牌

（一）定义

品牌有狭义和广义之分。狭义的品牌指一种拥有对内对外两面性的"标准"或"规则"，是通过对理念、行为、视觉、听觉四方面进行标准化、规则化，使之具备特有性、价值性、长期性、认知性的一种识别系统总称。广义的"品牌"是具有经济价值的无形资产，用抽象化的、特有的、能识别的心智概念来表现其差异性，从而在人们的意识当中占据一定位置的综合反映。品牌建设具有长期性。

现代营销学之父科特勒在《市场营销学》中把品牌定义为销售者向购买者长期提供的一组特定的特点、利益和服务。

简言之，品牌（Brand）是质量被消费者认可、给拥有者带来效益、受法律保护的一种无形资产。他的载体是用以和其他竞争者的产品或劳务相区分的名称、术语、象征、记号或者设计及其组合。品牌是品质优异的核心体现，如中国制造业的"海尔""华为""腾讯"，广东农业的"新会陈皮""四会砂糖橘""增城荔枝"，美国的"英特尔""麦当劳""苹果"，韩国的"三星"，等等。广义的品牌不仅指优秀的企业产品，也指各行各业的佼佼者，如北京大学等是名牌高校等。

与品牌紧密联系的有品牌名称、品牌标志、品牌角色、品牌效益、品牌设计等概念。

（二）特点

品牌具有很多特点，如品牌是专有的品牌，具有排他性；品牌是企业的无形资源，品牌拥有者可以凭借品牌的优势不断获取利益，可以利用品牌的市场开拓力不断扩张；品牌转化具有一定的风险及不确定性。创立品牌的过程就是产品不断由低附加值向高附加值转变的过程，也是不断创新的过程。

（三）种类

品牌的种类很多，如根据品牌知名度的辐射区域划分，可以将品牌分为地区品牌、国内品牌和国际品牌；根据品牌产品生产经营的不同环节，可以将品牌分为制造商品牌（如"奔驰"）和经营商品牌（如"王府井"），或称为第一产业品牌、第二产业品牌和第三产业品牌。

（四）层次

品牌是有层次的，有国际名牌、国内品牌、省市品牌、行业品牌等。

（五）作用

品牌对企业发展的作用很大，品牌是企业有力的竞争武器，是企业争取更好经济效益的必由之路，品牌产品的价格均比一般产品的价格高出很多或价格基本不变，但实际成本降低很多。企业要发展，关键是其产品要得到消费者的认可。品牌不仅是产品或企业核心价值的体现，质量和信誉的保证，更重要的是，品牌是消费者识别商品的分辨器。品牌的首要功能是在于可以方便消费者进行产品选择，缩短消费者的购买决策过程。选择知名的品牌，对于消费者而言无疑是一种省事、可靠又减少风险的方法。

由于品牌的重要性和内容广泛，甚至已经形成了专门的研究领域——品牌学。我国于2007年8月8日开始设立品牌节，体现了国家对品牌的重视。品牌也是动态的，今天是好品牌不等于明天就是好品牌。各省市均有品牌管理部门，每年都要在一定范围内评选出本年度、本地区的品牌变化情况。

（六）如何做到品牌发展

（1）要有品牌意识和创立品牌的志气。

（2）找准市场空白点或竞争者的弱点，注意"人无我有，人有我优"，选择差异化发展和特色发展。

（3）知己知彼，弄清市场需要什么，自己能干什么。只有扬长避短去满足社会需求才更容易成功。因此，拥有关键核心技术、采用先进技术等，就显得十分重要。如"互联网＋"、人工智能、区块链的平台上诞生了越来越多的新品牌。

（4）明确方向后，要有创立品牌的长期艰苦努力，做到持续创新。没有一个品牌是不经过一定时间积累的。如泸州老窖创建于1573年，北京同仁堂创建于1669年。一些品牌产品虽然诞生于改革开放以后，但也经受了一定的历史考验。

（5）要有高标准，瞄准国内、国际先进水平，既要扎扎实实付出努力，也要不断创新，包括技术创新、商业模式创新等，争取跨越式发展，如英特尔、可口可乐等都是创新的产物。

（6）高度重视人才培养和基本队伍的稳定。创立品牌，人才是关键。人才不仅要有水平，也要相对稳定。一定要有几个"志同道合"的合伙人。同甘共苦，乐于奉献，对企业忠诚。

二、高质量发展

（一）定义

这里的质量指经济学或社会学领域的质量，有宏观和微观、狭义和广义之分。宏观的高质量发展就是新动能基础上的、现代经济体系条件下的经济发展。高质量发展的根本在于经济的活力、创新力和竞争力，供给侧结构性改革是根本途径；微观的高质量发展指各行各业所输出的产品和服务的高性价比或高水平。如高校所培养学生的高质量、酒店所提供服务的高水平等。高质量发展也可看作能更好满足消费者动态需求和人民新期待的发展。高质量发展已成为中国迈进新征程的主旋律。

（二）特点

1. 适用性

美国著名质量管理专家朱兰博士从顾客的角度出发，提出了产品质量就是产品的适用性，即产品在使用时能成功地满足用户需要的程度。用户对产品的基本要求就是适用，适用性恰如其分地表达了质量的内涵。

2. 标准性

任何质量都是一定标准的质量。没有标准就没有质量的衡量尺度。如对中国的大学和职业技能学院来说，培养德、智、体、美、劳全面发展又有个性的社会主义建设者和接班人以及更多的拔尖创新型人才就是"立德树人"的标准。

深圳人认为，"只有高标准，才有高质量""标准国际化"，这是他们在高质量发展中走在前列的重要经验。珠海格力电器集团的质量标准之一是"没有售后服务才是最好的服务"。

3. 竞争性

企业要发展得更快更好，各行各业要发展得更快更好，更高水平、更高质量的发展是必由之路。

当然，每个国家都有自己的比较优势，每个企业都有自己的优势和短处，我们不能追求面面俱到，要有所为有所不为。只要条件允许，适当的进口是必需的。"引进来"和"走出去"是辩证统一的。适当的进口不仅弥补了我国经济发展的一些"空白"，而且明显促进了我国高质量发展。

4. 技术性

技术作为生产力的重要组成部分是不断进步的，在一定条件下的竞争力是"技术决定一切"，高质量发展一定是技术含量更高的适应时代要求的发展。企业的转型升级就是企业要与时俱进，及时进行技术更新，争取走在时代进步的前列，如用机械化、信息化、自动化和智能化替代传统的产业，以产生更高效益。正如九成以上设备自主研发、拳头产品市场份额领先世界的潮州三环（集团）股份有限公司负责人"有高技术就有高质量，高质量带动高效益"的感慨那样。

5. 耐用性

耐用性也称稳定性。是符合一定标准的耐用性。如一支签字笔没用两天就写不出字来，这叫质量不好，主要是耐用性差。

6. 动态性

人们使用产品，总对产品质量提出一定的要求，而这些要求往往受到使用的时间、地点、对象、社会环境和市场竞争等因素的影响，这些因素变化，会使人们对同一产品提出不同的质量要求。因此，质量不是一个固定不变的概念，它是动态的、变化的、发展的；它随着时间、地点、使用对象的不同而不同，随着社会的发展、技术的进步而不断更新和丰富。

7. 综合性

质量是一个综合的概念。它不仅指产品的性能和其他经济特性，也包括售前售后服务等服务特性、文化等心理特性等。它并不要求技术特性越高越好，而是追求诸如功能、成本、数量、交货期、服务等因素的最佳组合。

8. 相对性

质量是相对的，是在一定条件下的质量。企业要力求物美价廉和优质优价的统一。同时，不同的人群、不同的领域、不同的用途要求有不同的功能和质量要求。如同是空调机，南方与北方客户的要求就不一样。如果一种产品质量很好，但成本很高，超出了广大消费者接受的程度，也难以更好地满足广大消费者的需求。在不断推进高质量发展的过程中，价值工程中功能与成本的关系，仍然值得我们借鉴。

（三）种类

质量的种类很多，如质量技术、质量管理、质量基础建设、质量文化等。

三、如何实现高质量发展

（一）思想上重视

高质量发展是由低端走向中高端的必由之路，是我国建设社会主义现代化强国的必然要求。对于各行各业特别是企业来说，也是在新时代生存和发展之道。早重视、早起步就早主动。

（二）积极参与创立品牌

以创立某品牌为目标就是努力高质量发展的具体行动，客户的广泛认可就是对产品质量的最好评价。就是不参与创立品牌也要以先进为榜样。如大学积极参与"一流大学""一流学科"的创建活动。

（三）质量定位

质量是产品的主要衡量标准，质量的好坏直接影响到企业的产品在市场上的竞争力。因此，企业在研发、生产产品时，应该更加注意根据市场需求确定产品的质量水平，在功能和成本的性价比上适应某种细分市场的需求。在满足消费者某种功能的前提下，力争价格更低。故质量过度和不足均不妥。因此，在质量定位时，还应该考察质量的边际效益。

（四）制度健全

在企业生产产品的过程中，任何一个环节出了问题都会产生不好的效应：轻则影响产品使用，重则引发重大事故。要制定并不断完善相应的质量管理规章制度并切实落实，如对产品的每个零配件都要严格把关。

（五）关键在人

质量管理，关键在人。不断提高人的综合素质，对于单位来说要不断组织培训，不断提供良好的学习条件和生活条件，但这毕竟是外因。作为个人要不断学习提高，牢固树立爱岗敬业的职业道德。雷锋同志所倡导的"做一颗永不生锈的螺丝钉"是很符合质量管理要求的。每个岗位的员工都要对工作认真负责并精益求精。

（六）及时采用先进技术和方法

"微笑曲线"告诉我们，研发和销售将越来越比生产过程重要。企业要高质量发展，一定要主动推进转型升级，及时采用先进技术和方法。如"六西格玛法"就是一种比较先进的质量管理方法。要重视研发，中小型企业可设立研发小组，大的企业应成立研究所或研究院，并保证有较高水平的资金投入到研发。当然也可以通过其他渠道得到先进技术，如购买专利，走引进、消化后再创新的道路等。创新的要点之一是通过"变"使问题得到解决，从而获得新价值。不断采用新技术是"变"，不断降低成本是"变"，不断适应客户的需求变化是"变"，不断提高产品质量和企业经营水平也是"变"。

案例一

日本诺贝尔奖"井喷"的启示

2019年12月10日，2019年诺贝尔奖颁奖仪式在斯德哥尔摩举行。日本名城大学教授吉野彰与两位美国科学家共享本年度诺贝尔化学奖，至此，日本荣获诺贝尔奖（以下简称诺奖）的人数攀升至24人，其中19人是在进入21世纪后获奖的。日本为何会出现诺奖"井喷"现象？

一、与战后的教育改革有关

日本21世纪19名诺奖得主的平均获奖年龄为69岁，出获奖奠基性成果的平均年龄为41岁，绝大多数都是在战后接受高等教育的。

"二战"后，在美国的推动下，日本开始实行教育改革。东京、京都等7所帝国大学在这一时期被改造成为国立大学。这些国立大学享有高度的办学自主权，教师获得了更多的研究自由和稳定的经费支撑，大批理工科学生获得了更多参与科学研究的机会。

1992年、2007年的卡耐基大学教师国际调查显示，七成左右的日本大学教师在教学与科研中更重视知识生产。虽然这种重视知识生产胜过知识传播，甚至重知识应用的办学模式曾引起日本民众的不安，但它在创新型人才的选拔和培养上确实存在诸多优势。

二、受导师精神气质的深刻影响

20世纪五六十年代，在日本国立大学指导理工科学生的导师大体上分两种类型：一种是亲身经历过战时研究的资深教师，另一种是"二战"后期才考上研究生的青年教师。

这些导师都曾目睹技不如人的日本在战争后期被科技强国碾压，因此对科技竞争的残酷性和重要性有着深切的感悟,对科研选题的新颖性和科研数据的准确性要求非常严格。这种精神气质通过言传身教的方式传播给他们的学生。

1964年,东京奥运会成功地向世界展示了日本的科技实力;1965年,朝永振一郎继汤川秀树后再度摘得诺贝尔物理学奖桂冠。这些成功极大地提振了日本青年学子的自信心。他们不愿意继续简单地模仿西方学者,而是瞄准科技前沿大胆地向"无人区"挺进。

三、得益于研究经费的持续增长

20世纪60年代初,日本提出有必要模仿欧美国家,尽快将研发经费投入总额提高到国民生产总值的2%。这一目标在1970年宣告达成。20世纪70年代,日本的研发经费投入总额不断攀升。日本1980年的研发经费投入总额比1970年提高了近4倍。在20世纪最后20年里,除去泡沫经济破裂之初的3年,日本的研发经费投入总体上仍呈不断攀升之势。这一时期,日本的研发经费投入总额由4.7万亿日元进一步增长至14.7万亿日元。研发经费投入占此也由2.1%攀升至2.9%。

日本21世纪诺奖得主的获奖奠基性成果大都是在1970年至1999年间做出的,也就是在日本将研发经费投入强度提高到2%之后做出的。

四、"井喷"的启示

全面改良科学技术创新"土壤"比定向培养科学技术创新"苗子"成效更大。19名诺奖得主中,不少人在做出获奖奠基性成果之前表现并不突出。事实上,日本政府20世纪从未实施过拔尖人才的科研资助计划。因此,日本21世纪出现诺奖"井喷"主要归功于日本政府对科学技术创新"土壤"的改良,而不是对科学技术创新"苗子"的选育。

前辈学者的正面示范有时胜过"帽子""票子"和"位子"的激励。日本政府也给科学家戴"帽子",不过"帽子"的种类不多。最为著名的是日本学士院院士。近年,整个学士院一年的预算资金还不到4000万元人民币,即使全部用到院士身上,人均还不到30万元。日本国立大学教授的薪资待遇与中央政府副部级公务员的薪资差异不大,除非政府拿出副部级以上的位子,否则对资深科学家形成不了有效激励。在"帽子""票子"和"位子"的吸引力难以有效发挥作用的情况下,内在动力对驱动科学家不断开拓进取就显得十分重要。科研兴趣的培养离不开老师们的教育,使命意识的形成离不开老师们的垂范。导师的言传身教至关重要。

为了鼓励竞争,日本政府近年一直在缩小拨付给大学和科研机构的稳定支持经费占比,持续加大竞争性研究开发经费的投入。即便如此,日本政府拨付给大学和科研机构的稳定支持经费依然占全部经费的70%以上。可以说,没有稳定且充裕的研发经费的支撑,日本20世纪最后30年不可能有那么多学者在"无人区"开展自由探索时取得成功。

第九章 主要领域的创新

案例二

基础研究不能急功近利
——日本理化学研究所的启示

18世纪末，被美国等西方国家打开大门，日本人积极学习西方先进的科学技术和政治制度，发展自己的科学技术和工业。"二战"中被打败，战后在美国的扶植下很快恢复了元气。日本理化学研究所（以下简称"理研"）于1917年成立，至今已有100多年的历史。目前理研在日本全国有10个分所共计450个研究室，从事科学研究的人数为7000名。

一、在世界上站住脚，不能靠资源、劳力，只能靠产品

理研成立的目的是："日本虽然人口众多，但工业原料和资源匮乏，只能靠知识的力量来培育产业，以此推动国家发展。"所以他们做研究，都是集中力量，追求高质量，要做就做世界第一。

在回旋加速器研究方向，日本始终走在世界前列。回旋加速器由美国的劳伦斯于1932年发明。5年以后，理研的仁科芳雄就造出了世界上第二台回旋加速器。理研造这台加速器，就是要研究费米的设想，用中子轰击铀，可以合成93号元素。

1944年，日本又完成了210吨的大型回旋加速器。"二战"结束后，美国占领军认为回旋加速器能用来制造原子弹，将这2台加速器拆了，沉入东京湾。1965年，仁科研究室的朝永振一郎以"量子电动力学领域的基础研究"获诺贝尔物理学家。第二年，日本战后第一台多功能回旋加速器（直径160厘米）完工。

二、企业界主动与科学研究机构合作

他们利用日本制造的大型装置——电子能量80亿电子伏特的同步辐射加速器Spring-8、X射线只有电子激光装置SACLA等解决了许多工业界的重要技术问题。2012年以后，工业界在这些大装置上获得了世界先进水平的成果。这些都提高了日本产品在世界市场上的竞争力。

以理研的研究成果为核心来创办企业，理研认可的企业就是理研的创业板。例如2007年，理研成立了动物过敏检查以及生产遗传基因的全自动解析装置的理研新企业。2016年，Healios公司从iPS细胞分化出HPE细胞，生产用于治疗黄斑变性的药品。这些企业都是理研创业板的代表。

除了理研创业板，还有许多企业和有关研究小组合作，把理研的研究成果商品化。例如消毒用的最短波长、高效的深紫外LED技术，遗传基因检查系统研究小组与松下医疗保健株式会社的合作，理研和住友理工会社合作的机器人联合中心等。

反过来，企业对基础研究做出了积极的回报。理研的成立就是从实业家们以及三

井、三菱等财阀那里募集了资金，同时向政府游说，让国家制定了从国库得到补助金的法律。随着理研的研究进展，相关企业陆续诞生，共有63个会社、121个工厂成为理研康采恩企业集团的成员。

三、建立资源中心，为创新的基础研究创造条件

2001年，建立的理研生物资源中心所拥有的细胞材料是世界上规模最大的。依托这样的条件，京都大学的iPS细胞研究所所长山中伸弥发明了iPS细胞，获得2012年诺贝尔生理学或医学奖。iPS细胞可以以人类皮肤为材料，生成人类的各种组织和器官，这在人口老年化社会是非常具有应用价值的。

在这个中心建成前，各种各样的生物材料散落在各所大学，当研究者退休时，这些材料不知所终。在生物上任何实验要在科学上成立必须有"再现性"。为了这个"再现性"，必须使用同样的实验材料以及同样的生物资源。目前生物资源中心为日本6000多个研究机构提供材料，结果的10%已见诸论文。

在iPS研究的基础上，理研又成立了多细胞形成中心，iPS开始走向临床。开始是治疗黄斑变性，骨髓干细胞再生等，第二代的再生医疗是人造器官，包括牙齿、头发等。

四、有坚持不懈的精神，不能急功近利

2013年9月，森田小组在理研仁科加速器研究中心开始了寻找新元素的研究。在直线加速器RILAC上，用30号元素锌的原子核。如果击中发生核聚变，得到质子数为"30＋83＝113"的新元素。但是击中并发生核聚变的概率是非常小的。2004年7月23日，森田小组终于合成了113号新元素。但是这种新元素寿命很短，需要以很快的速度观察并记录它的存在。

2005年4月2日，森田小组第二次合成取得了成功。两年内得到了两个原子。但是这个发现必须得到两个国际组织——国际纯化学和应用化学联合会以及国际纯粹与应用物理学联合会的认可。批准元素优先权属于其推荐的6人联合工作小组（JWP）。但是，森田的发现还没有得到JWP的承认，后者认为他们的结论证据不够充分。

轰击实验继续进行，但奇怪的是，2005年以后再也看不到合成的迹象。直到2012年8月12日，终于得到第三个113号元素原子，并且伴有α衰变。当年9月27日，JWP发来了授予命名权的邮件。从2003年至2012年经历了8年，终于获得了成功。事后森田是这么说的，"只讲做这个实验，也花费了9年以上的时间，用离子束轰击的时间合计超过570天。搞了100天也不出结果怎么办？那只有再干100天，实验条件不能改变。渴望早出成果，就很容易想到改变实验条件。但我和共同研究者们抵抗住了改变实验条件的诱惑，即使是那么冗长而又枯燥的，几乎见不到光明的实验，我的共同研究者们还是一丝不苟地做好实验准备工作，认真对待每一个实验步骤"。

——摘编自2020年8月12日《中国科学报》　夏建白/文

案例三

诺贝尔奖背后的科学竞争

诺贝尔自然科学奖在学界具有极高的公信度与权威性，其获奖者代表着在该领域内的最高水平。加之诺贝尔自然科学奖偏重基础科学领域，是关乎人类对自然认知的基础性知识，在该领域内取得突破性成果，更体现一个国家的整体水平与原始创新能力，为随后的科技应用与生产实践带来源源不断的推动力。

因此，诺贝尔自然科学奖获奖数量，像一个不够精确却足够明了的指标，反映着现代自然科学在国别层面的发展格局。本文通过统计历年诺贝尔自然科学奖的国别归属，来管窥这项科学荣誉之下的国际竞争。

一、推动者

根据诺贝尔奖官方数据，自1901年颁发该奖项以来，共有612位科学家获得诺贝尔自然科学奖。对这612位科学家所属国籍进行统计（双重国籍者统计两次）发现，他们分布于世界6大洲31个国家。其中拥有美国国籍的获奖者就有267人，占比43.63%，并与位居其后的英、德、法等国拉开较大差距，可谓遥遥领先。第五名是日本，共有22位获奖者。可见，诺贝尔自然科学奖在地理空间上，存在明显的集聚现象，并且集中于发达国家，美、英、德、法4国获奖者几乎就占据了总数的3/4。

若想通过诺贝尔自然科学奖获奖者的数量来体现一个国家的整体科研实力，那么，国籍统计也许并不十分合适。考虑到学术传统、工作合作、科研经费和设备对研究工作的重要性，考察诺贝尔奖成果的完成地显得更为准确。

从诺贝尔奖成果完成地的角度来看，其空间集聚性现象更为明显。612位获奖科学家的成果，集中于25个国家完成，其中美国几乎占据半壁江山。也就是说，一个世纪以来，对人类具有重大意义的科学发现与发明，几乎一半是在美国国土上诞生的，另外超过1/3的成果完成于西欧。人类现代自然科学当之无愧的主要缔造者，是美国与西欧国家。它们在这100多年里，不断推进着人类对自然的认知边界，是当今世界的科学中心。

二、三种类型

自1901年起至今，每20年为一个阶段，可以将诺贝尔自然科学奖的发展历程划分为6个时期。不同国家所完成诺奖成果数量在各阶段的起落，可以大致划分为三种类型。

1. 直线上升型

此类型以美国和日本为代表。美国自1907年阿尔伯特·迈克尔孙获得第一个物理学奖之后，诺贝尔自然科学奖获奖人数逐年上升，且增势迅猛，至今一直保持在高位，尚未出现衰落迹象。日本的情形与美国较为相似，只是起步晚了近半个世纪。1949年汤川秀树获得的物理学奖是日本首个诺贝尔自然科学奖，进入21世纪后，日本获奖者数量出现"井喷"现象。

2. 直线下降型

德国、法国在20世纪的第一个20年内，频频获奖，但随后获奖者数量逐渐减少。同样走向暗淡的还有近代自然科学的发源地——意大利，它在20世纪初期短暂地延续了往昔余晖之后，几乎退出了诺奖角逐的舞台。

3. 单峰型

还有一些国家在某个特定阶段，获奖数量明显高于其他时期，形成诺奖小高峰，如20世纪二三十年代的奥地利、六七十年代的英国、八九十年代的瑞士、冷战时期的苏联以及21世纪以来的以色列，但这样的高潮似乎不具有延续性与稳定性。

三、科研密匙

从微观角度来看，诺奖级别的科研创新，与学科积累传统、知识传承体系关系密切。根据美国社会学家哈里特·朱克曼对1901—1972年286位获奖者的统计，41%的获奖者至少求学或共事于一位诺贝尔获奖者周围。1972年前，美国92位获奖者中，存在师徒关系的比例在物理学领域为61.3%、化学为57.9%、生理学或医学为42.9%。

从中观层面的科研机构来看，诺奖获得者无论其受高等教育地还是工作地，都集中在世界一流的研究型大学。截至2018年，诺贝尔自然科学奖得主获得最高学历最集中的3所大学，分别为英国剑桥大学（61人）、美国哈佛大学（55人）、加州大学伯克利分校（34人）。

从宏观国家层面来看，截至2018年，603位诺贝尔自然科学奖获奖者，其中32.67%的出生于美国，38.64%在美国接受教育，42.74%拥有美国国籍，47.26%在美国完成诺贝尔奖研究工作。美国科学界吸引和汇聚了世界范围内的优秀大脑，维持着其作为世界科学中心的领先地位。经济实力是一国科研水平提升的内生动力，由人才流动形成的空间层面的"马太效应"，则是以外力的方式维持并不断扩大着已有优势。

——摘编自《看世界》2019年第21期 江颖雯/文

第十章 学科创新与产业创新

第一节 学科创新与产业创新的重要关系

马克思在《关于费尔巴哈提纲》这一著作中有句名言:"哲学家们只是用不同的方法来解释世界,而问题在于改变世界。"不断向认识世界和改造世界的广度和深度进军,是人类所面临的两大任务。不断认识世界的新的积极成果,主要体现在学科创新中。改造世界的新的积极成果,从生产力的角度去看,主要体现在产业创新上。科学是技术的源泉,技术又是产业的基础,故人才(教育)、科学、技术、产业之间必须实现良性循环,人类社会才能更快进步。而学科创新和产业创新,处在大创新链的两端。"创新是第一动力",创新的本质主要体现在科学技术与第一生产力的有机统一和"最先一公里"和"最后一公里"的有机衔接上。因此,从整个社会的角度来看,一手抓学科创新,一手抓产业创新,以实现两者的良性循环是实现"创新是第一动力"的关键。

要实现学科创新和产业创新的有机统一,必须使各类研究(或创意)—成果—样品—孵化—产业这一大创新链之间的衔接更通畅。

(1) 作为学科创新,必须将科学研究放在更重要的位置,甚至不断提高"以科研为本"的比例,科学研究是学科创新的"根",学科创新是科学技术的"源",科学技术也是产业竞争力之"基"。同时,人才培养和科学研究是相互依赖、相互促进的。育人固然是大学的根本,但科研的过程也是培养创新型人才的过程。没有科研,学科就不能发展,也不能用最新知识最先进技术去培养学生。

(2) 要实现产业创新,需要科研成果或"创意"尽快转化为现实生产力,需要产学研用政融密切配合,更需要考虑市场的需求。产业创新,技术和工艺都是很重要的,不是技术越新越好,还要考虑客户需求和成本等因素。在一定学科创新成果条件下,充分利用现有学科创新成果进行技术创新和工艺创新就成为主要矛盾。

(3) 学科创新成果转化为产业创新成果,其形式多种多样,有直接的,也有间接的。基础研究往往是"纯科学"的探索,需要"板凳一坐十年冷"、需要长期心无旁骛、专心致志。但没有基础研究的更多突破,人类就难以在认识世界的深度和广度上实现进步,也就难以促进应用研究或技术开发方面有更大突破。如半导体基础研究领域的突破,促进了集成电路产业的发展等。

(4) 大创新链的实现,是靠许多小创新链(提出问题、分析问题和解决问题)实现的积累而形成的。我们既要重视促进大创新链的实现,也要扎扎实实做好小创新链的实现。

(5) 实现从学科创新到产业创新的相互促进,需要各类人才的紧密配合。尽快提高每一个人的创新意识和创新能力尤其重要。

(6) 未来产业(如数字空间产业等)应主要来源于科学技术的进步,来源于学科创新,来源于人类的知识和创造力。培育和发展未来产业,一定要加强科学研究,积极促进学科发展和成果转化,努力培养适应未来的高水平创新型人才。

(7) 随着新产业的更多更快发展,国家的税收和企业利润自然同步增加。财力优厚后要更多地投入到教育和科学研究,做到"科教兴国"和"国兴科教"的良性循环和"畅通双向快车道"。

第二节 学科创新

显然,对于客观世界规律性的正确认识越多越好。

一、学科的定义

学科一般是指在整个科学体系中学术相对独立,理论相对完整的科学分支,它既是学术分类的名称,又是大学教学科目设置的基础。

简言之,比较系统的知识体系就是学科。知识主要靠科学研究去探索,靠理论与实际紧密结合去发展,靠学科建设来完成。故学科建设是知识创新的主要内容。

二、学科建设的意义

学科是大学的细胞,大学实质上就是学科的综合体,一流大学的基础是一流学科。学科发展水平代表了人类认识世界广度深度的水平,对于人类的进步意义重大。人类如果不能正确地认识世界,就无法有效改造客观世界。

当今世界,世界一流大学比较集中在欧美国家,创新型国家也比较集中在欧美国家,人均国民生产总值最高的国家也比较集中在欧美国家,这不是偶然现象。"知识、技术与财富的统一"在这些国家中得到了很好的体现。在当今时代,财富更快增长的基础是学科发展。

中国要为世界做出更大贡献需要有若干所世界一流大学,世界一流大学的基础就是世界一流学科。故我们在学科发展方面应该继续急起直追,并勇于创新,争取早日创造更多的一流学科,并尽量让更多的科研成果转化为现实生产力,这是早日实现"中国梦"的必由之路。

三、学科建设的基本标准

国家主管部门对学科建设有严格的标准,即学科包含三个要素:①构成科学学术体系的各个分支;②在一定研究领域积累的专门知识;③具有从事科学研究工作的专门的队伍和设施。

学科建设要处理好几个关系。

(一)学科和专业的关系

学科不等于专业。学科的含义有两个:第一含义是作为知识体系的科目和分支。它与专业的区别在于它是偏就知识体系而言,而专业偏指社会职业的领域。因此,一个专业可能要求多种学科的综合,而一个学科可在不同专业领域中应用;学科的第二个含义是高校教学、科研等的功能单位,是对教师教学、科研业务隶属范围的相对界定。学科建设中"学科"的含义偏指后者,但与第一个含义也有关联。

(二)分支和综合的关系

客观世界是一个整体,随着时代的发展,对于复合型人才的需求越来越大。但由于对学科和专业的关系没有处理好,高校中容易出现分化过于综合的现象,造成学科之间各自独立分割,资源不能共享;在人才培养方面表现出过于专业化而知识面不宽;在科研方面也表现出研究方向过于狭窄而整体效益低下等。有的高校科研项目横向课题增多了,但科研力量相对分散乃至个体化,而大项目、高水平研究的实力、学科的总体优势却削弱了。一些高校不得不通过改革强化大学科和学科群的建设。

(三)综合性和特色取胜的关系

作为我国一些实力较强的研究型大学,有条件的多发展一些学科,只要有利于国家建设,有利于建设高水平大学,这些都无可厚非。如有的工科院校增设了理科和文科,甚至有的高校,哲学、经济学、法学、教育学、文学、历史学、理学、工学、农学、医学、军事学、管理学、艺术学这13门类的学科几乎都有。但我国总体上仍是一个追赶型国家,对于许多高校来说,应该走特色取胜的道路,而不能面面俱到。讲究有所为有所不为,"挖几口浅井不如挖一口深井"。例如,钟南山所在的广州医科大学,其前身为广州医学院,当时在国内是一所普通的医学院。但他们坚持"特色立校",坚持将上呼吸道疾病的防治作为其优势,结果在2003年和2020年两次由"冠状病毒"引起的重大疫情暴发时,在危急关头挺身而出大显身手。不仅如此,在"慢阻肺"研究和防治方面也颇有成绩,自己学校也由此得到国家的高度重视而设立了多个国家重点学科点。另外,世界一流大学不一定是规模很大的,但都有自己的特色和办学传统,从而确保学科是世界一流的。如美国斯坦福大学在其发展过程中,就曾将一所享有很好声誉但不是最好的建筑学院撤销了,其理由是尽管它排在全美建筑学院的前10位到前12位,但它是一所规模很小的建筑学院。该校估算了这个学院成为该领域的领先学院的成本以及使其跻身于排名前五位的可能性(斯坦福大学的发展目标是使所有的专业排名都居于前五位),认为为使该学院跻身于前五位所付出的代价不值得。而距离该校一小时车程的加州大学伯克利分校,有一所非常出色的建筑学院并排名在全国第一或第二。因此,斯坦福大学认为,在社会需求很有限的情况下,既然伯克利已经有一所很好的建筑学院,为什么我们还要勉强再建一所呢?我们应该把资源用在更需要的地方去。我们应该借鉴历史和国外先进国家的经验,加强学科建设从国家的发展大局和自己的实际出发,坚持"特色立校",尽量做到"人无我有,人有我强"。

四、学科的层次和类别

(一) 层次

学科犹如植物的树根,有主根、有次根。一级学科就是主根,二、三级学科是在主根的基础上发展起来的。我国高等院校研究生教育专业设置按"学科门类"、"学科大类"(一级学科)、"专业"(二级学科)三个层次来设置。

(二) 类别

(1)按知识门类和专业划分。目前人类所有的知识划分为自然科学、农业科学、医药科学、工程与技术科学、人文与社会科学。其中学科门类从2011年以后划分哲学、经济学、法学、教育学、文学、历史学、理学、工学、农学、医学、军事学、管理学、艺术学13个门类。这些门类下设一级学科110个和若干个二级学科。如"理学"大学科门类下设数学、物理学、化学、气象学等12个一级学科;数学一级学科下设基础数学、计算数学等5个二级学科。某高校博士、硕士学位授予点数就是其二级学科数。另外,由国家科委和技术监督局联合制定的国家标准学科也有5个门类,即:①自然科学;②农业科学;③医药科学;④工程与技术科学;⑤人文与社会科学。

在这 5 个门类学科中，有 58 个一级学科、573 个二级学科、近 6000 个三级学科。

（2）按学科性质划分。按学科性质划分，可分为：①基础学科；②应用学科；③新兴学科。

（3）按行政管辖层次来分。按行政管辖层次，可分为：①国家重点学科；②省市重点学科；③一般学科。

（4）按科学理论成熟度来划分。科学理论成熟度，可分为：①权威部门认可的学科；②权威部门暂未认可的学科。

五、学科发展的特点

学科主要由大学和科研单位所传承和发展。但不是闭门造车，而是紧密关注时代需求，产学研密切结合，理论和实践相互促进。如第二次世界大战明显促进了物理学、化学、大气科学、电子学等学科的发展。

六、学科创新

学科创新有两层含义。

第一，从 0 到 1。这是指某学科被创立或新理论新学说被首先提出，你由此在这方面处于领先地位。如姜立夫当年在南开大学建立了我国第一个数学系，被誉为"中国现代数学之父"。现代数学在国际上已经存在，但当时的中国还是空白。故姜立夫所做的工作就是学科创新。

第二，从 1 到 N。学科的任何进步和发展都可以视为学科创新。

学科创新的内容很广，主要包括：①原有学科向纵向发展，如生物学从细胞生物学阶段发展到分子生物学阶段等；②原有学科横向交叉发展，如生物学与化学的交叉产生了生物化学、卫星学与气象学相结合产生了人造卫星和空间科学等；③原有学科因有新发现、新定律、新方法等增加了新内容，如医学、中医药学、公共卫生学等增加了新型冠状病毒感染肺炎的防控知识和有效治疗方法等；④另辟蹊径，产生新学科。仅中国特色社会主义的成功必然会产生一系列与西方管理学、经济学不同的新学科。只要人类认识客观世界的脚步永不停歇，学科发展就永无止境。

七、积极发展新学科

习近平总书记在 2020 年 9 月 11 日举行的科学家座谈会上寄语广大科技工作者"要树立敢于创造的雄心壮志，敢于提出新理论、开辟新领域、探索新路径，在独创独有上下功夫。要多出高水平的原创成果，为不断丰富和发展科学体系作出贡献"。

学科建设是大学的基本任务之一，学科建设自然包括新学科发展。现有学科都是一代又一代中外学者长期积累和不断突破所形成的。由于历史原因，其中相当比例的贡献是西方学者的。中国的学者在创立学科方面的贡献仍偏少。如大气科学，从19世纪到今天，在国际上领先的还是挪威气象学派和美国芝加哥气象学派。"实现中华民族的伟大复兴"，应该包括对学科发展的贡献率。我们在加快建设现有学科的同时，一定要敢于创立新学科。

进入21世纪以后，国家除了积极推动"双一流"建设，还提出了"面向世界科技前沿，面向国家重大需求，面向国民经济主战场，面向人民生命健康，不断向科学技术广度和深度进军"等指导思想和方针政策，这些都对发展新学科提供了历史机遇和很好的外部环境。最近，教育部又大力提倡积极发展新学科。要求要准确把握高等教育发展大势，超前识变，积极应变，主动求变，积极发展新学科。这也标志着中国高等教育要从"跟随"转到"并跑""领跑"。这是我国高等教育和学科发展在观念上的重要突破。

为了更有效促进新学科的发展，笔者建议应注意以下几个方面。

（1）营造良好的学科创新环境。发展新学科，即发展原创是中国人的学科，发展西方国家还没有的学科。中国要积极发展新学科，一定要有"学术自由"的环境，一定要鼓励更多的有为青年从事科学研究，敢于冒险、敢于突破。

（2）发展新学科，一定要"破除迷信"，认为创立新学科"高不可攀"或西方国家没有的我们就不能有等。

（3）发展新学科，一定要注意其理论的系统性和科学性，同时既可定性也尽量可定量，基本理论、原理、定律必须经过实践检验。其中定量可以是精确性的、可用数学公式计算的；也可以是概然性的、可用百分比表示的。

（4）讲究科学方法。创新有很多方法，把前人的成果进行组合就是其中之一。

（5）对于新学科的发展，多做"雪中送炭"的工作，对我国现有的已被国家认可的原创学科，中医药学、人才学、可拓学等。应该继续大力扶持。对于一些还没有被国家正式认可的学科政府主管部门应该鼓励其加大研究力度，使之早日更完善，并积极创造条件登上大学讲台，使其早日为培养更多的创新型人才做出积极贡献。

（6）中国现有的许多基础学科是在民国时期才起步，中华人民共和国成立后才得到大发展。虽然我们取得明显进步，但我们在学科建设方面与发达国家相比仍有很大差距，需要我们长期艰苦奋斗，无论我们国家发展到什么水平，都要注意在开放中学习和创新，包括长期虚心学习发达国家的长处，长期坚持"出国留学"等政策，才能早日迎头赶上。

（7）要积极发展新学科，一定要看准目标，及早起步。一个学科的发展虽有一个发展和成熟过程，但"好的开始是成功的一半"。

"东方欲晓，莫道君行早"。只要我们勇于创新，并坚持不懈，若干年以后，由中国人创立的学科一定会越来越多。

第三节 产业创新

产业是具有某种同类属性的企业经济活动的集合。第二次世界大战以后,西方国家大多采用了三次产业分类法。我国产业的划分是:第一产业为农业;第二产业为工业;第三产业为服务业,包括教育、文化、广播、电视、科学研究、卫生、体育等。

由于产业分类法的差异,国际上早已出现了第四、第五和第六产业等新的产业概念。

(1) 第四产业指以信息为加工对象,以数字技术为加工手段,以创意产品为成果,包含网络经济产业、通信产业、卫星产业等都该属于该产业范畴。第四产业又称知识产业、数字产业或信息产业。

(2) 第五产业为文化产业,文化产业基本上可以划分为三类:其一,是生产与销售以相对独立的物态形式呈现的文化产品的行业(如生产与销售图书、报刊、影视、音像制品等行业);其二,是以劳务形式出现的文化服务行业(如戏剧舞蹈的演出、体育、娱乐、策划、经纪业等);其三,是向其他商品和行业提供文化附加值的行业(如装潢、装饰、形象设计、文化旅游等)。

(3) 第六产业为现代农业。即农业工作者不仅以种植农作物为主(第一产业),而且从事农产品加工(第二产业)与销售农产品及其各种为农业的服务(第三产业),以获得更多的增值价值。新型农业成了包括第一、二、三产业的新型综合产业(六为一、二、三之和,故称为第六产业),"第六产业"向我们展示了发展现代农业的光明前景。

随着科学技术的发展和时代的进步,产业也在不断创新。产业创新在许多情况下,并不是一个企业的创新行为或者结果,而是一个企业群体的创新集合。如高新技术产业、战略性新兴产业、机器人产业、航空航天产业,以及传统农业发展为现代农业、制造业发展为先进制造业、服务业发展为中高端服务业或现代服务业,现代服务业又可分为科技服务业、生产性服务业等,都是产业创新的范例。产业转型升级,产业数字化、数字产业化,也是一种产业创新。如广东省要大力发展机器人产业、新能源产业、先进制造业等。

产业创新的动力主要来源于市场现实需求和潜在需求,来自技术创新,来自企业的竞争压力,来自企业家的创新精神。产业创新的层次主要有技术创新、产品创新、市场创新和产业融合等。产业创新的途径主要有产业转移、产业集群和产业融合等。

产业创新是一个系统的过程,市场需求只是给产业创新提供了前提条件,但产业创新能否实现,还受一系列客观因素的制约,如技术要素、资本要素、人才要素和外部要素等。

李克强总理在2015年"两会"期间提出,中国的经济发展要打造"双引擎",实现"双中高"(发展速度为中高速,发展质量为中高端)。从产业来看,引擎指对传统产业的升级改造,以及由创新驱动产生的新兴产业。

高新技术产业是知识密集型产业,人力资源要素对高新技术产业的形成起着重要的作用,尤其是创新型人才对高新技术产业的形成更是至关重要。谁拥有高素质的创新型人才,谁就有可能在技术创新上取得突破,在产业创新上起到领先地位。如大多数新兴产业的诞生基本上是由少数几个具有创新精神的企业家所开创,如贝尔、爱迪生、福特等。大凡对历史有重大影响的企业家都是全新产业的开拓者。不同类型的企业家拥有的共同特征就是产业创新能力。产业革命本质上是企业家革命,企业家是产业革命的灵魂。企业家以创造利润为目标,而利润是产业创新的回报。企业家的创新精神是产业创新的不竭动力。

第四节 产业链

产业链和创新链的关系很重要。产业链又包括企业链、价值链、供需链和空间链等重要内容。

一、企业链

企业链是指由企业生命体通过物质、资金、技术等流动和相互作用形成的企业链条。组成企业链的企业彼此之间进行物质资金的交易实现价值的增值,不同点上的企业对企业链的形成和稳定都有一定作用,企业的活力和优势决定了企业链的活力和优势,同时企业链也会对企业进行筛选,通过优胜劣汰,实现企业和企业链的协同发展。企业链中的企业也通过不同渠道与企业链以外的企业进行合作,不同企业链实际上是相互联系并构成网状结构。优势企业会占据优势位置甚至形成核心点。

二、价值链

价值链的概念是1985年由美国哈佛大学商学院教授迈克尔·波特提出的。价值链也是产业链的重要内容,指企业设计、生产多类产品、销售和售后服务以满足客户需要并得到合理利润回报整个过程的总和。每个环节均为创造企业价值做出贡献,但贡献度有所不同。

价值链的增值活动可以分为基本性增值活动和辅助性增值活动两大部分。

企业的基本增值活动，主要指"生产经营环节"，如材料供应、成品开发、生产运行、成品储运、市场营销和售后服务。这些活动都与商品实体的加工流转直接相关。企业的辅助性增值活动，包括组织建设、人事管理、技术开发和采购管理。这里的技术开发和采购都是广义的，既可以包括生产性技术，也包括非生产性的开发管理。

价值链的各环节之间相互关联、相互影响。一个环节经营管理的好坏可以影响其他环节的成本和效益。

虽然价值链的每一环节都与其他环节相关，但是一个环节能在多大程度上影响其他环节的价值活动，则与其在价值链条上的位置有很大的关系。根据产品实体在价值链各环节的位置，企业的价值活动可以被分为上游环节和下游环节两大类。在企业的基本价值活动中，材料供应、产品开发、生产运行可以被称为上游环节，成品储运、市场营销和售后服务可以被称为下游环节。上游环节经济活动的中心是产品，与产品的技术特性和工艺紧密相关；下游环节的中心是顾客，成败优劣主要取决于顾客特点。不管是生产性还是服务性行业，企业的基本活动都可以用价值链来表示，但是不同的行业价值的具体构成并不完全相同，同一环节在各行业中的重要性也不同。

在一个企业众多的价值活动中，并不是每一个环节都创造价值。企业所创造的价值，实际上来自企业价值链上的某些特定的价值活动；这些真正创造价值的经营活动，就是企业价值链的战略环节。企业在竞争中的优势，尤其是能够长期保持的优势，说到底，是企业在价值链某些特定的战略价值环节上的优势。而行业的垄断优势来自该行业的某些特定环节的垄断优势，抓住了这些关键环节，也就抓住了整个价值链。这些决定企业经营成败和效益的战略环节可以是产品开发、工艺设计，也可以是市场营销等，视不同的行业而异。

三、供需链

供需链是指如何高效、科学、低成本解决企业所需的中间产品、零配件的供应和成品的及时销售等问题，传统的"供产销"三要素这里就占了两个。以及如何借助计算机和先进软件对采购、仓库、销售这三个重点部门做到物流、资金流之间的统一。也指根据企业和客户需求，从配套零件开始到制成中间产品及最终产品，最后通过销售渠道把产品送到消费者手中的一个由供应商、制造商、销售商直到最终用户所连成的整体功能结构。

供需链又具体分为需求链和供应链。

(一)需求链

任何产业的发展都是满足国家或市场需求的生产。"以销定产"是企业生存之道之一,如果企业生产的产品不能及时销售出去,资金不能及时回笼,企业就难以维持再生产或扩大再生产。当今一些企业的发展,主要不是生产能力问题,而是产品的销售问题。由于需求是变化的,并且不断从低级向高级转变,如在"短缺经济"时代,主要是解决"有没有"的问题,当今时代则是主要解决"能否更好"的问题。如同样商品的销售,"快递"销售与传统销售就不一样,说明"快递"这种方式更能满足消费者的需求。所以,党和政府再三强调,一些企业产品的"销售难"问题主要是结构性的,要积极推进"供给侧结构性改革"。同时,需求也是可以创造的,如微信和5G等新一代信息技术的问世就是"创造了需求"。人类的需求即市场需求是无止境的,企业的发展也是无止境的,关键是能否满足特定的需求。仅需求就有很多种类,如国内需求、国际需求,国内需求又可分为城市需求、乡村需求,老人需求、女性需求、儿童需求等。仅我国农业就有积极融入国际农产品供应链的发展战略。许多认为"生意难做"的企业,只要调整一下自己的思路和技术往往都可以实现"柳暗花明"。如2020年新冠肺炎疫情催生了"宅经济",数字技术赋能的智能扫地机器人全球销量猛增30%以上,而全球扫地机器人九成以上产自中国。

(二)供应链

供应链是产业链的重要基础,供产销是企业生存和发展的基本环节。任何工业产品都是由主件和许多零配件组成的,任何产品都是经过多个环节才能生产出来。农业的种植业也需要符合一定质量要求的种子、土壤(或营养液)、水、肥料、农药、工具等。我们称为生产资料。如果某个环节出问题了,生产资料供应不上,这个生产轻则耽误时间重则要停工停产,这就是供应链的作用,相当于人需要进食和呼吸才能维持人的生命一样。按照"比较优势"理论,由于任何企业不可能也没有必要所有生产设备、产品的主件或零配件等都是自己生产,相当部分必须外购甚至要进口,如我国曾经飞机的发动机、一些产品的芯片、电冰箱的压缩机、CT等医疗设备需要进口。随着时代的进步,不少企业打破了"小而全"的落后生产方式,集中精力只做主业,其他中间品实行国内外"采购""外包",如汽车企业主要做总装配等,这本来是一个历史的进步。马克思主义政治经济学曾提出生产资料生产和生活资料生产要协调发展的重要思想。实际上,生产资料本身也需要协调发展,只不过这个协调日益成为全球范围供应链的协调。需求链和供应链也是相对的,一个企业往往既是某类产品的需求者也是另一类产品的供应方,一环扣一环。各类产业能否有稳定的供应链问题特别是高科技企业的供应链问题成为我国积极推进高质量发展、早日建成现代产业体系等必须要认真对待的重要问题。供应链也要不断提升现代化水平，注意稳链、补链、强链、控链。使产业链供应链自主可控，特别是在基础材料、基础工艺、基础零配件和基础软件等方面我们仍有不少"短板"。"走一条更高水平的自力更生之路""加紧布局一批重大创新平台，加快突破一批关键核心技术，强化关键环节、关键领域、关键产品的保障能力"成了我们的必然选择。

四、空间链

空间链即产业链在空间的分布，是产业链的重要组成部分。产业链的分布分为全球、国家、地区三个层次。客观上要求产业链在这三个层次之间相互协调。

由于某个国家、某个区域的产业链不一定具有完整性，必定要求产业链在空间上的对接。空间链间的对接主要有分三种情况：一是产业链和产业链之间节点的对接，二是整条产业链和整条产业链的对接，三是产业链部分线段和另一条产业链部分线段之间的对接。

五、产业链

（一）定义

产业链是产业经济学中的一个概念，其中产业链由产业环连接而组成，每个企业或企业群称为产业环或链环，是各个有关企业之间基于一定的技术经济关联，并依据特定的关系形成的链条式关联形态。上游链环即产业链上游的某企业。产业链包含价值链、企业链、供需链和空间链四个维度并在相互对接的均衡过程中形成了产业链。

（二）种类

首先是狭义产业链和广义产业链。狭义产业链是指从原材料一直到终端产品制造的各生产部门的完整链条，主要面向具体生产制造环节。也可称为上游、中游、下游产业链。广义产业链则是在面向生产的狭义产业链基础上尽可能地向上下游拓展延伸。产业链向上游延伸一般使得产业链进入基础产业环节和技术研发环节。向下游拓展则进入市场拓展环节。

其次是区域产业链和非区域产业链。区域产业链指某区域范围的产业，包括城乡产业等。非区域产业链主要指某类有关联的企业等。如物业企业与垃圾清运企业、绿化保洁企业、电梯维护企业等有关。

最后是国内产业链和国际产业链。国内产业链除了按行业分类，如第一、二、三产业的产业链，也可按地理位置分类等，如东部、中部和西部产业链。2020年上半年，我国能较快较好完成战胜疫情的"大考"，重要原因之一是得益于我国有比较独立又比较完善的产业链。国际产业链可分为全球产业链、"一带一路"产业链等。

（三）本质

产业链的本质是具有结构和价值联系的企业群结构，即不同产业的企业之间的关联，而这种关联是各产业中的企业之间的供给与需求的关系。如某企业的上下游企业等。

（四）特点

1. 完整性

产业链是相关产业活动的集合，如美国波音公司的生产由国际众多企业为其服务。企业为实现自身利益最大化，必然努力追求集聚经济效益。产业最终价值由下游企业销售后实现，但上中游企业提供的中间产品分割下游企业最终实现的价值。只要成了下游某名企业的供应商或合伙人，上中游企业的部分或全部销路就不成问题了。这种寻求大企业的过程称为"循优推移"过程。如旅游公司为旅客提供的住酒店服务找酒店集团、车辆找运输公司等就是产业链的表现形式之一。

2. 整合性

产业链整合是对产业链进行调整和协同的过程。产业链整合是产业链环节中的某个主导企业通过调整、优化相关企业关系使其协同行动，提高整个产业链的运作效能，最终提升企业竞争优势的过程。

整合可分为横向整合、纵向整合以及混合整合三种类型。横向整合是指通过对产业链上相同类型企业的约束来提高企业的集中度，扩大市场势力，增加对市场价格的控制力，从而获得利润。纵向整合是指产业链上的企业通过对上下游企业施加纵向约束，使之接受一体化或准一体化的合约，通过产量或价格控制实现纵向的产业利润最大化。混合整合又称为斜向整合，是指和本产业紧密相关的企业进行一体化或是约束，它既包括了横向整合又包括了纵向整合，是两者的结合。

整合的形式多种多样，如可涉及股权或不涉及股权的转让、并购、拆分以及战略联盟等。变企业分工为市场分工，以提高企业的核心竞争力和专业化水平。

整合性也包括完整性。某产业链的主要产品，其上游产品一定是缺一不可，故上游的供应商必须体现完整性。

整合性要求产业链的同类链环不要"扎堆"或"雷同"，但也不要短缺。同时，要不断提高产品质量和服务水平。

第十章　学科创新与产业创新

3. 层次性

产业链是上游链环到下游链环逐级累加的有机统一体，下游某一企业的累加是对上一环节企业追加劳动力投入、资金投入、技术投入以获取附加价值的过程，从上游往下游走每一步，其资金密集性、技术密集性越是明显；下游企业往上移，其资源加工性、劳动密集性越是明显。由此，欠发达区域与发达区域的类型划分，往往是依据其在劳动地域分工格局中的专业化分工角色。一般而言，欠发达地区更多地从事资源开采、劳动密集的经济活动，其技术含量、资金含量相对较低，其附加值也相对较低；发达地区更多地从事深加工、精加工和精细加工经济活动，其技术含量、资金含量相对较高，其附加值也相对较高。因此，区域类型与产业链的层次之间产生了内在的关联关系，欠发达区域一般拥有产业链的上游企业群，其下游企业群一般则布局在发达区域。

4. 指向性

指向性指一个企业有寻求更适合自己企业发展的更优区位的动力。而产业链中的优区位指向可以引导企业或者集中或者分散地布局在不同的经济区位，即具有明显的空间指向性，如广东多地确定为粤港澳大湾区蔬菜水果供应基地等。

（五）作用

产业链显示了某区域产业层次、产业关联程度、资源加工深度、需求满足程度、价值增值变化和环环相扣的关联关系。产业链的形成有利于企业成本的降低从而提高竞争力，有利于新企业的出现，有利于企业创新氛围的形成，有利于打造"区位品牌"和有利于区域经济的发展。

（六）产生的原因

追求产业价值最大化。由于社会分工与交易的复杂化，如某种产品的中间产品，均由许多国内外企业去完成，有的企业甚至是以装配为主。企业在发展过程中要不断寻求更佳的企业组织结构。

简言之，企业链主要是"研发+供应+生产+储存+运输+销售+售后服务"，或"产品+销售"。产品是有特色的具有先进功能的产品，销售是在合理或有竞争力价格和市场占有率前提下的销售，销售成功就是为社会提供了新价值并与研发实现了良性循环，产业才能真正形成和不断发展。产业链就是有关系的企业群围绕客户和核心企业的协调发展。

六、创新链与产业链的关系

习近平总书记多次强调"要围绕产业链部署创新链，围绕创新链布局产业链，推动经济高质量发展迈出更大步伐",体现了党和政府对创新链与产业链及其相互关系的高度重视。

根据本书对创新链的论述,创新链分为大创新链、小创新链和持续创新链。无论是哪种形式的创新,都对高质量发展有很大好处。我国工业化的发展错过了多次工业革命的机遇,在计划经济时代又称为工厂,真正的企业是从改革开放以后才起步的,许多企业还是从来料加工发展起来的。我国工业化的过程总体属于追赶型的,需要跨越工业化、信息化等多个重要阶段,同时又不能错过第四次工业革命的历史机遇。现我国制造业总体仍是大而不强,不少企业缺乏关键核心技术,传统产业占比相对较大,转型升级的任务十分繁重。同时,乡村振兴呼唤更多的产业发展。这些都离不开创新链的助力。产业链本身的发展也需要不断创新,积极融入国内国际产业链,在这过程中不断提高自己。

我国许多高新技术产业,更直接是创新的产物,如华为、腾讯等数字经济的支柱企业。没有创新就没有这些企业的发展。故创新链与产业链不仅息息相关,而且相互促进。产业的发展必须建立在创新(如转型升级)的基础上才能加快做大做优做强的步伐。创新要落到实处,一定是产业发展得更快更好。

要使产业链与创新链配合得更好。首先产业链的布局要合理,"链环"之间的关系要协调。同时不断提高"链环"的内在素质,让"链环"不断迈向中高端。同时,有更多分散的企业纳入产业链的范畴。形成"3×3>9"的效果。我国产业链发展的一大潜力在乡村。产业兴旺是乡村振兴的基础。如果广大的乡村都能实现产业兴旺,并且纳入国内国际产业链,将明显提高我国的综合实力。

案例一

日本积极培育初创企业

"非常硬""感到沙子般的粗粝感"——在位于茨城县筑波市一家叫作"未来感觉"的初创公司,通过一块橡皮大小、类似鼠标的装置,可以感受到挤压、光滑、推力等多种"真实感觉"。

这项3D触觉技术利用神经科学原理,使人们可以通过特定装置,产生触摸到真实物体的感觉。技术的发明者中村则雄是日本产业技术综合研究所主任研究员,也是"未来感觉"的首席技术官。

中村则雄20多年前就发明了这项技术,但一直"被锁在抽屉里"。近年来,随着人工智能的蓬勃发展,中村则雄希望将这项技术投入应用。2014年,"未来感觉"公司成立。

该公司首席执行官香田夏雄说，最近几年，虚拟现实（VR）技术和人工智能技术迅速发展。市场上出现了各种各样的VR装备，使人们足不出户，就可以身临其境地感受精彩世界。但是这些装备要么价格昂贵，要么体积很大，不方便携带，远远不能满足人们的需求。公司的目标就是让VR装备体积更小，使人们获得更加丰富的感觉。目前，"未来感觉"公司已经研发出了一种利用3D触觉技术的游戏机。

3D触觉技术应用前景十分广泛，除了游戏产业，还可以应用在医疗手术模拟、职业教育、安全教育培训等行业。目前，已经有多家公司决定采用这项技术。香田夏雄称，今后5到10年，随着这项技术愈加成熟，能够产生上百亿日元的产值。

筑波市有着"日本硅谷"之称。这里聚集了筑波大学、宇宙航空研究开发机构、产业技术松鹤研究所等多个高校和研究机构，拥有2万多名研究人员。凭借人才优势，筑波市近年来掀起一股科研人员创业潮，如"未来感觉"这样的科技初创企业如雨后春笋般涌现。

日本政府在2018年制定了一项政策，希望在2023年之前孵化出20家估值达10亿美元以上的科技初创企业。科技初创企业在研发新技术、创造新产业等方面可以发挥重要作用，能为解决当前日本社会面临的各种问题提出新思路。以筑波市为例，据推测，该市将在2036年左右出现人口下降。推动科技初创企业发展有助于保持筑波市人口规模，确保税收。

2018年5月，日本政府通过了《数字优先法》，科技企业的多项手续可以在互联网上办理，政府还努力扩大对风险企业的投资和贷款，使科技初创企业更容易筹措资金。

筑波市努力为科技初创企业提供各种便利。10月，筑波市成立了"筑波初创公园"，把研究人员、金融机构人员、投资者等聚集在一起，交流意见和信息。"筑波初创公园"还举办了专业讲座，为初创企业成立提供各种支持。

筑城县知事大井川和彦说："我们积极鼓励筑波的科技人员成立初创企业，希望未来将筑波市打造成日本高科技产业集聚中心。"

案例二

广东着力培育"双十"万亿元级产业集群

广东拥有40个大类工业行业（全国有41个），规模以上工业企业超5万家（居全国第一），广东进入世界500强13家企业中有6家是制造业企业，2019年广东地区生产总值超过10万亿元，实现工业增加值3.36万亿元。

2019年年底，广东省委、省政府印发了《关于推动制造业高质量发展的意见》（简称广东"制造业十九条"），规划了到2025年广东作为制造强省要迈上一个重要台阶，全省制造业增加值占地区生产总值（GDP）比重保持在30%以上，先进制造业和高技术制造业占规模以上工业增加值比重分别达60%和35%；全省8～10家制造业企业进入世界500强；打造22个产值超过千亿元工业园区。

广东"制造业十九条"以目标为牵引，问题为导向，启动实施"强核工程""立柱工程""强链工程""优化布局工程""品质工程""培土工程"等"六大工程"。并打造10个战略性支柱产业集群和10个战略性新兴产业集群。"双十"产业集群涵盖了一二三产业，目的就是建立一个现代化产业集群。10个支柱产业集群的特点主要是量比较大，规模比较大，都是接近万亿级的产业集群，这体现了广东产业要"稳"，要稳步提升发展这一类支柱产业；另外10个战略性新兴产业集群，突出高成长性，这体现了产业布局里的"进"。计划2020年超过百亿元企业超过300家；大力发展专精特新中小企业，推动5000家左右企业"小升规"等。新一代电子信息、绿色石化、智能家电、汽车产业、超高清视频显示等五个产业集群将重点发展。

——摘自《广州日报》2020年4月16日第13版

案例三

广东省加快知识产权保护力度

广东大力实施知识产权战略，统筹推进知识产权"严保护、大保护、快保护、同保护"，努力实现知识产权保护从不断加强向全面从严转变，知识产权创造由多向优、由大到强转变，知识产权运用从单一效益向综合效益转变，各项工作取得新的成绩。2019年，全省专利和发明专利的授权量分别为52.7万件和6.0万件，有效发明专利量29.6万件，其中战略性新兴产业有效发明专利量16.4万件，居全国第一。

作为广东省省会城市和粤港澳大湾区中心城市之一的广州市，近年来大力实施知识产权战略，知识产权法院、专利审查协作中心等一批国家级重点项目相继落户，中新广州知识城获国务院批准开展知识产权和保护综合改革试验，率先开展知识产权质押融资等试点示范工作，专利、商标、版权三大类别均获得"国家示范城市"称号，2019年广州通过贯标（通过《企业知识产权管理规范》国家标准认证）的企业4639家，数量居全国城市首位。

未来广州将进一步加强知识产权保护，塑造良好营商环境，同时突出企业创新主体地位，突出知识产权与经济发展深度融合，突出知识产权文化培育，多措并举，加快打造知识产权强市和枢纽城市。

一、聚焦规划引领，精心制定广州知识产权"十四五"规划，提出知识产权强市和枢纽城市建设的实施路径和具体举措。

二、聚焦产业发展,实施专利质量提升工程,全面提升发明专利授权量、国际专利拥有量。

三、聚焦成果转化,集中优势资源做大做强一批知识产权转化运营平台,开展科技成果转移转化试点。

四、聚焦制度建设,实行最严格的知识产权保护制度,一视同仁保护中外企业合法权益。

五、聚焦协同联动,及时解决工作中的问题,合力推动广州知识产权事业发展。

2020年11月13日,2020粤港澳大湾区知识产权交易博览会暨广东省知识产权保护大会又在广州举行,国家知识产权局局长申长雨出席并讲话,对在知识产权方面具有先行先试意义的"广东经验"给予了充分肯定。并表示国家知识产权局将与广东携手推进知识产权保护。

——摘自《广州日报》2020年4月27日第1、2版

第十一章 创新型国家

第一节 创新型国家的定义和特点

一、定义

创新型国家是指以技术创新为经济社会发展核心驱动力的国家。主要表现为：整个社会对创新活动的投入较高，重要产业的国际技术竞争力较强，投入产出的绩效较高，科技进步和技术创新在产业发展和国家的财富增长中起重要作用。

二、特点

创新型国家主要有五个特点。
（1）创新投入高，国家的研发投入即 R & D（研究与开发）支出占 GDP 的比例一般在 2% 以上。
（2）科技进步贡献率达 70% 以上。
（3）自主创新能力强国家的对外技术依存度指标通常在 30% 以下。
（4）创新产出高。
（5）人均国民生产总值均位居世界的前列。

第二节 美国的主要创新特点

美国所在的北美洲主要是 1492 年哥伦布发现新大陆后使欧洲与美洲的联系日趋频繁才逐步开发，1620 年前后，以"五月花号船"为代表的一些可以搭乘 100 多人的大船只从英国出发到了美国现马萨诸塞州的普利茅斯等地。美国原是英国的殖民地，1776 年才独立建国，至今才 240 多年。美国刚独立时，只有大西洋西岸的 13 个州共 94 万平方千米，后利用多种手段，快速向西向南扩张，在不到一个世纪的时间里其领土扩大了10倍。美国现有人口3.21亿，国土963万平方千米。由于美国建国后不仅没有封建主义的"包袱"，而且传承了英国等资本主义国家的长处，如很重视个人价值的实现，重视教育和科技，重视发明和市场，故第二、三次工业革命均发源于美国，涌现出像托马斯·爱迪生、莱特兄弟、约翰·洛克菲勒、约翰·哈佛、阿尔伯特·爱因斯坦等杰出发明家、企业家、教育家和科学家。特别是在第二次世界大战后在科技、军事、教育、金融和创新等多方面一直领先于全球至今。

美国创新和高科技发展，通过多种有效途径吸引全球优秀人才到美国是重要原因。早在建国初期，美国就千方百计吸引英国和欧洲的各类人才到美国工作。第二次世界大战结束时，将德国许多优秀科学家"抢"到美国，并通过颇有吸引力的高薪政策吸引众多国际优秀人才。如现在一些理工科专业有博士学位的毕业生，其年薪根据专业、所聘公司和毕业院校的不同而在9万至15万美元之间的范围。同时，积极营造比较宽松的干事创业环境。故美国海外移民的贡献率占了很大比例。

未来一段时间，将是全球新一轮科技革命和产业变革的关键时期。世界经济复苏与增长的主要动力源于创新，创新驱动新兴产业发展逐渐引发国际分工和国际贸易格局重构。创新经济全球化发展进入新时代，发达国家仍扮演着世界经济领跑者的角色。美国在创新国际化发展方面也颇有特色，如科技研发投入领先其他行业，海外研发投入占比较高；国际专利申请优势显著，科技期刊论文发表数量较大以及数字经济领域就业率较高，高科技出口产品比重下降等。

第三节　日本的主要创新特点

日本现有国土37.8万平方千米，人口1.26亿，人口密度高达每平方千米337人，比美国高10倍。2018年国民生产总值为4.97万亿美元，人均3.93万美元。

日本与中国是一衣带水的近邻，在中国人民面前先后扮演过学生、朋友、敌人和老师等角色。在古代日本曾是中国的附属国，在唐朝期间也派过多批留学生到中国学习。1853年，美国军舰打开了日本的大门。1868年日本明治维新后，转向西方学习，从此在亚洲率先走上现代化道路。但后来却走上军国主义对外扩张道路，给世界人民特别是中国人民带来了深重的灾难。第二次世界大战战败后，日本经过了30多年的努力，又重新崛起。并涌现出像松下公司的松下幸之助、索尼公司的盛田昭夫、本田公司的本田宗一郎和京瓷公司的稻盛和夫等著名企业家，日本的许多商品口碑相当好。日本东京大学、早稻田大学和京都大学等，均是世界一流大学。国际著名的湾区中，东京湾区是其中之一。日本这么一个陆地国土只有我国云南省这么大的国家，但曾是世界第二大经济体，现位居第三。2019年日本进入世界500强的企业也位居第三。

在现代化和创新方面，日本有很多方面值得中国学习。

一、高度重视国民的创造力开发

20世纪五六十年代，创造学研究与教育从美国传到了世界各地。到70年代，许多国家分别形成了具有自身特点的独立的研究体系，成立了一系列的相关管理部门和研究机构。这种情况在日本尤为突出。他们从引进、模仿到独创，很快发明、总结了多种创造技法，在创造技法研究与推广的广度和深度上都超过了欧美。1960年，池田内阁在其《国民收入倍增计划》中提出："振兴科学，技术人员的培养问题是关系到计划期间经济能否增长的关键问题"，该计划还要求教育成为"打开能够发挥每个人的创造力大门的钥匙"。1963年1月4日，日本经济评议会在《关于人的能力政策的报告》中指出，发展自主技术"最重要的是产生独创技术的创造力，比什么都重要的是通过教育使广大国民具有可能实现自主技术的基础教养和创造性能力。否则就难以涌现足够数量的有独创能力的科学技术工作者"。1966年10月31日，日本中央教育审议会在《关于整备后期中等教育》的报告中提出："教育要适应技术革新时代而提高学生的人格品位，发展学生的想象力、谋划能力和创造性智力以及为创造而进取的不屈不挠的意志力。"日本各县都建立了星期日发明学校，政府采取了奖励措施。1982年，日本首相福田赳夫亲自主持会议，确认把提高创造力作为日本通向21世纪的保证。日本生产性本部的创造力开发委员会和日本创造力开发研究所，提出了具体方针："举国上下，立足国内，开发创造力，创造新技术，发展新产业，确保竞争优势。"1986年，日本首相中曾根在谈及日本经济起飞时曾经说过："日本土地狭小，资源短缺，靠什么在世界上立足？靠什么与人竞争？主要靠开发国民的创造力。"近几年，日本的科技白皮书和政府文件中，都把开发创造力列为不可缺少的部分。由于日本政府的重视和支持，日本的创造学研究和创造力开发，虽然起步较晚，但收效甚大。整个日本对创造发明已经形成了一个强大的宣传、动员、组织的社会网络，为创造发明提供了一个良好的社会环境。

1955年从美国引进创造工程后，日本陆续建立起一批专门的研究机构，如创造力开发研究所、创造工程研究所、未来工程研究所、综合经营研究所、现代能力开发研究所等。1971年成立了日本发明学会，1979年成立了日本创造学会。许多著名学者根据日本的国情和特点，确立了自己的创造力研究课题，如扩散思维、右脑功能、创造性与禀赋和智能的关系、创造力测评方法、创造力训练、女性创造力等。在此基础上，着重研究创造力的开发和技法训练，推出了一批行之有效的创造技法，比如KJ法、NM法、

ZK 法、CBS 法、CMS 法等。这些创造技法在日本得到广泛推广，为日本经济的超高速发展起到了重要的作用。有关创造发明的杂志也陆续创刊，1976 年起发行《创造研究》《创造的理论与方法》以及《创造的模式》等。

日本许多大学相继开设了有关创造学的课程。20 世纪 60 年代到 70 年代初，在大阪举办了"创造力开发进修班"，专门培训大学毕业同时又有 5～10 年工作经验的技术人员，每期 7 个月。这些人在 70 年代日本技术的高速发展时期，发挥了重要作用。日本全国先后办起了 50 多所星期日发明学校，主要用于传播和交流创造技法，促进开展社会性创造发明活动。东京电视台自 1981 年 10 月首创了"发明设想"节目。通过报告、讲座、广播电视、报纸杂志等的大力宣传，创造学在日本已经形成了家喻户晓的局面。日本每年举办一次青少年教职员工的发明展览，并把每年的 4 月 18 日定为"发明节"，在"发明节"这一天日本全国各地举行表彰创造者和纪念成绩卓著的发明家活动，以提高发明家的地位，提高人们对创造发明重要性的认识。

作为经济主导的企业界更是重视开发职工的创造力，广泛开展创造性设想活动。通过在企业内部建立健全创造力的教育、建议、开发、奖励和管理等体制，在企业内外广泛悬赏征求创造发明设想，设立各种奖金等方式鼓励、倡导这一活动。日本发明学会会长丰泽丰雄说："对于既没有辽阔疆土，又没有资源的日本来说，能成为目前一个经济大国，就是因为每年有 50 万人进了'创造大学'，在这座大学里培养了他们的创造能力，产生了难以估量的无形财富，并转变为有形财富。"自 20 世纪 70 年代开始，日本每年申请专利总数可达 40 多万件。现在日本已有创造发明人口 600 多万，其所占全国人口的比例远远高于其他国家，是一个名副其实的发明大国。

二、主动迎接第四次工业革命

以人工智能为主要特征的第四次工业革命已经扑面而来。作为已经工业化的日本，自然不甘落后。虽然他们均面临少子化、老龄化、劳动力不足等社会问题，但他们认为，要解决这些问题更要创新。日本政府制定了《日本振兴战略 2016》，并鼓励青年人更积极进取。其中研究企业创新的学者认为，创新的领域大致可以分为两个部分：一是提高生产效率，二是开发创新型产品和服务。大力提倡"能够解决社会问题的创新"和"鼓励自我实现的创新"。并提出了日本企业的成功创新公式，这就是"成功创新＝强烈的使命感＋创新型商业模式＋强大的行动能力和学习能力"。同时认为，要提高创新成功率，必须有所"制约"的正确定义使命，理智发现创新主题，然后是为了开发新价值而不断试错。创新的关键是坚持到底，永不言弃。

第四节　德国的主要创新特点

德国位于欧洲中部，国土面积约 36 万平方千米，相当于两个广东省，人口 8110 万。人口密度与英国近似。德国是欧洲第一大经济体，世界第四大经济体。2018 年国民生产总值达到 4 万亿美元，人均 4.82 万美元。2019 年进入世界 500 强企业达到 29 家，位居全球第 4 位。

德国具有十分突出的科学文化传统，基础研究和应用研究也颇为发达。马克思和恩格斯均是德国人；柏林大学构建了新的大学模式，把教学科研作为大学的两个中心，相互促进，被誉为现代大学发展的第二个里程碑；德国曾是世界科学中心，涌现出许多杰出的科学家，如世界著名的诺贝尔科学奖第一个获奖人威廉·伦琴、有机化学之父尤斯图斯·李比希、著名数学家卡尔·高斯、著名物理学家阿尔伯特·爱因斯坦和海因里希·赫兹等。

在发明创造方面，德国也是人才辈出、成就斐然。如汉斯·盖革发明了盖革计数器；康拉德·楚泽建造了首部全自动数位电脑。雨果·容克斯等人为现代汽车及航空运输科技做出了重要贡献。航空航天工程家沃纳·冯·布劳恩开发了第一枚太空火箭等。

德国在环境科技开发及运用上也较为成熟，重点包括发电、永续能源交通工具、原料效率、能源效率、废弃物管理、资源回收及永续水管理等。

第二次世界大战后，德国政府能深刻反思，不仅多次真诚向世界人民道歉，而且用实际行动坚定不移走和平发展的道路，经过了 70 多年的奋斗，又重新崛起成为世界强国之一。

从工业革命开始以来，德国一直是日益全球化的经济的先锋、创新者和受益者。其服务业和制造业占了很大比例，其中服务业对国民生产总值的贡献率达到 70%，制造业是 29h1%，农业仅占 0.9%。德国的产业在汽车、机械、金属和化工品等相当突出。德国产品质量的口碑也很好，以品质精良著称，技术领先，做工细腻。德国出口业素以质量高、服务周到、交货准时而享誉世界。

德国是世界贸易大国，同国际上至少 230 多个国家和地区保持了贸易关系。其出口额连续多年保持世界第一出口大国地位，外贸长期保持顺差。

德国在基础科学与应用研究方面十分发达，以理学、工程技术而闻名的科研机构和发达的职业教育支撑了德国的科学技术和经济发展。以汽车和精密机床为代表的高端制造业，也是德国的重要象征。

近几年来,德国又积极推进"工业4.0"发展战略,是第四次工业革命的重要发源地。

第五节 以色列的主要创新特点

以色列是中东地区一个小国,但被誉为"世界三大创新中心"之一。人口800多万,其中犹太人占了600多万,建国才70余年,但已经是中东地区最发达国家之一,2012年国民生产总值就达到2510亿美元,人均3万多美元,其中科技贡献率达到90%以上。2015年,以色列约有1400个创新公司,高科技的创新公司数量仅次于美国。

第六节 湾区的建设与创新

湾区即知名城市比较集中、先进产业比较聚集、经济总量比较大的海湾地区。国际上有多个湾区,如大阪湾区、东京湾区、粤港澳大湾区等。最知名的是纽约湾区、旧金山湾区和东京湾区。据统计,全球60%的经济总量集中在港口海湾地带及其直接腹地,世界上75%的大城市、70%的工业资本和人口集中在距海岸100公里的海岸带地区。以纽约湾、旧金山湾、东京湾为代表的湾区经济已成为带动全球经济发展的重要增长极。

一、纽约湾区

纽约湾区位于美国东北面大西洋沿岸,北起波士顿、南至华盛顿,以波士顿、纽约、费城、巴尔的摩、华盛顿等系列大城市为中心地带,面积2.15万平方千米,人口达到2340万,拥有美国第一大城市和第一大港,经济总量约占美国的8%,是世界第一大经济中心,也是美国人口密度最高的地区和美国金融业最发达的地区。其中,华尔街是世界金融的心脏,拥有纽约证券交易所和纳斯达克交易所。美国7大银行中的6家,世界金融、证券、期货及保险和外贸机构等近3000家机构总部也设于此。全美最大的500家公司,1/3以上的总部设在纽约湾区,也是联合国总部大楼的所在地。故纽约湾区的金融业、奢侈品业和都市文化都具有世界性的影响力。

纽约湾区的著名大学主要有哈佛大学、麻省理工学院、哥伦比亚大学、约翰·霍普金斯大学、宾夕法尼亚大学、普林斯顿大学、耶鲁大学等。

二、旧金山湾区

旧金山湾区以旧金山、硅谷和伯克利为核心的湾区,人口超过700万,其中高科技人员有200多万,是世界各地科技精英聚集地之一,华人有70多万。2017年国民生产总值达到7480亿美元,占美国当年国民生产总值的4.5%。

旧金山湾区是"高科技湾区"的楷模,以环境优美、科技发达、创新氛围好著称。

该湾区拥有世界知名的硅谷以及以斯坦福大学、加州大学伯克利分校为代表的20多所著名研究型大学、创业型大学。这里同时也是谷歌、苹果、英特尔、Facebook、Tesla、Nvidia、Gilead、Uber等科技巨头企业全球总部所在地。旧金山湾区的大学主要有斯坦福大学、加州大学伯克利分校和加州理工学院等。

三、东京湾区

东京湾区是"产业湾区"的样板。东京湾区是日本最大的工业城市群和国际金融中心、交通中心、贸易中心和消费中心。东京湾区聚集了日本1/3的人口,贡献了日本1/5到1/3的经济总量,3/4的工业产值,沿岸有6个港口首尾相连,吞吐量超过5亿吨。在庞大港口群的带动下,东京湾区逐步形成了京滨、京叶两大工业地带,钢铁、石油化工、现代物流、装备制造和游戏动漫、高新技术等产业十分发达。同时,该区域也是三菱、丰田、索尼等一大批世界500强企业的总部所在地。东京湾区的著名大学有东京大学、早稻田大学等。

四、中国的湾区

中国有多个大湾区,粤港澳大湾区是纳入国家发展战略的第一个湾区。包括香港特别行政区、澳门特别行政区和广东省广州市、深圳市、珠海市、佛山市、惠州市、东莞市、中山市、江门市、肇庆市,总面积5.6万平方千米,2017年年末总人口约7000万人,经济总量约10万亿元。粤港澳大湾区是我国开放程度最高、经济活力最强的区域之一,也是国际多个大湾区中目前发展速度最快的大湾区,在国家发展大局中具有重要战略地位。截至2020年,粤港澳大湾区的发明专利已领先世界其他湾区。在中国政府的大力推动下,力争将其早日建成国际一流湾区和世界级城市群。

粤港澳大湾区的著名大学主要有香港大学、香港中文大学、香港城市大学、香港科技大学、澳门大学、中山大学、华南理工大学、暨南大学、华南农业大学、华南师范大学、广东外语外贸大学、广州医科大学、深圳大学等。

案例一

挪威式创新解密

挪威（Norway）是北欧五国之一，其领土南北狭长，海岸线漫长曲折，沿海岛屿很多，被称为"万岛之国"。领土与瑞典、芬兰、俄罗斯接壤，首都为奥斯陆。总面积38.5万平方千米。

挪威是发达的工业化国家，石油工业是国民经济的重要支柱，挪威也是西欧最大的产油国和世界第三大的石油出口国。自2001年起，挪威已连续6年被联合国评为最适宜居住的国家，并多年获得全球人类发展指数第一的排名。挪威的经济体制是市场自由化和政府宏观调控相结合。挪威也是创建现代福利国家的先驱之一。在创新方面也颇有特点，政府主导、小企业当道是挪威式创新的秘诀。

挪威的许多企业不到100人，80%的公司员工不到5人，这些企业和公司却创造了70%的就业机会。作为北欧五国之一的挪威，仅有500多万人口，却在海洋科技、生命健康、清洁能源方面表现突出。

2016年全球创新指数排行榜上，挪威位列第22，这一排行榜的衡量指标包括大学科研质量、企业研发支出、产学研合作、专利数量、科技人才数量等。

"小企业意味着创新和创造，小即美、小即强大。"在2017年中国挪威商业峰会上阿里巴巴创始人马云表示。

一、谁来主导创新

在挪威，负责科技创新的机构主要有三个：挪威研究理事会、挪威创新署和挪威产业发展公司。而这三个机构均为国有企业，董事会由学术界和私营机构组成。一方面，为政府研究和创新政策的制定提供建议；另一方面，也为创新企业发展提供咨询和服务。

挪威研究理事会隶属于教育与研究部，致力于提升科学领域中所有基础和应用研究，为很多国家研究计划提供资助，并为研究机构提供机构基金。

2014年，因发现"大脑中的GPS"而获得诺贝尔医学奖的挪威科技大学教授梅·布里特·莫泽及其丈夫爱德华·莫泽就曾得到欧盟委员会和挪威研究理事会的大笔拨款。

"在特隆赫姆不管是大学还是科研机构都十分支持我们的研究工作，这也是我愿意一直留在这里的原因。"爱德华·莫泽说。

产业部与贸易部下也设有挪威创新署和挪威产业发展公司，前者为半官方性质，采取企业运作管理模式，主要负责完善和管理以商业为导向的国家及区域创新政策。挪威创新署在国内各个市镇设立了70多个办公网点，并通过与外交部合作，在世界各地建立 40 多个国际网点。

为了鼓励促进企业在特殊地区开展具有潜在盈利可能的商业活动，创新署提供贷款、担保以及股份投资。借助这个网络，挪威企业的最新创意可以"走出去"，获得外国资本支持。同时，国际上最新的市场信息也可以快速地传入挪威国内。

挪威产业发展公司则更为商业化，主要为中小微型企业提供投资资本、担保等服务，帮助企业搭建研发合作网络，并入股多国科学园区、孵化器和投资公司。

二、产学研结合

大学也是特隆赫姆科技创新的重要引擎之一。特隆赫姆是挪威的教育重镇，挪威第二大的大学挪威科技大学（NTUN）就位于特隆赫姆。除了 NTUN 之外，南特伦德拉格学院、毛德皇后学龄前教育学院与 BI 挪威管理学院特隆赫姆校区均坐落于这座小镇。

挪威实施十年制义务教育，高等教育直接由中央政府负责，以公立教育为主，教研团队的研究经费非常丰裕。例如，博士生实施导师项目资助制，即先有项目和需求，再根据这些需求招聘博士，这些博士拥有薪资，除参与教研团队的课题外，还承担一定的教学任务。

在科研成果转换方面，大学也扮演了极为重要的角色。挪威科技大学校长告诉记者，学校成立了技术转移办公室和科研企业加速器。这些部门一方面与外部商业机构保持密切联系，另一方面又与高校科研和创新团队保持密切联系。通过资金和资源协助，鼓励学生和教师团队挖掘项目商业价值，推动项目落地和商业转化。

教学、科研与产业紧密结合是挪威创业项目常见的模式，在科研和创新的实施层面，挪威形成了所谓"三位一体"的格局，即高等教育机构、独立研究机构、工业研究部门三部门共同推动科学研究。

北欧地区最大规模的独立研究机构挪威科技工作研究院（SINTEF）同样位于特隆赫姆，在超过 60 年的时间里，该研究院创造了大量的科技以及创新技术。今天，SINTEF 更加国际化，尤其在科技、医药以及社会科学领域，有着广泛的国际合作。

该研究院的 2000 名工作人员，来自 70 多个国家。每年，SINTEF 支持 2000 个左右的挪威和国际公司开展科研发展活动。"SINTEF 会将科研成果转化并成立新公司，并帮助这些公司发展，这些公司成功之后会卖掉所拥有的股份，获得的新资金用于投资创造新的科学研究。"SINTEF 负责人表示。

案例二

德国发布国家工业新战略
——保持和提升"德国制造"竞争力

德国联邦政府 2019 年发布了《国家工业战略 2030》最终版。这份长达 40 页的中期战略规划目标很明确，就是要保持和提升"德国制造"的全球竞争力，进而确保就业和经济繁荣。

德国重视工业不是秘密。早在 19 世纪 30 年代，德国就确立了工业在国民经济中的核心地位。无论备战、战后重建，或应对全球经济危机，工业始终是德国国家振兴的压舱石。即使在美英对金融业的"神话"趋之若鹜的年代，德国也依然坚守自己的立国之本。从某种程度上说，对工业的崇拜早已融入德国人的血液中。

然而，随着新一轮工业革命的演进，德国人对本国工业的焦虑感上升，其引以为傲的"德国制造"似乎在全球工业智能化、网络化、数字化转型的大潮中有点"不赶趟"，工业整体优势被缩小，数字化方面的能力和应用落后于中美两国，对外国供应商的依赖增加。

忧患意识和反思能力在德国人身上并不缺。特别是近年来，在外需低迷和自身结构转型的双重压力下，德国工业产出持续萎缩，汽车、机械制造、化工等支柱产业普遍遭遇困境，迄今不见好转迹象。眼看产业界"自救"乏力，政府出手并不令人意外，前提是反思"德国制造"褪色的症结，面向未来对症下药。

德国联邦经济和能源部长阿尔特迈尔在《国家工业战略 2030》最终版的序言中表示，自 2019 年 2 月公布《国家工业战略 2030》草案以来，德国联邦政府与各方积极参与者开展了全面而有建设性的对话，重点围绕德国工业的挑战、机遇、框架条件、政策措施等。

"有竞争力的框架条件、促进新技术、保护技术主权是辩论的焦点。"阿尔特迈尔说。在《国家工业战略 2030》最终版中，这构成了未来 10 年德国工业政策的三大支柱。

用阿尔特迈尔的话说，起草《国家工业战略 2030》的过程让经济和工业政策成功回归德国政治辩论的中心。由此看来，《国家工业战略 2030》对外释放的最直接信号是德国政府已下决心狠抓工业，也预示着更多政府的"手"即将出现。

案例三

小创意变成大智慧

以色列是一个缺水的国家,农业灌溉者观察到,一根水管上有一个洞,水从洞口流出,周边植物竟然加速生长。通过这种观察,灌溉者继续研究发现,这种滴灌技术会提高沙漠谷物生产率。以色列经济和工业部对此进行了资助,使之成为解决缺水难题的重要创新之一。

其实,作为中东的发达国家,以色列的高新技术产业和极强的科技创新与技术转化的做法世界闻名。近日,以色列创新署主席阿米·阿贝尔鲍姆在接受记者专访时讲述了这样一个故事。

"每个国家的政府体系不尽相同。"阿米介绍,以色列为了推动科学研究,除了在经济与技术部设立专门的科技创新署,教育部也有专门负责推进科学、基础研究和大学教育的部门。这些机构拥有独立的经费预算,共同为以色列培训高素质公民和高技能劳动力。

以色列创新署隶属的经济和工业部,主要关注经济和工业领域的全面可持续发展。以色列创新署在近50年前组建,旨在搭建公共部门和私营部门之间的桥梁,通过鼓励技术创新,提高行业生产力和全球竞争力,推动创新生态系统升级和综合经济可持续发展。

阿米解释道:"具体来说,创新署有两个目标:一是为了保证以色列技术始终处于世界领先地位,它需要通过推动科学研究和技术开发来实现;二是它还要帮助以色列扩大研发规模,对以色列经济和公民日常生活产生更大的影响。"

在以色列,人们希望企业家大胆实现他们心中所想。从政府层面,官员们不会告诉企业家开发具体技术,"因为创新不是自上而下推动产生的。以色列创新署的工作,就是让这些想法变成产品,然后让它们走向世界。"

阿米表示,以色列需要私有企业助推创新发展。私有企业提升了市场自由度,更容易在水质净化、空气控制、精准农业和医疗等具体领域大显身手。当然,作为私营企业,仍然需要经济和工业部予以政府层面的协助。

他举了一个具体案例:某创新型医疗企业开发出适合市场需求的新产品后,经济和工业部批准其作为试点项目,将新产品引入以色列医疗系统,并组织卫生部专家对其进行效果评估,促使新产品快速上市。此举能帮助创新企业在行业内迅速打开局面并谋取利润。

阿米说:"创新署与政府的其他部门建立了广泛联系,推广这些需要'一臂之力'的技术,使它们规模化进而实现商业化,提升以色列的经济发展和人们的生活质量。与此同时，创新署也在努力将这些优秀产业推向世界各地，在全球范围内产生更大的影响，这就是创新企业需要我们的原因。"

事实上，为了推动企业发展和技术产业孵化，以色列政府会根据公司的情况为创新企业提供50%的经费预算，另外50%则需要企业通过资助或募集等途径获取。如果项目取得商业化成功，政府会要求该企业每年返还项目收入的3%～5%。

"此举与风险投资不同，政府资助的经费，不会要求占有公司股权。而且，即便项目失败了政府也会很宽容失败，不会追究。"阿米认为，以色列政府对创新失败的宽容，在这里有直接的体现。

阿米是材料科学博士，曾在美国贝尔实验室从事研发工作。他回到以色列后，就职于一家美国的半导体设备开发公司。他曾经成功地说服这家公司在以色列扩大生产规模，为以色列带去丰厚的经济利益。"现在，我的身份变为政府一员，希望在创新署完成同样的目标——促使经济和工业部在多方领域进行投资，进而帮助以色列在科技方面保持世界领先地位。"

——摘编自2019年12月12日《科技日报》 余昊原、房琳琳/文

第十二章 中国的创新步伐

第一节 古代中国的主要创新成就

一、基本情况

中华民族是世界四大文明古国之一。在中华民族几千年的发展史上,曾创造了灿烂的古代文明,对推动人类进步做出了突出贡献。除了世人瞩目的四大发明,领先于世界的科学发明和发现还有1000多种。美国学者罗伯特·坦普尔在著名的《中国——文明和发现的国度》一书中曾写道:"如果诺贝尔奖在中国的古代已经设立,各项奖金的得主,就会毫无争议地全都属于中国人。"

(1) 中国早在一万年前就栽培了水稻,五千年前已发明了丝织技术,两千二百多年前建成都江堰。

(2) 早在公元前770—公元前221年的春秋战国时期,就涌现了孔子、孟子、庄子、荀子、墨子、孙子、韩非子等著名思想家、教育家、军事家等,《论语》和《孙子兵法》等经典著作至今仍闪烁着真理的光辉。著名发明家鲁班也是这个时代的人。

(3) 公元前221—公元280年的秦汉朝时期和三国时期,除了四大发明之一的造纸术的发明之外,还有著名科学家张衡发明了地动仪,比西方国家用仪器记录地震的历史早1000多年。著名数学家刘徽,其所编著的《九章算术》是我国第一部数学专著,形成了我国古代算学的完整体系,也是世界数学名著。在医学方面,不仅涌现出华佗、张仲景、庞安时等名医和医学家,而且中医药理论体系初步形成,如《黄帝内经》《神农本草经》《伤寒杂病论》《伤寒总病论》等名著就是在这一时期问世的,其中《伤寒杂病论》等名著还是当时抗瘟疫的经验总结和理论提炼。北宋时期著名的文学家之一的苏轼也是朝廷地方官员之一。他在湖北黄州工作时,从四川眉州老友巢古那里得来了一秘方——圣散子方,其对防控时疫很有疗效。为了治疗更多百姓,苏轼后来把药方传给了当地名医庞安时,庞安时又将其记录在自己的著作《伤寒总病论》中,到了明朝嘉靖年间,圣散子方又单独成书流传至今。

第十二章　中国的创新步伐

从这个时期开始，中国比世界许多国家较早进入了封建社会。

（4）281—580年的晋朝、南北朝时期，在这个时期，涌现了著名数学家祖冲之和地理学家郦道元，在文学方面也有突出成就，如可以与李白、杜甫、苏轼比肩的著名诗人陶渊明和我国著名医药学家、炼丹家葛洪就是这个时代的人。其中，我国第一个诺贝尔科学奖屠呦呦用青蒿素成功攻克了寻找治疗疟疾新药这个当时的世界难题之一就是受到葛洪医药著作的启发。

（5）581—907年的隋唐时期。是中国历史上最强盛的朝代之一。这个时期有许多创新成就，如文学上的唐诗至今都有全球影响。还有，天文学家僧一行在世界上首次测量了子午线的长度，著名医药学家孙思邈的名著《千金方》的问世，著名思想家、文学家韩愈、柳宗元等也是这个时期的杰出人物。世界著名的"中国四大古桥"之一的赵州桥建于这个时期，是世界上最早的石拱桥之一。另外，唐朝开始接纳海内外各国民族进行学习交流，形成开放的国际文化。至今许多国家将华人的集聚地称为"唐人街"；中国的造纸、纺织等技术通过"丝绸之路"远传到西亚、欧洲等地区。这个时期，西方许多国家还是处在黑暗的中世纪时期。

（6）960—1279年的宋朝时期是中国古代经济、文化高度繁荣的时期。这个时期的农业、印刷业、造纸业、纺织业、制瓷业均有重大发展，航海业和造船业成绩突出，对外贸易发达，和南太平洋、中东、非洲、欧洲等地区50多个国家通商。

宋朝是海上丝绸之路的起始朝代和中国古代四大发明中的三大发明（火药、指南针、活字印刷术）的产生朝代。宋朝的瓷器业相当发达，官窑、民窑遍布全国，所产的宋瓷通过海上丝绸之路远销海外，"中国"的英文China与"瓷器"的英文china一样，说明主要从这个朝代开始，西方国家才开始认识中国。

在科学成就方面，沈括的名著《梦溪笔谈》，贾宪、秦九韶等数学家的成就比西方国家早了近800年。在文学方面的成就也很突出，涌现出苏轼、王安石、朱熹、陆游等文学家、思想家和教育家。在天文、物理、化学等方面也取得一定的成就。

世界著名的"中国四大古桥"中的另外三座桥——广东潮州广济桥、福建泉州洛阳桥、北京丰台区卢沟桥均建于宋朝时期。其中潮州广济桥被誉为"世界第一座启闭式桥梁"，泉州洛阳桥被誉为"中国第一座海湾大石桥"，卢沟桥被誉为"巨丽的石桥""世界上独一无二"的桥。

宋朝是中国古代发展最鼎盛的朝代，也是开始走下坡路的开始。在这个朝代，1088年，世界第一所大学——博洛尼亚大学在意大利诞生。紧接着英国的牛津大学（1167）、西班牙的萨拉曼卡大学（1218）和法国的巴黎大学（1261）相继成立。

（7）1271—1368年的元朝时期。虽然宋朝经济繁荣，但从南宋开始就逐渐衰落，加上没有强大的国防，最终被北方的蒙古族所灭。元朝是中华民族历史上第一次被少数民族统治的朝代。其开国皇帝成吉思汗也是一位军事家,曾开拓疆土从亚洲一直到欧洲区域,被毛泽东誉为"一代天骄",而且其成就和英雄气概在国际上有广泛影响。

这个朝代在科学技术方面对世界的贡献主要是著名天文学家、数学家和水利工程专家郭守敬和他所著的《推步》等14种天文历法等以及江南的棉纺织家黄道婆等。

中国科技在宋元朝时期达到高峰,不仅世界四大发明中的指南针等三大发明是在这个时期产生,还有水运仪象、火器、桥梁等重要发明,而且在数学、天文学、医学和农学等方面多有创造。

在元朝初期,意大利旅行家马可·波罗到中国游历了17年,并曾担任元朝的官员。他回到意大利后,在一次海战中被俘,在狱中他口述了大量关于当时东方最富有的国家——中国的故事,被一狱友记下,这就是著名的《马可·波罗游记》一书。该书对当时的欧洲认识中国产生了很大影响。从那以后到工业革命电气化开始,欧洲经历了约600年的努力终于在许多方面超过了中国。

(8) 1368—1644年的明朝时期。明朝手工业和商品经济繁荣,出现商业集镇和资本主义萌芽。这时的欧洲也进入文艺复兴时期。

明朝在文学、书法等方面达到了相当高度的艺术成就,四大文学巨著中的三部——《西游记》《水浒传》《三国演义》与小说《金瓶梅》均出自明朝。在科技方面,特别在天文、气象、数学、物理、化学、医学、农学等方面取得突出成就。李时珍的《本草纲目》、宋应星的《天工开物》、徐光启的《农政全书》等均出自明朝。

另外,从明朝开始,中国政府开始与西方国家接触。如1513年,葡萄牙国王派出一支对华使团前往中国,并在广州登陆;希望与明朝政府建交。明朝皇帝统一葡萄牙人在澳门开设洋行,修建洋房,并允许他们每年来广州"越冬"。这是西方国家第一次正式登陆并接触中国。

1405—1433年,明成祖派郑和七次下西洋,访问过亚非30多个国家和地区,最远到达红海沿岸和非洲东海岸地区。郑和下西洋加强了明朝同世界各国的经济政治上的往来,为中国走向世界做出了贡献。

(9) 1644—1911年的清朝是第二个由少数民族建立的王朝,也是中国封建帝制的最后一个朝代。清朝统一了台湾和新疆,奠定了现代中国的版图,并有"康乾盛世",重视对外贸易,在浙江、广东和福建等设立了四个海关,1758—1837年,仅停泊在广州黄埔港的外国商船就达5000多艘。英国著名学者亚当·斯密在其名著《国富论》中也介绍了广州在对外贸易中使用货币的情况。在文化方面,也有许多成就,如《红楼梦》《聊斋志异》《儒林外史》等名著的问世,特别是《红楼梦》代表了中国古典小说的最高水平;在农学方面,出版了农书约有100部;在建筑方面,清代的园林建筑在世界上享有盛名……

第十二章 中国的创新步伐

据有关专家统计，1785 年中国的国民生产总值占世界的 32%，欧洲仅占 22%，中国的国民生产总值比欧洲 11 个主要国家高 10 个百分点。全世界人口超过 50 万的城市只有 10 个，其中 6 个在中国，它们是北京、南京、扬州、广州、苏州和杭州。除了中国，就是日本的东京和印度的马德拉斯，欧洲就两个城市：伦敦、巴黎。所以，中国当时的经济发展水平还是世界之最，并被誉为"中华帝国"。

但就是在清朝时期，西方国家发生了工业革命和资产阶级革命，生产力得到了快速发展，商品经济发展到一定阶段后必然要走向对外扩张争夺国际市场。而清朝却在这个时候不仅不思改革反而日益走向腐败没落，清朝当时的国土面积是 1316 万平方千米，从 1840 年以后，清朝政府因战败等原因割让的土地至少有近 200 万平方千米，仅割让给沙俄的国土就有 150 多万平方千米。赔款更是达到 13 亿两白银，特别是在甲午战争中败给日本，不仅使拥有几十艘军舰的北洋水师全军覆没，清朝赔偿白银 2 亿两，还要割让山东半岛、辽东半岛和台湾和澎湖列岛等。从而使中国陷入了空前的危机。

英国著名学者李约瑟（1900—1995）对中国古代科学技术史等有详细深入的研究，并著有《中国的科学与文明》即《中国科学技术史》共七卷三十四册，其中第一卷在 1954 年出版。内容涉及天文、地理、物理、化学、生物等各个领域。此书第一次全面系统地向全世界展示中国古代科学技术成就，用无可争辩的事实证明了中华民族为人类文明的进步做出了不可磨灭的贡献。但同时又提出了著名的"李约瑟之谜"，即"尽管中国古代对人类科技发展做出了很多重要贡献，但为什么科学和工业革命没有在近代的中国发生"。《中国的科学与文明》后经英国另一学者柯林·罗南改编成《中华科学文明史》（上下册），经上海交通大学科学史系翻译，已由上海人民出版社出版发行。

（10）中国众多的少数民族对灿烂的古代中华文明也做出了突出贡献，如一些少数民族颇具特色的服装、语言、医学等文化，其中被誉为"中国四大少数民族医药学"的藏医药学、维吾尔医药学、蒙医药学和傣医药学，除此以外，还有苗医药学、回医药学、壮医药学、朝医药学、彝医药学和畲医药学等。仅以白族为主的云南大理古代曾有"南诏国""大理国"的历史，被誉为"云南最早的文化发祥地之一""8—12 世纪东南亚第一大古都""文献名邦""亚洲文化十字路口的古都""古韵大理"等。有数千年历史的傣族很早就懂得织布、造纸、利用贝叶进行文化传承交流并形成了著名的"贝叶经文化""澜沧江文化"和"勐泐文化"等，西双版纳等地的"茶马古道"也是我国南方重要的"丝绸之路"。

二、主要经验教训

（1）在近代中国由被世人羡慕的"中华帝国"沦落到"任人宰割"的地步，其教训是很深刻的。其中的重要原因就是盲目自满、缺乏知识，甚至认为中华大地是地球的中心。先进和落后是相对的，在一定条件下可以相互转化。中国任何时候都不能自满，都要奋发图强、不断创新。

（2）古代中国固然有其优秀文化传统，但也有糟粕，认为科学技术是"奇技淫巧"。北京有天坛和地坛，据说当时朝廷的主要官员每年都要前往朝拜，以求年年"风调雨顺""国泰民安"。在这样的观念指导下，科学怎么可能进步？"落后就要挨打"，没有先进的思想武器，没有先进的科学技术，终究会落后挨打。

（3）宋朝是最繁华的朝代之一，但最终被元朝所灭。其重要原因是"国防"薄弱。国防是一个国家的大门，"家"破人就"亡"，仅看GDP不能代表一个国家的强大。居安思危，我们任何时候都不能放松国防建设。

（4）开放是保持一个国家先进性的重要条件。明朝时，郑和下西洋威震世界，可惜后来却逐步闭关锁国了。清朝几乎一口通商（鸦片战争前），虽然每年仍有几千艘外国商船到中国，但基本上是外国人进来的多，我们出去考察的少。不了解国外的进步，这是当年决策者们的失误之一。

（5）中国封建社会持续了2000多年，其基本制度是世袭制，即皇帝的儿子将来也是皇帝。在这样的体制下，怎么可能不腐败落后呢？一个明智的领导不一定样样精通，但一定会"多谋善断""从善如流"。清朝末期的光绪皇帝欲改革救朝廷，但改革措施几乎都被扼杀。非要通过"暴力革命"才能解决问题。这再次证明了马克思主义揭示的人类社会发展规律的正确性。

第二节 近代中国的部分创新探索

1840年左右，虽然清朝当时的国民生产总值仍居于世界的前列，但经济上主要是农业和手工业。同时，由于政治腐败，导致工业、国防和科学技术严重落后，最终被西方列强用枪炮打开了国门。

当时许多仁人志士为了拯救中国，进行了许多创新探索。

一、在不触动封建社会根基的基础上的改良

林则徐和魏源等提出了"睁眼看世界""师夷长技以制夷"等思想。

洋务运动，是19世纪60—90年代晚清洋务派所进行的一场引进西方军事装备、机器生产和科学技术以挽救清朝统治的自救运动。洋务运动前期口号为"自强"，后期口号为"求富"。洋务运动主要指导思想就是"中学为体，西学为用"八个字。洋务运动虽然没有使中国富强起来，但引进了西方先进的科学技术，使中国出现了第一批近代企

第十二章　中国的创新步伐

业和大学,在客观上为中国民族资本主义的产生和发展起到了促进作用。如1872—1875年,清政府先后派出四批共120名学生赴美国留学,詹天佑就是其中之一。被誉为"中国留学第一人"的容闳作为"学督"协助了清政府实施此计划。

戊戌变法,即1898年以康有为、梁启超为代表的维新派人士通过光绪皇帝进行倡导学习西方,提倡学习科学文化,改革政治、教育制度,发展农、工、商业等的资产阶级改良运动,是中国近代救亡图存的政治改革的尝试。虽这个"变法"只进行了103天就失败了,但其影响深远。

提倡教育救国、实业救国、科技救国等。如中国最早的大学是教会大学;南京的金陵大学和广州的岭南大学均成立于1888年;武汉大学的前身——自强学堂成立于1893年;第一所现代大学——北洋大学(后改名天津大学)诞生在1895年;并陆续成立了上海交通大学、北京大学、复旦大学和南开大学等。

二、推翻封建制度,实行先进的共和制度

以孙中山、黄兴、秋瑾为代表的一大批国民党人,通过他们和广大民众相结合,终于在1911年成功推翻了清朝的统治,建立了中华民国,为中国的进步打开了一道闸门。1917年俄国爆发了十月革命。在俄国十月革命的影响下,1919年中国爆发了五四运动,1921年中国共产党成立。

在俄国十月革命的影响和中国共产党的帮助下,孙中山看到了革命的希望。他改组了国民党,提出"联俄、联共、扶助农工"的三大政策。召开了国民党第一次全国代表大会,实现了国共第一次合作。为了振兴中华,他还创办了黄埔军校和广东大学(中山大学的前身),积极组织北伐。为求祖国统一,他又抱病北上。在弥留之际,他呼唤着"和平、奋斗、救中国",并留下遗嘱:"余致力国民革命,凡四十年,其目的在求中国之自由平等。积40年之经验,深知欲达到此目的,必须唤起民众,及联合世界上以平等待我之民族,共同奋斗。"

孙中山先生不仅是革命的先行者,也是我国创新的杰出代表。他抓住影响振兴中华最重要的制度创新,终身努力。他留给中国人民十分丰富的精神财富,一直激励着中国人民为振兴中华而不懈努力。

中国共产党成立后,以反帝反封建为新民主主义革命的宗旨,以"为中国人民谋幸福,为中华民族谋复兴"为初心,根据不同时期的主要矛盾制定不同的政策,虽经历过许多挫折,但仍能顽强发展,在马克思主义中国化的毛泽东思想指引下,终于不断发展壮大。从上井冈山时的几百人发展到"百万雄师过大江"。中国共产党及其所领导的人民军队的发展史,是近代中国创新步伐的一大亮点。

在中国共产党的领导下,中国完成了彻底的反帝反封建的新民主主义革命,彻底改变了从1840年以来的半殖民地半封建的悲惨命运。以人民当家作主的中华人民共和国

于 1949 年 10 月 1 日成立，这为中国尽快赶上世界发展潮流、早日成为一个工业化、现代化国家奠定了最重要的政治基础。

第三节 中华人民共和国的主要创新步伐

中华人民共和国成立后，面对的是旧中国留下的百孔千疮的烂摊子。不仅通货膨胀严重，由于连年战乱，许多工业破产，连螺丝、布匹都要进口，而且农民占了人口的绝大多数，失业人员众多，80%左右的人口都是文盲。一些西方人士曾预言，中国共产党无法解决中国人的吃饭问题，在军事上是 100 分，但在经济建设上是 0 分。党和人民经过了几十年的奋斗，虽然也遇到不少曲折，但中华人民共和国不仅站稳了脚跟，而且取得巨大成就，其前进的每一步都是创新。

一、抓准主要矛盾

毛泽东早在 1945 年就指出，"中国一切政党的政策及其实践在中国人民中所表现的作用的好坏、大小，归根到底，看它对于中国人民的生产力的发展是否有帮助及其帮助之大小，看它是束缚生产力的，还是解放生产力的"。如果中国共产党掌握了全国政权但生产没有发展，人民生活没有提高，人民就不会拥护，政权就不会稳固。1949 年 3 月中华人民共和国诞生前夕，在党的七届二中全会上毛泽东就强调："必须将恢复和发展生产放在首位。""从我们接管城市的第一天起，我们的眼睛就要向着这个城市的生产事业的恢复和发展。""党在这个时期的中心任务，是动员一切力量恢复和发展生产事业，这是一切工作的重点所在。同时必须恢复和发展文化教育事业。"经过了全国人民的艰辛努力，特别是在农村有效开展的土地改革，使农民获得了土地，明显解放了农村生产力。在城市，稳定金融、稳定企业，尊重资本家，积极发展新民主主义经济，使国民经济很快有了明显好转。1956 年，党的"八大"正确提出了我国进入社会主义社会后的主要矛盾。

二、建立强大的人民军队和巩固的国防

1950 年 6 月 25 日，朝鲜内战爆发。美国立即出兵干涉。9 月 15 日，"美军"在仁川港登陆。10 月 1 日越过"三八线"，10 月 19 日强占平壤。并空袭了我国东北边境，对我国东北工业基地造成巨大威胁。10 月初，朝鲜政府请求中国出兵援助。毛泽东党中央经过反复考虑，认为美国的意图十分明显，这就是想将中华人民共和国扼杀在摇篮

第十二章　中国的创新步伐

中。出兵朝鲜与当时的现代化强国美国正面较量，虽有较大风险，但利大于弊，我们与朝鲜唇齿相依，唇亡齿寒。彭德怀讲得更干脆，认为无非就是解放战争晚胜利几年。中国政府最终决定 10 月 19 日正式出兵抗美援朝。虽然中国在抗美援朝中付出了巨大牺牲，但终于取得了这场战争的胜利，使美国不得不承认这是在错误的时间错误的地点打了一场错误的战争，并不得不在停战协议上签字。抗美援朝的胜利，明显提高了中华人民共和国的国际声望，也使中国赢得了多年相对和平的环境。

中国人民解放军海军于 1949 年 4 月 23 日创立，空军于 1949 年 11 月 11 日诞生。中华人民共和国不仅建立了正规军、地方军和民兵三位一体的国防体系，而且逐步走向现代化并涌现出像黄继光、雷锋、麦贤得等许多英雄人物，这些英雄人物成了全国人民学习的榜样。同时，"人民子弟兵"的本色永远保持。政治建军始终是第一位的，听党指挥，每当国家和人民遭遇危难时，人民军队总是冲在最前线。

三、先进独特的政体

中华人民共和国是工人阶级领导的、以工农联盟为基础的、人民民主专政的社会主义国家。政体是人民代表大会制度。这既不同于西方国家的多党制，也不同于一些国家的独裁制。经过了几十年的实践，证明这个政体既代表人民又是高效的。全国人民代表大会和全国政治协商会议这"两会"的代表不仅具有先进性而且具有广泛性，可以通过提案等形式充分反映国家各方面所存在的问题和人民的呼声，从而集中民智更好地治理国家。

民族区域自治也是这个政体的特色。中国有 56 个民族，历史上少数民族受压迫剥削的现象十分严重。中华人民共和国成立后，党和政府制定了正确的民族政策，使 56 个民族和睦相处、平等相待、共同发展。这是中华人民共和国创新发展的重要方面。

对待香港、澳门这两个历史上因不平等条约被西方列强长期殖民统治遗留下来的问题采取"一国两制"的方针确保平稳过渡和长期繁荣稳定也是中华人民共和国的一大创新。

四、分清敌我友

早在 1925 年 12 月，毛泽东在《中国社会各阶级的分析》一文中就精辟指出："谁是我们的敌人，谁是我们的朋友，这个问题是革命的首要问题。"分清敌我友，也是中华人民共和国发展的首要问题。1945 年提出的"联合政府"的概念，中华人民共和国初始，召开中国人民政治协商会议，通过进一步肃清残敌、坚决镇压反革命，警惕"不拿枪的敌人"，并团结了包括资本家在内的许多爱国人士、知识分子，使全国人民建设中华人民共和国的热情空前高涨。以钱学森为代表的许多海外留学人员冲破重重阻力毅然回到祖国。

五、改革旧的生产关系和上层建筑

半殖民地半封建的生产关系是中国落后的根本原因。从1953年开始到1956年，中华人民共和国仅仅用了不到4年的时间，就完成了对农业、手工业和资本主义工商业的社会主义改造，实现了把生产资料私有制转变为社会主义公有制，使中国从新民主主义社会跨入了社会主义社会，我国初步建立起社会主义的基本制度。从此，我国进入社会主义的初级阶段。

六、坚持党的领导和社会主义道路

1954年，毛泽东在第一次全国人民代表大会上指出："领导我们事业的核心力量是中国共产党，指导我们思想的理论基础是马克思列宁主义。"坚持党的领导，坚持走社会主义道路，坚持马克思主义的指导地位，我们国家才能走向复兴。

（一）建设一个始终走在时代前列的党

1. 理论创新

不断推动马克思主义中国化、时代化，如毛泽东早在延安时期就告诫全党要预防"历史周期律"，中华人民共和国诞生前夕又提醒全党要警惕"糖衣炮弹"。中国共产党的指导思想除了毛泽东思想，还有邓小平理论、"三个代表"重要思想、科学发展观和习近平新时代中国特色社会主义理论等。

2. 质量第一

着重在思想、组织、作风上建党。不断对党员进行思想教育，使党员不断充实永葆先进的"钙"，使党员始终走在时代的前列，并在这方面树立了许多正反两方面的典型。同时在组织结构上坚持"支部建在连上"，筑牢基础。同时积极慎重发展党员，如在2020年春天的疫情防控总体战、阻击战中，就有一些医务工作者"火线入党"。中国共产党现已发展成为世界第一大政党。

3. 制度管党

中国共产党成为执政党之后，反腐问题是关系到党和国家生死存亡的重要问题。曾有一段时间，腐败问题频发甚至触目惊心。通过不断完善各类党建制度，筑牢不敢腐、不能腐、不愿腐的"篱笆"，使各类腐败无空可钻。

4. 纪律严党

对于违反纪律的党员，轻则批评教育，重则严肃处理。

（二）坚持走社会主义道路

党的十一届三中全会以后，经过不断总结、深刻反思，邓小平提出"把马克思主义的普遍真理与中国的实际情况相结合，走自己的路，建设有中国特色的社会主义道路"，并提出了"社会主义的本质是解放和发展生产力，消灭剥削，消除两极分化，实现共同富裕"。即以人民为中心，以发展为第一要务，为了人民又依靠人民，成果由人民共享。由于对社会主义本质的认识不断深化，在中国特色社会主义理论指导下，通过改革开放，中华人民共和国沿着中国特色社会主义道路又大踏步前进并取得了辉煌的成就，并力争建设一个人类最美好的社会。

七、坚持现代化的目标

革命的目的是解放和发展生产力。早在 1945 年，毛泽东在党的"七大"政治报告中就指出："在新民主主义的政治条件获得之后，中国人民及其政府必须采取切实的步骤，在若干年内逐步地建立重工业和轻工业，使中国由农业国变为工业国。新民主主义的国家，如无巩固的经济做它的基础，如无进步的比较现时发达得多的农业，如无大规模的在全国经济比重上占极大优势的工业以及与此相适应的交通、贸易、金融等事业做它的基础，是不能巩固的。"1965 年，周恩来总理在第三届全国人大第一次会议的《政府工作报告》中首次提出把我国建成四个现代化的社会主义强国，国民经济的发展可按两步走的设想。1975 年重申了"四个现代化"的宏伟目标。实现国家现代化是近代以来无数仁人志士梦寐以求的政治理想，也是党的十一届三中全会以后党的政治路线。沿着这条政治路线，我们取得了巨大成就，比较充分地彰显了社会主义制度的优越性。坚持这条政治路线走下去，我们就可以彻底洗雪近代以来的百年耻辱，实现中华民族的伟大复兴。

要实现现代化，教育是基础，关键是科学技术现代化。知识分子是现代化的先锋、先进生产力的主要开拓者。在政治稳定的情况下，历史上的"科学救国""教育救国"和"实业救国"就可以大显身手。列宁早就指出，劳动生产率是社会主义能否战胜资本主义的最重要最主要的因素。美国建国仅 100 多年就成为世界强国，尊重知识、尊重人才是重要原因。我们看到，美国建国初期的一些总统、副总统，同时也是学者、科学家和大学创办者等。中华人民共和国诞生后不久，虽然百废待兴，国家就成立了中国科学院，并改造、调整和兴建了一批高等院校，大力发展各类文化教育体育卫生事业。为了尽快赶上发达国家，毛泽东提出："中国人民有志气有能力，一定要在不远的将来赶上和超过世界先进水平。"周总理代表党中央对科技工作者提出要"急起直追"世界先进水平。以"两弹一星"为代表的我国科学技术发展水平让世人刮目相看。由于在一段时期内不尊重知识和人才的思潮占了上风，不仅使我国在科学技术等方面与世界发达国家的差距进一步扩大，而且在多方面造成了严重损失。中华人民共和国在艰辛探索中曲折前进。

十一届三中全会以后，党领导全国人民拨乱反正，正确评价知识分子和科学技术的重要作用。通过采取许多有力措施大力发展教育和科学技术，如恢复高考，召开科学大会、最高科学技术奖励大会，有效实施"863"计划、"973"计划和构建国家科研创新体系，加强国际科技交流与合作，积极推动世界一流大学、世界一流学科建设和创新驱动发展，使我国教育、科技、文化事业又得到了快速发展，杰出人才不断涌现，创新成果日新月异。

进入21世纪以后，中国抓住第四次工业革命的历史机遇，大力发展机器人等战略性新兴产业，2018年我国共有机器人94万台，占全球机器人的26.9%；人工智能企业共有745家，占国际人工智能企业总数的21.67%，仅次于排名第一的美国（美国占42.06%），并正在努力赶超。

八、实事求是，不急于求成

毛泽东思想的根本点是实事求是，这也是辩证唯物主义的基本要求。

中华人民共和国的发展没有现成经验，完全是靠在马克思主义基本原理的指导下，借鉴东西方国家的先进经验，根据中国的国情，在实践中检验真理和发展真理而闯出来的。我们曾陷入"两个凡是"的误区，通过真理标准的大讨论，重新确定了党的思想路线，这就是从一切出发，理论联系实际，实事求是在实践中检验真理和发展真理。党领导全国人民实现了又一次伟大的觉醒。

九、全国一盘棋

中华人民共和国成立后，工业和农业、内地和边疆、东部和中西部需要协调发展，特别是1958年"大跃进"造成国民经济比例严重失调。党号召城市有文化的青年到农村去支援农业。以邢燕子、董加耕、杨永青为代表的许多知识青年响应党的号召到农村去到边疆去参加社会主义建设。为了加强战备，党和政府又提出建立"三线"工厂的发展战略和发展西部的高等教育。需要上海交通大学一部分教工去西安创办西安交通大学。这些教工也响应国家号召，毅然踏上西迁的征途。周总理1968年勉励他的侄女周秉建响应党的号召上山下乡到了内蒙古草原当一个牧民，后又希望她长期在内蒙古工作，学习历史上的王昭君。这些如果没有为国为民的情怀，没有"全国一盘棋"的思想，是不可能做到的。"全国一盘棋"思想的落实，是中华人民共和国能较快发展、遇到挫折又能迅速恢复的重要原因。

十、广交朋友

中华人民共和国成立之初，以美国为首的西方国家千方百计地孤立我国，甚至构筑

第十二章 中国的创新步伐

"反华包围圈",并多次"制裁"中国。但经过我国领导人卓有成效的外交努力,我们的朋友遍天下。至2019年,已经有180个国家与我国建立了外交关系,其数量超过了美国。中国最早与苏联、越南、朝鲜等社会主义国家建立外交关系。多个创新型国家也很早就与中国建立外交关系,如瑞典、丹麦、瑞士、芬兰都是在1950年与中国建交,挪威在1954年与中国建交,法国在1964年与中国建交,英国、日本、德国(联邦德国)、澳大利亚都是在1972年与中国建交。中国的外交原则是求同存异,广交朋友。毛泽东曾提出了"三个世界"理论,并风趣地说中国是被非洲朋友抬进联合国的。中华人民共和国积极寻找各种机会不断开创外交工作新局面。其中1953年首次在印度提出并于1955年的印度尼西亚万隆会议上正式提出的"和平共处五项原则";1970年中国援建非洲的坦赞铁路正式动工,在国际上产生了很大影响;1971年恢复中国在联合国的合法席位;1972年打开中美关系大门,1979年美国与中国建交。

第四节 马克思主义中国化的主要创新成果

马克思主义是中国共产党的理论基础。中国共产党是在马克思列宁主义的指导下,在俄国十月革命的影响下、在共产国际的帮助下成立的。中国共产党成立后历经许多艰难曲折,在马克思主义中国化的道路上,才最终领导中国人民摆脱了半殖民地半封建社会的悲惨命运而实现了国家独立和人民解放。中华人民共和国成立后,逐步走上了社会主义道路,也取得了伟大成就。但在探索过程中也经过了多次曲折,最终在中国特色社会主义理论的指导下,通过改革开放和不断创新实现了中国人民从站起来、富起来到逐步强起来的飞跃,并正在为实现科技强国、人才强国和创新型国家而努力奋斗,中国特色社会主义的巨大优越性越来越展现在中国人民面前。中国共产党的诞生、中华人民共和国的成立、改革开放和建设中国特色社会主义,被誉为中华民族伟大复兴的三大里程碑。这些都是马克思主义中国化、时代化的丰硕成果。始终坚持这条道路,中华民族一定可以走向更光辉的未来。

一、毛泽东首创马克思主义中国化的成功道路

以毛泽东为主要代表的中国共产党人,在继承前人优秀文化成果的基础上,在开创马克思主义中国化成功道路的过程中,取得了以下巨大创新成就。

(1) 创建了一个先进的富有战斗力的马克思主义政党——中国共产党。这个政党目前已是世界第一大政党。

(2) 创建了新型的人民军队,这支军队目前正向世界一流军队迈进。

(3) 创建了中华人民共和国,使中国人民彻底摆脱了半殖民地半封建的悲惨命运,并正在向社会主义现代化强国迈进。

(4) 创建了毛泽东思想。这个宝贵的精神财富是马克思主义中国化取得成功的第一个系统理论成果,内容很丰富,毛泽东是主要贡献者,但毛泽东思想不是毛泽东本人思想的总和,而是毛泽东本人在长期领导中国革命和建设的过程中经过实践检验为正确的思想,也是中国共产党集体智慧的结晶。

进入社会主义建设时期,毛泽东在创新方面也有许多论述。

(1) 人类的历史,就是一个不断地从必然王国向自由王国发展的历史。这个历史永远不会完结。……人类总得不断地总结经验,有所发现,有所发明,有所创造,有所前进。停止的论调、悲观的论调、无所作为和骄傲自满的论调都是错误的。

(2) 我们不能走世界各国技术发展的老路,跟在别人后面一步一步地爬行。我们必须打破常规,尽量采用先进技术,在一个不太长的历史时期内,把我国建设成为一个社会主义的现代化强国。

(3) 西方社会生产力的发展是这100多年的事。在经济上,在自然科学和技术上,我们比他们落后。但是只要我们共同努力,经过几十年,我们可以改变这种落后状态。

(4) 要虚心向西方学习,特别是在自然科学方面。每个民族都有长处,都有缺点。要学习每个民族的长处,不管这些民族的大小。有的东方人有一种自卑感,总觉得自己不行,白种人比我们强。这是一种迷信,要破除。既要破除迷信,又要向西方学习。破除迷信与向他们学习并不矛盾。他们的科学文化我们要学习。

周恩来也曾指出:"革命需要吸收知识分子,建设尤其需要吸收知识分子。特别是由于新中国成立前的中国是一个文化落后、科学落后的国家,我们就必须更善于充分地利用旧社会遗留下来的这批知识分子的历史遗产,使他们为我国的社会主义建设服务","为适应国家建设的急速发展的需要,我们的知识分子队伍必须在数量上加以扩大,在业务水平上加以提高。我国的科学文化力量比其他世界大国小得多,同时在质量上也要低得多,我们必须急起直追,力求尽可能迅速地扩大和提高我国的科学文化力量,而在不太长的时间里赶上世界先进水平"。

周恩来不仅在理论上有所建树,而且在实际工作中也有许多贡献。他最早提出知识分子是工人阶级的一部分,他亲自主持制订了我国多个科学技术发展规划纲要,亲自组织了"两弹一星"等重大科研项目。他十分爱护广大知识分子,是广大知识分子的知心朋友。

二、马克思主义中国化的第二次飞跃

邓小平作为中国特色社会主义道路的主要开创者和邓小平理论的主要贡献者,其创新思想和创新成果也很丰富。如提出"'两个凡是'不符合马克思主义""社会主义的根本任务是发展生产力""解放思想,实事求是,团结一致向前看""要完整地准确地理解毛泽东思想""'实事求是'是毛泽东思想的根本点""坚持四项基本原则,坚持改革开放"和"一国两制""实现现代化,教育是基础,科技是关键"等。在以邓小平同志为核心的党的第二代中央领导集体的领导下,中国坚持以现代化建设为中心,主动团结海内外一切有利于振兴中华的积极力量,大踏步地追赶世界现代化发展潮流并且取得了举世瞩目的成就。

三、江泽民在创新方面的贡献

以江泽民同志为核心的党的第三代中央领导集体,顶住压力,继续沿着中国特色社会主义道路奋勇前进,从而又取得了很多创新成果。如高举邓小平理论伟大旗帜,提出"三个代表"的重要思想并使这一思想成为中国特色社会主义理论的重要组成部分,1995年提出"科教兴国"发展战略,1998年提出创建若干所世界一流大学并启动了"985工程",2000年启动了国家科学技术最高奖的奖励制度,我国在航天等领域所取得的显著成就等。而且江泽民也是党和国家主要领导人中第一个直接论述创新问题较多的,他指出:"创新是一个民族进步的灵魂,是国家兴旺发达的不竭动力。没有创新能力的民族,是不能自立于世界先进民族之林的。"他在创新方面的许多直接论述,主要体现在《江泽民文选》(1~3卷)的有关章节中,如《不断创新,与时俱进》(1992年10月)、《加强技术创新》(1999年8月)、《在全党全社会大力弘扬科学精神和创新精神》(2000年6月)、《不断根据实践的要求进行创新》(2000年6月)、《科学的本质就是创新》(2000年8月)、《要鼓励原始性创新》(2001年6月)、《科学对待马克思主义》(2001年8月)、《不断推进教育创新》(2002年9月)等。

四、胡锦涛在创新方面的主要贡献

党的十六大以来,以胡锦涛同志为总书记的党中央更加重视创新,在这方面的论述更加丰富,并创立了科学发展观理论,为中国特色社会主义理论的不断完善做出了重要贡献。胡锦涛指出:"提高自主创新能力,建设创新型国家是国家发展战略的核心,是提高综合国力的关键。"他认为,建设创新型国家,加快转变经济发展方式,赢得发展先机和主动权,最根本的是要靠科技的力量,最关键的是要大幅提高自主创新能力。他要求"一切创新想法得到尊重,一切创新举措得到支持,一切创新才能得到发挥,一切创新成果得到肯定"。

在以胡锦涛同志为总书记的党中央领导下,我国经济社会发展在原有基础上又迈上了新台阶,创新成果更加丰富,如克服了汶川地震带来的严重困难的条件下成功举办北京奥运会、上海世博会和广州亚运会,先后在人才、科技、教育等方面制订了中长期发展规划纲要,中国成为世界第二大经济体,中国实现了诺贝尔奖零的突破,中国的专利数量和质量继续大幅度提升,2003年和2010年先后召开了两次全国人才工作会议并确立了人才强国战略,提出了科学发展观并成为中国特色社会主义理论的重要组成部分。我国的一些重要领域已经由"追赶者"变成"并行者"或"领跑者",如航天、高铁等。

第五节 党的十八大以来的部分创新亮点

党的十八大以来,在以习近平同志为核心的党中央的坚强领导下,在中国大地上持续推动以科技创新为龙头的全面创新,继续取得了丰硕成果,得到了人民的衷心拥护。

(1)提出了实现"中国梦"的共同理想,即实现"两个一百年"的奋斗目标,实现国家富强、民族振兴、人民幸福,并创立了习近平新时代中国特色社会主义理论,为中国特色社会主义理论宝库的不断丰富做出了突出贡献。

(2)坚定不移地走中国特色社会主义道路,强调理论自信、道路自信、制度自信、文化自信,既不走封闭僵化的老路,也不走改旗易帜的邪路。并在党的十九届四中全会上,将中国特色社会主义制度和国家治理体系多方面的显著优势归纳为13个方面。①坚持党的集中统一领导,坚持党的科学理论,保持政治稳定,确保国家始终沿着社会主义方向前进的显著优势;②坚持人民当家作主,发展人民民主,密切联系群众,紧紧依靠人民推动国家发展的显著优势;③坚持全面依法治国,建设社会主义法治国家,切实保障社会公平正义和人民权利的显著优势;④坚持全国一盘棋,调动各方面的积极性,集中力量办大事的显著优势;⑤坚持各民族一律平等,铸牢中华民族共同体意识,实现共同团结奋斗、共同繁荣发展的显著优势;⑥坚持公有制为主体、多种所有制经济共同发展和按劳分配为主体、多种分配方式并存,把社会主义制度和市场经济有机结合起来,不断解放和发展社会生产力的显著优势;⑦坚持共同的理想信念、价值理念、道德观念,弘扬中华优秀传统文化、革命文化、社会主义先进文化,促进全体人民在思想上精神上紧紧团结在一起的显著优势;⑧坚持以人民为中心的发展思想,不断保障和改善民生、增进人民福祉,走共同富裕道路的显著优势;⑨坚持改革创新、与时俱进,善于

第十二章 中国的创新步伐

自我完善、自我发展，使社会充满生机活力的显著优势；⑩坚持德才兼备、选贤任能，聚天下英才而用之，培养造就更多更优秀人才的显著优势；⑪坚持党指挥枪，确保人民军队绝对忠诚于党和人民，有力保障国家主权、安全、发展利益的显著优势；⑫坚持"一国两制"，保持香港、澳门长期繁荣稳定，促进祖国和平统一的显著优势；⑬坚持独立自主和对外开放相统一，积极参与全球治理，为构建人类命运共同体不断做出贡献的显著优势。

（3）加强党的建设，卓有成效地开展反腐败，特别是开展"不忘初心，牢记使命"主题教育活动等，要求全党继续走好新时代的长征路。使百年大党的队伍更加纯洁，作风更加优良，更有战斗力。

（4）积极推进各项改革，特别是深化党和国家机构改革和军队改革。努力建设世界一流军队。

（5）胜利召开了党的十九大，产生了新一届党中央的领导机构，明确了我国社会主要矛盾的变化以及到2035年和21世纪中叶的发展蓝图。明确了高质量发展是实现有关目标的关键。明确提出要把我国建设成为具体的交通强国、科技强国等。

（6）习近平等党中央主要领导多次指出，我们已进入创新时代，抓创新就是抓发展，谋创新就是谋未来。中国的经济将呈现"两高"即增长速度调整到中高速但发展质量将迈向中高端。为此要创新，创新，再创新。党的十八大以来，党和政府不仅出台了《国家创新驱动发展战略纲要》等，采取了许多有力措施明显加快了实施创新驱动发展战略的步伐，而且要求全国人民要主动适应经济发展新常态，要尽快形成"大众创业、万众创新"的燎原之势，并提出了"粤港澳大湾区建设""长江三角洲区域一体化发展""京津冀协同发展战略""成渝双城经济圈""乡村振兴""一带一路"等发展战略，并将雄安新区的建设视为"千年大计"，还积极推动了在全国多地设立了自由贸易区和在海南建设自由贸易港，以北京中关村、上海横江、广州天河、武汉东湖等为代表的全国许多重点城市设立了国家自主创新示范市（区）或高新技术产业开发区等重大举措。2015年3月还出台了有效实施创新驱动的指导文件——《中共中央国务院关于深化体制机制改革加快实施创新驱动发展战略的若干意见》。

2018年3月，习近平总书记进一步提出了"发展是第一要务，人才是第一资源，创新是第一动力"的重要思想，并指出"中国如果不走创新驱动发展道路，新旧动能不能顺利转换，就不能真正强大起来。强起来要靠创新，创新要靠人才"。

2019年2月，习近平总书记又指出，伟大事业都基于创新。创新决定未来。建设世界科技强国，不是一片坦途，唯有创新才能抢占先机。自主创新要敢下先手棋、善打主动仗的精神。我们要深刻把握世界科技发展大势，弘扬科学精神，瞄准战略性、基础性、前沿性领域，坚持补齐短板、跟踪发展、超前布局同步推进，努力实现关键核心技术重大突破,特别是战略性技术、前沿性技术和颠覆性技术,提高国家创新体系整体效能,不断增强科技实力和创新能力,努力在世界高技术领域占有重要一席之地。并积极发展壮大新模式、新业态、新技术、新产品,推动战役战略性改革和创造型引领型改革。各类创新谷、创新港、创新城如雨后春笋层出不穷。

(7)国家在科技创新等多个领域捷报频传,如月球背面探月工程的成功;港珠澳大桥胜利通车;深海、深空探测如世界最大的天文望远镜——FAST射电望远镜、以"天问一号"火星探测器的成功发射为标志的火星探测工程的积极推进;由55颗卫星组网而成的北斗三号全球卫星导航系统开通;被誉为中国新的"四大发明"的高速铁路、移动支付、共享单车和网络购物;积极推进高等院校"双一流"建设和"立德树人"、培养更高水平人才,努力建设世界教育强国、科技强国和创新强国等。其中作为科技创新第一方阵的中国科学院新时期的办院方针是:"面向世界科技前沿,面向国家重大需求,面向国民经济主战场。率先实现科学技术跨越发展,率先建成国家创新人才高地,率先建成国家高水平科技智库,率先建设国际一流科研机构。"

(8)人民生命健康和安全是社会发展的基础。2020年年初,突如其来的新冠肺炎疫情迅速蔓延,在紧急关头,党和政府采取果断措施按下了发展的暂停键,从而有效阻断病毒传染源,同时积极组织全国人民全力以赴、坚决打赢这场人民战争、总体战、阻击战。中国还对全球严重疫情的有效防控贡献了中国经验和智慧,同时为国际抗疫合作做出了积极贡献。中国不惜一切代价应对这百年一遇的严重疫情的有效措施至少避免了70多万人感染新冠肺炎的风险。在这过程中不仅凸显了中国特色社会主义制度的优越性,产生了以生命至上、举国同心、舍生忘死、尊重科学、命运与共为主要内容的伟大抗疫精神,而且涌现出以"共和国勋章"获得者钟南山,"人民英雄勋章"获得者张伯礼、张定宇、陈薇为代表的一大批英雄。在有效抗击疫情的同时,党和政府要求继续抓好脱贫攻坚战的"最后一公里",确保如期实现2020年全年工作目标和全面建成小康社会,力争取得大灾大疫后经济继续保持快速发展和社会稳定的"双奇迹",并提出"在危机中育新机,于变局中开新局"的新思想和做好"稳就业"等六稳、六保的具体措施并取得明显成效,2020年中国在第一季度GDP同比下降6.8%的严峻形势下,最终成为全球唯一实现经济正增长的主要经济体并深化了对在严峻挑战下做好经济工作的规律性认识:党中央权威是危难时刻全党全国各族人民迎难而上的根本依靠;人民之上是做出正确抉择的根本前提;制度优势是形成共克时艰磅礴力量的根本保障;科学决策和创造性应对是化危为机的根本方法;科技自立自强是促进发展大局的根本支撑。

(9)香港、澳门和台湾均在创新方面做出了自己独特的贡献。如澳门人均生产总值跃居世界第二位,澳门大学在芯片研究和开发、中医研究方面成就突出等。香港充分发挥在金融等方面的优势,主动促进深港合作,努力打造国际科技创新中心等;香港、

第十二章　中国的创新步伐

澳门抓住重大历史机遇，积极融入粤港澳大湾区建设。香港充分发挥在金融等方面的优势，主动促进深港合作，努力打造国际科技创新中心等。香港、澳门抓住重大历史机遇，积极融入粤港澳大湾区建设。

（10）党的十九届五中全会的胜利召开，标志着中国在实现了"第一个百年奋斗目标"的同时乘势而上，只争朝夕，以更大魄力在更高起点上推进改革开放，包括走一条更高水平的自力更生之路，加快构建以国内大循环为主体、国内国际双循环相互促进的新发展格局，以新发展理念豪情满怀迈进全面建设社会主义现代化国家新发展阶段迈进。

（11）2020年12月17日，被誉为我国复杂度最高、技术跨度最大的航天系统工程的探月工程嫦娥五号任务取得圆满成功，标志着中国开始进入航天强国的行列。

（12）2021年3月，十三届全国人大第四会议通过了《"十四五"规划和2035年远景目标纲要》创新，按下了加速键。

中国共产党在长达百年的领导中国人民救国、强国和维护世界和平发展、共建人类命运共同体的波澜壮阔的历程中，通过正反两方面的反复实践，产生了毛泽东思想、邓小平理论等马克思主义中国化、时代化的创新理论成果。特别是党的十八大以来，以习近平同志为核心的党中央不断深化对人类社会发展规律、社会主义建设规律和共产党执政规律的认识，产生了习近平新时代中国特色社会主义思想，经历了许多风雨，在多方面取得了许多创新成果，不断丰富和发展了人类的创新理论。

第六节　创新水平决定中华民族的未来

创新代表着人类认识世界和改造世界的广度和深度，创新型国家的发展方向代表了人类发展进步的方向。只有创新，才能明显提高生产力水平和管理水平，只有创新才能使人类早日由必然王国迈进自由王国。

中华人民共和国成立以来特别是改革开放以来，我国综合国力虽然得到明显提升，但仍有不少短板，面临许多挑战。

（1）农业方面，很多种子大量依赖国外，农产品种植和加工技术相对落后，一些地区农业面源污染、耕地重金属污染严重。

（2）工业方面，一些关键核心技术受制于人，部分关键元器件、零部件、原材料依赖进口。能源资源方面，石油对外依存度达到70%以上，油气勘探开发、新能源技术发展不足；水资源空间分布失衡，带来不少问题。

269

（3）社会方面，我国人口老龄化程度不断加深，人民对健康生活的要求不断提升，生物医药、医疗设备等领域科技发展滞后的问题日益凸显。

（4）在发展动力转换方面，经济增长面临下行压力，结构优化升级进展缓慢。依靠投资拉动经济增长的模式没有得到根本改变，技术进步和人力资本对经济增长的贡献不高，产业技术升级慢。

（5）科技基础仍然薄弱，科技创新能力特别是原创能力与发达国家相比还有很大差距，真正由中国人率先提出和开拓的新科学问题、新科学理论和新科学方向数量不多；关键领域核心技术受制于人的局面没有从根本上得到改变，许多产业仍处于全球价值链中低端，科技对经济增长的贡献率还不够高。

（6）制约创新发展的思想观念和深层次体制机制障碍依然存在，创新体系整体效能不高。高层次领军人才和高技能人才十分缺乏，创新型企业家群体亟待发展壮大。

（7）激励创新的环境亟待完善，政策措施落实力度需要进一步加强，创新资源开放共享水平有待提高，科学精神和创新文化需要进一步弘扬。

（8）我国在综合创新能力、科技进步贡献率、对外技术依存度等相关指标方面均与世界最主要创新型国家存在明显差距。如在2016年，中国的高技术产品出口方面，自主品牌出口不足10%，80%以上是外资企业的产品，其中72%是加工贸易产品，自主创新能力难以支撑经济高速发展。

要尽快缩短这个差距，一定要在党和政府的正确领导下，坚定不移地继续走好创新驱动发展的道路。

2016年5月颁布实施的《国家创新驱动发展战略纲要》（以下简称《纲要》）提出，实现创新驱动是一个系统性的变革，要按照"坚持双轮驱动，构建一个体系，推动六大转变"进行布局，构建新的发展动力系统。其中"双轮驱动"即科技创新和制度创新；"一个体系"就是建设国家创新体系；"六大转变"：一是发展方式从以规模扩张为主导的粗放式增长向以质量效益为主导的可持续发展转变，二是发展要素从传统要素主导发展向创新要素主导发展转变，三是产业分工从价值链中低端向价值链中高端转变，四是创新能力从"跟踪、并行、领跑"并存、"跟踪"为主向"并行""领跑"为主转变，五是资源配置从以研发环节为主向产业链、创新链、资金链统筹配置转变，六是创新群体从以科技人员的小众为主向小众与大众创新创业互动转变。

《纲要》提出，要强化重点领域和关键环节的任务部署，包括七个方面：①推动产业技术体系创新，创造发展新优势；②强化原始创新，增强源头供给；③优化区域创新布局，打造区域经济增长极；④深化军民融合，促进创新互动；⑤壮大创新主体，引领创新发展；⑥实施重大科技项目和工程，实现重点跨越；⑦建设高水平人才队伍，筑牢创新根基；推动创新创业，激发全社会创造活力。

第十二章 中国的创新步伐

《纲要》还提出，实施创新驱动发展战略，必须从体制改革、环境营造、资源投入、扩大开放等方面加大保障力度。包括六个方面：①改革创新治理体系；②多渠道增加创新投入；③全方位推进开放创新；④完善突出创新导向的评价制度；⑤实施知识产权、标准、质量和品牌战略；⑥培育创新友好的社会环境。

经过几年的努力，我国科技创新等发展跃上了新台阶。面向未来，笔者认为应重点抓好如下五个方面的工作。

一、创新型人才培养

创新型人才培养主要靠教育但不仅靠教育。人才的成长还有遗传、环境、实践和主观能动性等重要因素。教育包括家庭教育、学前教育、基础教育、高等教育或职业技术教育、终身教育等。创新型人才的培养要"从娃娃开始抓起"，如清华大学开设了以学习"顶级机器人"知识为主要内容的"清华少年科学家"的培训；中央电视台开设了"挑战不可能"节目；广州市生产力促进中心开设的"创新工程师"高级培训班等，均对培养创新型人才颇有好处。各类教育特别是基础教育和高等教育都要做到立德树人，在德、智、体、美、劳全面发展的基础上注重培养学生的创新意识和创新能力，让学生们从小树立以创造创新为己任的理想，争取成为国家急需的拔尖的创新型人才和世界顶尖人才。衡量一所学校人才培养质量，应主要看培养创新型人才的数量和质量作为衡量标准。

创新创业型人才的培养对于大学生就业也很有必要。面对第四次工业革命，有专家指出，目前，约有2/3的工作由人类完成，剩余1/3由机器处理；但到2025年，机器完成工作的比例将升至1/2。因此，很多劳动者可能需要接受新的技能培训以应对这种改变。批判性思维、分析和解决问题的能力仍然是全球知名企业认为在未来5年终重要性日益提高的顶级技能。此外，抗压能力、适应力和灵活性也非常需要。

除了注重大学生创新意识和创新能力的培养，对各行各业现有人员进行创新意识和创新能力的培训也很重要，并且往往会取得"立竿见影"的效果。

二、切实抓好科学研究

科学研究分基础研究、应用研究和应用开发研究。基础研究主要探索科学问题，这是技术创新的源泉，我国基础研究的水平同国际先进水平的差距仍然很大。我国面临的很多技术障碍，根子是基础理论研究跟不上。基础研究相对薄弱是我国进一步发展的重要"瓶颈"问题。除此以外，各类科学研究对于提高人才培养质量、应用研究和开发研究对于科研成果尽快转化为生产力均具有非常重要的意义。作为国家和地方的科技主管部门应该布局好，使之相互协调。同时，充分发挥各类企业搞研究开发的积极性，使企业真正成为技术创新的主体。

三、抓好技术开发

科研成果能否转化为生产力，企业产品是否具有竞争力，技术问题特别是关键核心技术往往是主要的。因此，企业作为技术创新的主体，科学研究中的研究开发等对于创新成果早日实现产业化就显得十分重要。要持之以恒抓技术创新，抓队伍建设，抓技术经济的协调发展。

四、抓好先进产业的发展

先进产业的发展即高质量发展的企业，其来源于科技创新成果或创意，是创新创业成果的充分体现。同时，先进产业不仅分布在广大的城乡，来源于第一、二、三产业，更是适应新的工业革命和科技革命的产物。

中国产业发展具有广阔的前景。当前制约中国产业发展的因素有在合适价格的前提下的产品销路问题、生产成本问题、技术问题，也有观念问题。如"一带一路""国内国际两个循环""供给侧结构性改革""乡村振兴"等就让很多企业家看到了更广阔的市场前景。

先进产业的发展，关键是企业家人才。青年一代要在创新创业的大海中有所作为而不会被沉没，一定要使自己早日成为创新创业型人才，做到敢于创新创业，善于创新创业。这不仅需要德、智、体等方面的基本素质，更需要勇气，需要敢想敢干的冒险精神，永不服输的奋斗精神、冷静理智的科学精神。

五、保持社会稳定和协调发展

社会稳定和协调发展是创新的基础，也可称为创新生态。稳定即不出现大起大落和重大突发事件。如突发严重疫情和较大的安全问题等，生命健康受到威胁自然难以从事创新；衣食住行不稳定也难以推进创新。协调就是每个环节要做好需要许多工作相互配合，如经费、实验室建设、后勤保障等相协调；汽车产业与公路产业、道路管理、停车位产业等相协调。

以人工智能为重要特征的第四次工业革命已经扑面而来，我国已确立到 21 世纪中叶努力建成世界科技强国和创新强国等发展战略。我们只有抓住机遇，迎势而上、顺势而为，紧紧抓好人才、科研、技术、产业和稳定这几个环节并使之实现良性循环，创新作为"第一动力"的威力就一定可以更加凸显。我们也才能走在时代的前列。

我们一定要永远保持闻鸡起舞、永远奋斗的精神状态，面向世界一流，面向创新，瞄准我们的短板，努力，努力，再努力。只要我们的产业效益提高得再快些，只要我们的创新成果特别是基础研究的创新成果再多些，只要我们的新学科发展得更多些。中国在世界上一定会有更多的话语权,中国特色社会主义制度一定会在国际上更加彰显其优越性。

创新创业是时代的呼唤,历史的潮流。要在第四次工业革命中有所作为,需要很多科学家、工程师和企业家,知识更快变成财富,需要"白领"和"蓝领"的亲密合作。作为青年一代,一定要明智选择自己的定位,向钱学森、钟南山、张伯礼、张定宇、陈薇、马化腾、马云、任正非等杰出科学家、企业家和时代楷模学习,敢于突破、善于创业,努力将自己的年龄优势早日转化为事业优势。无愧于自己的青春,无愧于这个时代。

人类的生存和发展,所遇到的问题永无止境,旧的问题解决了,新的问题又涌现。故创新也会永无止境。人类的科学探索不断向深度和广度进军。虽然经过几十年的奋斗,我们国家有很大的进步,但我们在许多方面与发达国家相比还很有差距,我们的短板还有很多,我们的人均国民生产总值还很低,我们的诺贝尔科学奖还仅仅是实现了零的突破,我们防御天灾的能力还急需提高,我们与世界一流大学的差距还很大,我们许多企业的技术创新成果还很少。我们一定要永远保持清醒头脑,一定要永远虚心学习,也一定要永远敢于创新。

面向未来,中国共产党明确提出要继续坚持马克思主义,坚持马克思主义中国化、时代化,领导中国人民坚定不移走中国特色社会主义道路,不断开辟当代马克思主义的新境界,让马克思、恩格斯设想的人类社会美好前景不断在中国大地上生动展现出来,这需要我们不断去创新。

"世界潮流,浩浩荡荡;顺之者昌,逆之者亡",在"百年未有之大变局"中,在全面建设社会主义现代化国家新征程中,只要我们保持战略定力,坚定不移走好自己的道路,坚持创新的核心地位,始终不渝地把科技创新作为关键变量,吸引亿万人民积极投身到创新创业中去,中国就一定会有更光明的前途,人类也一定会有更光明的未来。

案例一

以创新为底色的经济特区

深圳、珠海、汕头、厦门、海南等多个经济特区,是我国推动"创新是第一动力"的先锋。经济特区建立40余年来,通过积极探索、大胆实践,在创新等方面取得了骄人的成绩,亮点纷呈,其中深圳是杰出代表。

深圳作为我国改革开放后第一个经济特区,经过40余年的不懈奋斗,已经由一个落后的边陲小镇跃升为具有全球影响力的国际化大都市,地区生产总值从1980年的2.7亿元增至2019年的2.7万亿元,年均增长20.7%;财政收入从不足1亿元增加到9424

亿元。综合实力位居亚洲城市第五位，实现了多个历史性跨越。深圳被誉为"奇迹之城""创新之城""开放之城""文明之城""未来之城"和"中国硅谷"等。深圳的经济从"三来一补"起步，不仅创造了著名的"高交会"作为"中国科技第一展"和率先实现5G全市组网等一千多个"全国第一"之外，而且以企业为主体技术创新的特点十分突出，如粤海街区凝聚了众多高科技大公司；90%的研发人员在企业；90%的创新型企业为本地企业；90%的研发投入源自企业；90%的重大科技项目由龙头企业承担；90%的研发机构建在企业；90%的专利产生于企业。国际专利申请量连续16年位居全国大中城市第一，涌现出像华为、腾讯、万科等多个世界500强企业或全球著名企业，国家级高新技术企业已达1.7万余家。在不断促进科技创新、努力厚植创新发展新优势方面也成绩斐然，如除了创办了深圳大学、光明科学城、西丽湖国际科教城、深港科教创新合作区等之外，还不断加强基础研究，吸引了中国科学院、清华大学、北京大学等全国著名大学和科研院所在深圳设有研究等分支机构；兴办了"诺奖实验室"、打造大科学装置群等高端机构，努力打造科研、教育、产业、资本"四位一体"的"微创新体系"，将深圳建成国家科学中心之一。深圳的发展理念是"敢为天下先""鼓励创新，宽容失败""改革创新是深圳的魂和根""时间就是金钱，效率就是生命""不求安稳求创新""不找市长找市场"等。深圳在制度创新、文化创新、金融创新以及精神文明、社会文明、生态文明建设等方面也有许多亮点。

未来深圳要以科技源头突破引领产业突破，以产业突破厚植实体经济发展后劲，打造可持续发展高地，在粤港澳大湾区和先行示范区建设中奠定强国之基。

深圳的飞速发展，得到了党和政府的充分肯定，先后被确定为"粤港澳大湾区中心城市之一""中国特色社会主义先行示范区"，2020年党中央又以经济特区建立40周年为契机，支持深圳实施综合改革试点；规划深圳到2025年成为现代化国际化创新城市，到2035年，成为具有全球影响力的创新创业创意之都；到21世纪中叶，成为具有显著竞争力、创新力和影响力的全球标杆城市；要求深圳在更高起点、更高层次、更高目标上不断推进改革开放，推动深圳迈向更高质量发展。在"深圳特区建立40周年庆祝大会"上，习近平总书记更是给予高度评价，"深圳是改革开放后党和人民一手缔造的崭新城市，是中国特色社会主义在一张白纸上的精彩演绎……"，并殷切期望深圳永葆"闯"的精神，"创"的劲头，"干"的作风，努力续写更多的"春天的故事"，努力创造让世界刮目相看的新的更大奇迹。

第十二章　中国的创新步伐

案例二

攻克世界难题，引领新兴产业

李艺是位于惠州市博罗县杨侨镇的惠州李艺金钱龟生态发展有限公司的董事长、"金钱龟之乡"的创立者、中国渔业协会龟鳖产业分会会长等。

金钱龟属于国家二级保护动物，其人工繁殖（孵化）曾是世界难题，无人攻克。这个难题终于在1990年被当时还是杨侨镇政府公务员的李艺攻克了。

为更好地保护金钱龟珍稀物种，李艺决定通过人工养殖扩大种群库。2012年，李艺启动项目占地338亩的"万龟园"建设，投资1.8亿元已建成万龟园的主楼。并陆续建设建筑楼群，未来预计投入将超过10亿元。这个全球最大的金钱龟种群库，目前有上万只金钱龟。如今李艺的"万龟园"已成为国家级养殖示范基地，世界各地龟鳖专家、学者和游客纷至沓来。

公司先后获得了全国休闲渔业示范基地、国家农业标准化示范区、农业部水产健康养殖示范场、全国最大金钱龟养殖繁育基地、广东省农业重点龙头企业、广东省金钱龟良种场、广东省现代产业500强项目单位、广东省休闲农业与乡村旅游示范点等荣誉。

创新是第一动力，农村也是创新的广阔天地。李艺的奋斗历程和所取得的成就，是创新促进乡村振兴的又一生动体现。

一、萌发梦想

李艺1961年出生在广东湛江遂溪的一个普通农民家庭，家有兄弟姐妹6人，他排行第二。1979年在家乡高中毕业后在家乡务农2年。为了减轻家庭生活负担，也为了争取有一个更好的前途，他投亲靠友来到博罗县杨侨镇的前身广东省杨村华侨柑橘场。先后干过小学老师和政府干部等工作，后到广州的广东省人民警察干部学校读书，毕业后回到广东省杨村华侨柑橘场在公安基层部门工作。

尽管李艺的父亲希望儿子将来能当上一名教师，但李艺却对养殖情有独钟。他自小养过蜜蜂，养过鹌鹑，也养过果子狸和穿山甲，均没有成功。倔强的李艺却不服输，还要一门心思搞养殖。那正是改革开放催人奋进的年代，农民致富的集结号已在神州大地吹响。"到底养啥能赚点钱？"天性不甘平庸的李艺每天都在寻思。终于，一个偶然的机会，使他与一种特殊的动物结下终生缘分。

那是1985年，李艺正在广州读书，受一位乡亲所托，帮忙查阅一些种养方面的技术资料。李艺找到了一本《珍稀动物的养殖》，机缘巧合地看到一篇介绍金钱龟的文章。文章中有这样三句话："金钱龟至今无人繁殖成功，此项技术如能突破，市场前景将十分巨大。"正是这三句在别人看来再普通不过的话，让年轻的李艺怦然心动："那么好的东西，到现在无人繁殖成功，我能不能成为那个率先突破的人呢？"一个梦想就此孕育。

带着年轻人的冲劲，李艺说干就干。他找来许多有关龟类养殖的书报阅读研究。每到周末，当周围的同学逛街看电影时，他总是只身穿梭于广州各农贸市场做调查研究。他深入了解金钱龟市场行情，想方设法向卖龟人请教金钱龟的生活习性和养殖经验，并将调查所得一一记录下来。

南国的天气经常潮湿闷热，长时间在嘈杂、脏乱的农贸市场里，一般人都会觉得难以忍受。但梦想支撑着李艺，他丝毫不觉得辛苦，反而感受到充实和快乐。这样的日子持续了4年。

通过书本学习和调查研究，李艺掌握了大量与金钱龟相关的资料。金钱龟主要产自广东、广西等省区和越南等国家。金钱龟是珍贵的中药材，为滋补佳品，能清热、解毒、滋阴，对体质虚弱人群及癌症患者特别有效。同时，又因为它的稀少珍贵，且名称与"金钱归"谐音，吉祥寓意浓厚，为华南及南洋地区众多富裕人士所喜爱。但李艺调查后发现，随着滥捕和生存空间的缩小，野生金钱龟当时已经数量稀少，而且还在以每年70%的比例锐减，除深山老林之外，平原和丘陵地区已近绝迹。1988年，我国政府将金钱龟列为国家二级野生保护动物。

尽管金钱龟数量在急剧减少，但随着人民生活水平的提高，它的市场需求却有增无减，并由此导致了金钱龟养殖户的出现。他了解到，早在1962年就已经有人养殖金钱龟，最早是广州的一位温姓老前辈。其养殖模式是购进野生小龟苗，通过人工饲养使幼龟长大，最后以成年龟的形式卖出，赚取龟苗与成年龟之间的差价。温姓老前辈甚至还在1985年开设过辅导班，向人们传授这种养龟获利的经验。但当时养殖金钱龟的人不在少数，人工繁殖金钱龟的却无一人。

经历了4年的调查研究，李艺的底气越来越足了，终于按捺不住创业的冲动，开始跃跃欲试。

二、勇敢探索

1989年5月，月工资才几十元的李艺，拿出了全部身家500元的积蓄，又咬牙向人借了2000元，买回2公6母共8只金钱龟，养在自家的天台上。27平方米的小天台，从此承载着李艺孕育了4年的梦想。

买进金钱龟的第一天，李艺就独自在天台上装了吊床，冷落了新婚不久的妻子。独宿龟场，是为了更好地照料金钱龟，更加细致地观察金钱龟的生活习性。"每天晚上，拿支手电筒，搬个凳子坐在饲料台上。不能开灯，蚊子嗡嗡地咬，也不敢动。"回想起刚养龟的日子，李艺很是感慨，仿佛那段日子就近在眼前。他说他经常一坐就是几个小时。有时，透过手电筒的微光，看到有龟出来吃一块鱼肉，他就感到既兴奋又踏实。因为这表明龟是健康的，正在茁壮成长。

在细心照料和细致观察的同时，李艺还找来相关书籍用功研读，努力将书本知识与自己的实践逐一对照。夫人林海燕是李艺养殖事业的助手。无数个夜晚，夫妻二人顾不上休息，在灯下读书、讨论、做笔记。渐渐地，一本本书被翻烂了，笔记也越做越厚。他们对金钱龟的了解也越来越多，越来越细。

天道酬勤。在付出了一年多的努力之后，李艺收获了意外的惊喜。1990年6月，李艺无意中发现龟场草丛里有一枚乳白色精致小蛋，但无法判定这是龟蛋还是蛇蛋或是鸟蛋，但不管如何，他还是心存希冀地将这枚蛋放进草丛旁边的装满沙的花盆里，用一块毛巾盖在上面，并用石块围起来，偶尔想起来就给它浇点水。

日子一天天过去。有一天，李艺拨开土一看，蛋壳出现裂纹，由于不敢确定这只是蛇蛋还是龟蛋，于是把这只蛋转移到一个玻璃缸里，因怕它是蛇蛋，还刻意在玻璃缸口上盖上一块玻璃，留了一条小缝隙。神奇的事情发生了，在9月初的某个下午，一只小龟苗"啪"地一声破壳而出，摇头晃脑地爬了出来。

看着这只龟苗，李艺愣住了。难以置信的惊奇和巨大的喜悦混合在一起，冲击着年轻创业者的心扉。"人生第一次，知道什么叫作高兴得睡不着，三天三夜没睡觉，兴奋！"虽然距离孵化出第一只金钱龟已经过去了30年。但如今回想起来，这位50多岁的男人依旧一脸的激动，眼睛里闪烁着灼热的光芒。李艺说，当时的那种心情，他一辈子也难以忘怀。

皇天不负有心人。就在同年的9月，李艺在他之前捡到龟蛋的地方，又发现了另外9只龟苗和1枚坏了的龟蛋。这10只金钱龟苗的出生，使李艺成为世界上人工孵化金钱龟取得成功的第一人。

经过了多次曲折后，金钱龟人工批量繁殖终于取得了成功。李艺也凭着对养殖技术的刻苦钻研，成为世界上第一个成功破解金钱龟人工繁殖密码的人。这一关键技术的突破，不仅为后来李艺的金钱龟养殖事业发展奠定了坚实基础，也无意中为保护金钱龟这一国家珍稀物种做出了实质性贡献。

在经历了反复检验和不断改进后，如今，李艺总结出来的金钱龟孵化方法，孵化率可达80%。后来，这一研究成果在2009年和2010年分别获得了博罗县科学技术奖一等奖和惠州市科学技术奖二等奖。

三、再攀高峰

最初养龟，作为普通农民的李艺，无疑只是抱着脱贫致富这个单纯的目标。当养龟事业发展到一定的程度后，他的想法有了一些变化。他觉得，金钱龟只有服务人类才有价值。他还意识到，作为世界上最大规模金钱龟养殖基地的拥有者，他还必须对这个濒危物种的永久生存尽一分责任。

在金钱龟的各种实用价值中，李艺最看重的是它的药用价值。现在，每当有人来找他买龟治病,便是他最开心的时刻。但李艺十分清楚,金钱龟毕竟太稀少,价格太昂贵,一般人根本消费不起。如果想让金钱龟这一天赐宝物造福普通百姓,只有开发出以其为原料的保健品。

2006年,李艺斥巨资成立了"惠州缔康生物科技有限公司",与中山大学等高校合作,利用高校先进的科研力量,经过一年的反复研制测试,成功地开发出了世界上第一种金钱龟滋补保健食品——"缔康之宝"金钱龟精。随后,金钱龟灵芝胶囊、金钱龟酒、金龟露等系列产品被陆续开发出来。

"缔康之宝"系列产品采用抗氧化脱腥和生物酶解技术,将整只金钱龟脱腥之后进行酶解,从而提取有效成分。通过酶解技术,整只金钱龟连同龟壳都能被酶解。这样一来,既能充分提取金钱龟所含的有效成分,又能保证人体的充分吸收。目前,李艺仍在组织专家进行相关的研究,力求开发出金钱龟更多的价值。

在事业上不断进取的同时,李艺注意在知识上不断充电。如在百忙当中抓紧时间参加北京大学举办的总裁研修班学习等。

面向未来,李艺将带领他的团队,大力推动金钱龟等珍稀龟类产业成为乡村振兴的特色产业,早日打造一个真正的"金钱龟王国"。

案例三

地质学会面向乡村振兴结硕果

贵州省地质学会是贵州省科技社团之一,具有专业及地质人才集中的优势。他们响应党的号召,科学技术面向国民经济主战场,不仅为当地脱贫攻坚、乡村振兴做了许多好事实事,也促进了地质学科发展。

贵州省桐梓县是黔北著名的红军长征的娄山关战役所在县。该县尧龙山自然景观优美,有着丰富的历史、文化渊源。特别是这里发现有4亿多年前珍贵的地质遗迹化石资源,具有古生物化石门类齐全、数量繁多等独特优势。但由于多种因素,长期以来这块宝地却"养在深闺人未识",当地一个停车场却是化石群集聚地。该区具有较好的交通区位(毗邻重庆、桐梓娄山关)优势,又具有风景独特、特色农产品丰富等优势,却是贵州欠发达的村镇之一。

2020年7月,应桐梓县尧龙山镇党政领导的邀请,贵州省科学技术协会、贵州省地质学会及贵州旅游地学研究院专家一行10余人到尧龙山进行实地考察,发现尧龙山镇具有独特的地貌景观及丰富的古生物化石,是天然的地学古生物博物馆,是有关大专院校科研院所难得的科研教学基地,对研究世界喀斯特形成演变及全球古气候、古环境具有极为重要的学术价值。

为了将当地珍贵的资源优势转化为经济优势,贵州省地质学会与贵州旅游地学研究院技术单位组织有关专家对尧龙山地质遗迹资源进行了进一步考察,先后完成了撰写调查报告、策划科普馆和体验馆等工作,并在当地政府的大力支持下,很快完成了旅游地学科普研学馆、奥陶纪角石化石原位馆、旅游地学科普研学基地及奥陶纪笔石古生物化石挖掘体验点等科普基地的建设,并于 2020 年 9 月 28 日挂牌向公众开放。

"停车场"这一重要古生物"原位馆"的发现,成为当地旅游的"新支点",促进了当地旅游工艺品、民宿等的发展,深受重庆、四川以及贵州等地游客及中小学生的欢迎,预计当年游客就达到 35 万人次以上,较往年游客数明显增加,收到了较好的经济效益和社会效益。

贵州省地质学会的努力也得到了全国地学旅游权威专家和全国诸多媒体的充分肯定和高度评价。

我国有众多科技社团,这些社团凝聚了大批不同学科背景的科技工作者。贵州省地质学会的努力和成效再次证明,作为科技创新重要力量的科技社团积极面向国民经济主战场,是科技社团大有作为的广阔天地之一。

参 考 文 献

[1] 拉奥，等. 硅谷百年史：创业时代［M］. 北京：人民邮电出版社，2016.
[2] 波诺. 六顶思考帽［M］. 冯杨，译. 北京：科学技术出版社，2004.
[3] 罗杰斯，等. 硅谷热：高科技文化的成长［M］. 李智晖，译. 北京：电子工业出版社，2018.
[4] 富恩特斯. 一切与创造有关［M］. 贾丙波，译. 北京：中信出版社，2018.
[5] 艾利克森，等. 刻意练习：如何从新手到大师［M］. 王正林，译. 北京：机械工业出版社，2018.
[6] 穆提乌斯. 颠覆性思维：企业如何引领未来［M］. 杭州：浙江大学出版社，2020.
[7] 白万纲. 用创新重构世界［M］. 北京：金城出版社，2018.
[8] 白春礼. 中国科技的创造与进步［M］. 北京：外文出版社，2018.
[9] 崔洋. 图解世界精英思维［M］. 北京：北京日报出版社，2020.
[10] 陈春花，等. 领先之道［M］. 北京：机械工业出版社，2017.
[11] 陈盛荣. 创新人才学概论［M］. 广州：中山大学出版社，2015.
[12] 陈盛荣. 大师人才论［M］. 广州：中山大学出版社，2017.
[13] 《创中华人民共和国》节目组. 创中华人民共和国［M］. 北京：人民出版社，2018.
[14] 曹普. 百炼成钢：中国共产党如何应对危局和困境［M］. 北京：中共中央党校出版社，2018.
[15] 国世平. 粤港澳大湾区规划和全球定位［M］. 广州：广东人民出版社，2018.
[16] 甘子恒. 中国化马克思主义创新论［M］. 桂林：广西师范大学出版社，2009.
[17] 顾越岭. 科学发现的奥秘［M］. 北京：科学出版社，2007.
[18] 吉村慎吾. 日本的创新：日本企业如何迎接第四次工业革命［M］. 张培鑫，译. 北京：人民邮电出版社，2018.
[19] 臼井由妃. 超效率工作术［M］. 于潇，译. 北京：机械工业出版社，2020.
[20] 哈里斯. 创新的秘密［M］. 叶硕，等，译. 南京：译林出版社，2015.
[21] 富兰克林. 创新为什么会失败［M］. 王晓生，等，译. 北京：中国时代经济出版社，2005.

［22］刘兴亮．区块链在中国［M］．北京：中国友谊出版公司，2019．

［23］刘胜骥．科学方法论：方法之建立［M］．武汉：武汉大学出版社，2014．

［24］罗金海．人人都懂区块链［M］．北京：北京大学出版社，2018．

［25］柳建辉，等．百炼成钢：中国共产党应对重大困难与风险的历史经验［M］．北京：人民出版社，2017．

［26］凌晓峰，等．学术研究：你的成功之道［M］．北京：清华大学出版社，2012．

［27］林崇德．拔尖创新人才成长规律与培养模式研究［M］．北京：经济科学出版社，2018．

［28］陆建东．5G重构未来［M］．北京：北京大学出版社，2020．

［29］米哈尔科．创新精神：创造性天才的秘密［M］．刘悦欣，译．北京：新华出版社，2004．

［30］希特利，等．关于发明的一切［M］．白云白，译．北京：北京联合出版公司，2020．

［31］马化腾，等．粤港澳大湾区：数字化革命开启中国湾区时代［M］．北京：中信出版社，2018．

［32］弗尔，等．创新者的方法［M］．北京：中信出版社，2016．

［33］任荣伟，等．创新创业学［M］．北京：中共中央党校出版社，2019．

［34］孙小礼．科学方法中的十大关系［M］．上海：学林出版社，2004．

［35］克雷纳，等．创新的本质［M］．李月，等，译．北京：中国人民大学出版社，2017．

［36］普里查德．错误之书：改变你一生的9个秘密［M］．王珍珍，译．北京：中信出版社，2019．

［37］斯培森．我们深圳四十年［M］．南京：江苏人民出版社，2018．

［38］温克尔，等．创新者的路径［M］．符李桃，译．北京：中信出版社，2019．

［39］汤书昆．创新改变世界：21世纪诺贝尔科学奖的启示［M］．北京：科学出版社，2018．

［40］腾讯研究院．人工智能［M］．北京：中国人民大学出版社，2017．

［41］谭昆智，等．创新潜能开发研究［M］．广州：中山大学出版社，2016．

［42］吴维亚，等．创新学［M］．南京：东南大学出版社，2008．

［43］吴国盛．科学的历程［M］．2版．北京：北京大学出版社，2017．

［44］艾萨克森．史蒂夫·乔布斯传［M］．管延圻，等，译．北京：中信出版社，2011．

［45］王鸿刚．世界趋势2050［M］．北京：中信出版社，2018．

［46］王晖．科学研究方法论［M］．上海：上海财经大学出版社，2004．

［47］王辉耀，等．人才成长路线图［M］．北京：中国社会科学出版社，2018．

［48］汪怿. 创新创业人才开发研究［M］. 上海：上海社会科学院出版社，2015.

［49］熊彼特. 经济发展理论［M］. 郭武军，译. 北京：中国华侨出版社，2020.

［50］习近平. 在纪念马克思诞辰200周年大会上的讲话［M］. 北京：人民出版社，2018.

［51］习近平. 在北京大学师生座谈会上的讲话［M］. 北京：人民出版社，2018.

［52］习近平. 在庆祝改革开放四十周年大会上的讲话［M］. 北京：人民出版社，2018.

［53］谢德荪. 重新定义创新：转型期的中国企业智造之道［M］. 北京：中信出版社，2016.

［54］谢强安，等. 科学方法：机理、结构与应用［M］. 长沙：国防科技大学出版社，2000.

［55］夏竞辉，等. 创新在路上［M］. 北京：清华大学出版社，2012.

［56］摩根，等. 逆向创新：如何将限制转化为优势［M］. 柴婉珍，译. 长沙：湖南文艺出版社，2019.

［57］粤港澳大湾区发展规划纲要［M］. 北京：人民出版社，2019.

［58］斯密. 国富论［M］. 郭大力，王亚南，译. 北京：商务印书馆，2015.

［59］姚凤云，等. 创造学与创新管理［M］. 2版. 北京：清华大学出版社，2016.

［60］杨维平，等. 科学研究方法与实践［M］. 西安：陕西师范大学出版社，2013.

［61］袁张度，等. 创造学与创新方法［M］. 上海：上海社会科学院出版社，2010.

［62］张学森. 新时代知识分子榜样［M］. 北京：人民日报出版社，2018.

［63］张伟刚. 科研方法论［M］. 天津：天津大学出版社，2006.

［64］张志远，等. 发明创造方法学［M］. 成都：四川大学出版社，2003.

［65］中共武汉市委组织部组. 创新之路［M］. 武汉：武汉出版社，2004.

［66］赵建军. 创新之道：迈向成功之路［M］. 北京：华夏出版社，2011.

［67］赵振元. 科学的方法［M］. 成都：四川人民出版社，2002.

［68］周立伟. 科学研究的途径［M］. 北京：北京理工大学出版社，2007.

［69］周锡冰. 世界第一：任正非和华为帝国［M］. 广州：南方出版社，2018.

［70］周苏，等. 创新思维与管理创新［M］. 北京：清华大学出版社，2017.

［71］周留征. 华为创新［M］. 北京：机械工业出版社，2018.

［72］知中. 西南联大的遗产［M］. 北京：中信出版社，2018.

［73］邹磊. 引领世界的中国创新［M］. 北京：电子工业出版社，2017.

［74］曹杰，等. 创新型人才成长规律研究［M］. 北京：科学出版社，2018.

后　　记

  我从小生活在美丽的中山大学校园里。我的父亲是我国知名的气象学家及南方气象领袖之一，他的理想是做一名对国家有贡献、有成就的教育者和科技工作者，他虽经风雨仍矢志前行，并在事业上取得不少创新成果。受家庭和校园环境的影响，我从小就很敬仰科学家和发明家，也比较喜欢看书和钻研问题。少年时代，我就开始接触无线电，并实际摆弄装配矿石收音机和晶体管收音机等，一直到高中。在高中阶段，我的数理化特别是物理成绩在班里名列前茅。成为一名物理学家、努力攀登科学高峰曾是我高中时的理想。在1973年高中毕业后待业期间，我到中山大学图书馆看了一本小册子《向科学进军的正确道路》，里面都是国内一些科技工作者的体会文章。这本书对我有重要影响，当时我把这本书全部抄了下来。其中一些内容成了我如何对待理想、对待工作、对待平凡生活的指导思想。但由于我"资产阶级知识分子"的家庭背景和作为"可以教育好的子女"的政治重压，连上大学都希望渺茫，攀登科学高峰自然也只能是可望而不可即。在"上山下乡"的岁月里，我的思想发生了变化。我没有按照原来的理想去发展，而是在农业领域有所作为。但无论人生道路如何曲折，工作岗位如何变动，我都没有失去喜欢科研、向往发明创造的"童心"。

  党的十一届三中全会召开以后，党领导全国人民拨乱反正，将解放和发展生产力、实现国家现代化作为最主要的任务，知识分子不仅获得了第二次大解放，教育和科学技术的重要地位也得到了充分肯定，创造创新的重要作用日趋凸显。我也回到中山大学工作，并一直通过多种渠道收集和阅读有关发明创造和介绍科学家成就等方面的书籍。1985年左右，我积极参加了广东省创造学会的筹备工作，并捐赠了一批有关发明创造的书籍，还撰文《值得重视的新学科——创造学》在中山大学校报上发表。我自己坚持边工作边搞科研，1994年，由我设计的"高校物资仓库管理系统"作为一项部级科研成果通过技术鉴定，并于1996年被教育部信息中心组织在全国高校推广使用，用户包括上海交通大学、武汉大学、华南理工大学等著名高校。后来，我师从我国著名人才学家王通讯研究员和我国著名创造学家周道生教授等，聚焦人才学和创造学。我不仅在中山大学开设了人才学、创造学公共选修课程，也在省内外其他一些高校和企业开设过

"人才与创新""技术创新方法"等讲座。

　　实践也使自己越来越感到，随着时代的发展，仅靠创造学不能很好地回答创新事业发展过程中出现的许多问题，于是迫切需要我们在人才学、创造学等学科的基础上再创新。通过认真观察、深入思考并参考有关学者的理论观点，我逐步形成了较系统的创新学知识。2015年，我的《创新人才学概论》等专著出版了。2017年，我被聘为广东省管理创新和发展研究会创新学专业委员会主任。该专业委员会的成立，在国内是首创，先后在深圳、广州、佛山、东莞、珠海、惠州、中山、江门等地设有工作站或联络点；不仅与中国创造学会、中国发明协会、广东省科技厅以及广东部分高校创新创业方面的专家教授有密切联系，而且与我国香港、澳门地区以及美国硅谷等也有创新方面的交流，还聚集了一批"民间发明人"。党的十九大提出了"乡村振兴"发展战略，创新也是乡村振兴的关键，农业农村也是创新的广阔天地，于是在创新学专业委员会里又成立了"乡村振兴工作站"并开展了一些有益的活动。

　　我的曲折人生经历——不仅有城市的经历，也有乡村的经历；不仅有国内的经历，也有国际的经历；仅在中山大学，就专职兼职做过教学、科研、管理、后勤、产业等工作。在中山大学产业集团，就有许多由中山大学科研成果转化而成立的科技公司、产业园和知识产权管理机构等。我也到过顺德美的集团、珠海格力集团等著名企业参观学习，还去美国、日本、澳大利亚等创新型国家考察过。由于有了这些"肥沃土壤"的滋润，加上我国特别是广东比较浓厚的创新氛围，这使创新学的形成和发展有了较牢固的理论和实践基础。

　　本书的出版，要衷心感谢广州市科学技术协会的独具慧眼和资金上的鼎力相助。

　　本书的写作还得到了许多专家教授、朋友同学的帮助和指导。首先要感谢长期以来关心、指导我的我国著名人才学家王通讯研究员、叶忠海教授以及我国著名创造学家周道生教授等，特别感谢中山大学管理学院（创业学院）任荣伟教授欣然为本书撰写序言。广东省管理创新和发展研究会会长袁兆亿研究员，中山大学大气科学学院杨崧教授和吕建华教授，中山大学第一附属医院泌尿外科郑伏甫教授，中山大学产业集团党委书记梅成达同志，广东省科学技术情报研究所创业孵化促进中心何静主任，广东省科学院动物研究所欧阳革成研究员，华南农业大学邓晓玲和岑伊静俩教授，中国人工智能学会可拓学专业委员会和广东工业大学可拓学和创新方法研究所蔡文、杨春燕和李兴森三位教授，均对本书给予了多种形式的关心和支持，在此表示衷心感谢！

　　广东省管理创新和发展研究会创新学专业委员会及属下多个工作站的许多同仁也对本书的写作给予了多方面的支持，在此也表示衷心感谢！

后记

  中山大学的罗达教授，美国宾夕法尼亚大学的张君良教授，美国硅谷的梁左桦博士和美国波士顿的曾晨辉博士，广东电视台的郭际生高级编辑，吴端明、李月冰两位研究生同学以及高中同学会主要负责人叶润江等均对本书的写作给予了多方面的支持和帮助。难能可贵的是，阔别了几十年的高中班主任、现定居美国洛杉矶的岑福荣老师对我的写作计划也给予了热情鼓励并提供了重要帮助。在此也一并向他们表示感谢。

  创新需要理论指导，创新学的问世是时代的迫切需要、历史的必然选择，但创新学的不断完善将有一个历史过程，本书仅起抛砖引玉之作用。